Dieser starke Hirsch mit sonderbarem Geweihe, wurde im Monate September 1862 von Raubschützen angeschossen, und von den Jägern gefunden. Auf der Gräflich Lamberg'schen Herrschaft Csákberény, in der Kapolnaer Revier.

PHILIPP MERAN - DAS ABENDLICHT KENNT KEIN VERWEILEN

PHILIPP MERAN

DAS ABENDLICHT KENNT KEIN VERWEILEN
EIN JÄGER SIEHT SEINE ZEIT

LEOPOLD STOCKER VERLAG
GRAZ UND STUTTGART

Umschlaggestaltung: Atelier Geyer, Albersdorf
Einbandgestaltung: Paul Mangold, Graz
Text-, Bildlayout und Herstellung: Bernhard Stroißnigg, Leopold Stocker Verlag

Vor- und Nachsatz: Hirschgemälde des Malers Franz Lamberg aus dem Schloß Csákberény
Ein Teil der Fotografien stammt vom Autor.

CIP-Kurztitelaufnahme der Deutschen Bibliothek
Meran, Philipp:
Das Abendlicht kennt kein Verweilen: ein Jäger sieht seine Zeit / Philipp Meran. — Graz: Stocker, 1979.
ISBN 3-7020-0338-X

ISBN 3-7020-0338-X
Alle Rechte, insbesondere das der Übersetzung, vorbehalten
© Copyright by Leopold Stocker Verlag, Graz 1979
Printed in Austria
Druck: M. Theiss, Wolfsberg

Gewidmet meinen verstorbenen Freunden

*René La Roche
Hans Meran und
Lazar Raic*

*Sie haben uns 1978 unerwartet, innerhalb
weniger Monate, verlassen.
Ich bewahre ihnen ein treues Angedenken.*

ES BEGANN IN DER HEIMAT

Der rote Regenschirm

Noch einmal war Ende Februar der Herrscher der Kälte, der Winter, zurückgekehrt und hatte die Berge und Felder mit dicker weißer Farbe angepinselt. Unter den tropfenden Schneemänteln fanden die Tiere Schutz, nicht mehr verzweifelt und zitternd, sondern mehr aus Gewohnheit. Denn die Uhr in ihrer Brust sagte ihnen deutlicher als der lau gewordene Wind und die wärmeren Sonnenstrahlen: Bald ist es aus, nur noch ein wenig durchhalten, dann beginnt die Zeit der Lieder und der Freude.

Das Csákberényer Schloß, von den noch kahlen Bäumen des Parks wenig geschützt, blickte verträumt in die Gegend. Von den Ziegeln des steilen Daches tropfte und rutschte die weiße Pracht in die Rosenbeete, die nach außen hin öde und verwüstet, im Innern aber hoffnungsfroh den heimlichen Schalmeien des Frühlings lauschten. Der Bach im Obstgarten führte die glucksenden Schneewässer gegen Süden, wo sie den Sumpf um den Öregtó zu einem beachtlichen Teich anschwellen ließen. Von irgendwoher waren plötzlich Scharen von Wildenten eingetroffen, diesen willkommenen Riesensumpf als Zwischenstation einige Tage hindurch benützend. Und mit den Tagen kamen auch zaghaft und vorsichtig die ersten Wanderer aus dem Süden. Es wurde März.

Sehnsüchtig schaute ich Tag für Tag aus dem Fenster unseres Studierzimmers in den Park. Zuerst erschienen in den Fliederbüschen links von der Garage die ersten Schneeglöckchen. Dann guckten fröhlich gelbe und violettblaue Krokuskelche aus dem nassen Dünger der Beete. Die Knospen der Büsche wurden immer dicker, und an der Südseite des Schlosses, bei der Küche, wo die Sonne am stärksten war, zeigten sich sogar schon fingernagelgroße Blättchen. Dann kamen zaghaft die ersten Schlüsselblumen zum Vorschein, und die Knospen der Adonis verbreiteten einen eigenartigen Duft. In den Furchen der Baumrinden sonnten sich die roten Brillenkäfer, manche bereits zu Hochzeitspaaren verwachsen und einen leichten und herben Duft verbreitend. Auf der schiefen Eiche saßen zwei Ringeltauben, und die Rufe der Krähen hatten einen neuen, leisen, zärtlicheren Klang. Die Natur erwachte langsam, geradezu stückweise, und täglich begrüßte sie neue Heimkehrer. Unangemeldet und aus dem Nichts waren die gaukelnden Kiebitze eingetroffen, deren Stimmen verheißungsvoll und freudig, doch auch sorgenvoll und warnend klangen.

Lehrer Mészáros hatte es nicht leicht mit mir. Wir lernten gerade die Reformen Maria Theresias, doch meine Gedanken waren bei den Bekassinen und den Bachstelzen. Täglich bestürmte ich die Jäger Beke, Müller und Schneider, ob die Schnepfen denn schon da wären, aber immer wieder schüttelten sie bedauernd die Köpfe. Im Wald versteckte sich der schmutzige

Schnee noch in den Dickungen, und der kranke Winter krallte sich verzweifelt in den schattigen Gräben fest, doch aus den schmelzenden Krusten, die so hart waren, daß sie Rehe trugen, wuchsen zarte Schneeglöckchen, deren biegsame Stengel das betonharte Eis einfach von unten durchbrochen hatten. Die Kraft der Natur wurde immer größer, die Sehnsucht des werdenden Lebens immer unerbittlicher.

Am Josefitag endlich lieferte der alte Beke, ein pensionierter Kutscher, der zum Jäger geworden war, den ersten Langschnabel ab. Er hatte ihn mit seiner Damastflinte am unteren Eingang der Horogvölgy am Rande der großen Fiatalos-Dickung geschossen und uns mit dieser Nachricht völlig aus dem Häuschen gebracht. Ich war zehn Jahre alt und hatte noch nie einen Schnepf geschossen, als Begleiter meines Vaters aber schon etliche gesehen und gehört. Zu Weihnachten hatten meine Eltern meinem Bruder Feri und mir eine 28-er Hahnflinte zum Geschenk gemacht, die ich schon vor Silvester auf Hasen und Fasanen ausprobiert hatte. Feri benutzte eine Flinte Kaliber 24, die Verwalter Schütz aus Borbála-puszta ausgeliehen hatte. Mit diesen Flinten sollten wir das Schrotschießen erlernen und waren der heutigen Jugend gegenüber im Vorteil, die von den Eltern „12-er Kanonen" geschenkt bekommt.

Vater erlaubte mir also, mit der 28-er Flinte erstmalig allein auf den Schnepfenstrich zu gehen. Am 20. März regnete es in Strömen. Es war ein typischer Frühlingsregen, langanhaltend und warm, von dem alle Welt erhoffte, er würde die letzten Schneebatzen zum Verschwinden bringen. Ich aber mochte den Regen nicht und fragte den alten Diener Ferenc um Rat.

Wie immer fand ich ihn bei seiner Musestunde im Keller, wo er mit Flaschen und Schläuchen hantierte. „Nimm doch einen Regenschirm!" war sein einfacher Rat. Aber wo? Ich selbst besaß solch einen Gegenstand noch lange nicht, und die Eltern wollte ich nicht behelligen. Da fiel mir der Kasten im zweiten Stock vor den Gästezimmern ein. Dieser Kasten roch penetrant nach Kampfer und „beherbergte" Kleider und Gegenstände der Vorgängerin Großmamas, Tante Anna Lamberg, aus den siebziger Jahren des vorigen Jahrhunderts. Hier gab es auch riesenhafte und bunte Sonnenschirme, das wußte ich. Zwischen alten Hutschachteln und Krinolinen fand ich bald einen riesigen, einen Halbkreis bildenden roten Schirm, der geringes Gewicht hatte. Während ich unter den spöttischen Blicken und den wohlmeinenden Ratschlägen der Leute mit Flinte und Schirm in Richtung Wald marschierte, hatte der Regen kurzfristig aufgehört. Auf der Hutweide trainierte die Csákberényer Fußballmannschaft. Die Schafherde weidete heißhungrig auf der anderen Seite. Zwischen beiden mußte ich hindurch. Links erntete ich Spott, rechts aber bösartiges Bellen des alten Pulis „Bodri". Wenn er mich auch dank der Befehle des alten Hirten Bendi nicht biß, so spritzte er mich doch, immer wieder sein nasses Fell schüttelnd, gehörig an. Ich war richtig erleichtert, als ich den „weißen Weg" am Anfang des Nyáriállás erreichte und die Steigung hinaufging. Ein Bussardpaar jagte einander in unnachahmlichen Kapriolen über dem Wald, tief unten von zahlreichen Eichelhähern treffend nachgeahmt. Die roten Laternen des Abendlichtes vermochten die Regenwolken nicht zu durchdringen. Die Dämmerung hatte ein graues Gewand, und seine Schleier hingen Nebelfetzen gleich über den Hügeln. Bald fing es wieder zu regnen an, und ich verkroch mich unter dem roten Riesenschirm, weniger um mich, als vielmehr um die neue Flinte vor der Nässe zu schützen. Ein alter Hase, der auf dem Grasstreifen im Hohlweg vor mir irgend etwas knabberte, erschrak so fürchterlich vor meinem Schirm, daß er, anstatt am Weg zu fliehen, immer wieder von der steilen Böschung zurückfiel. Auch die Eichelhäher hatten das rote Ungetüm erspäht und veranstalteten ein Schimpfkonzert wie erwartungsvolle Halbstarke, wenn der Popsänger sich verspätet hat.

Ich war froh, als ich, von Menschen unbemerkt, an der Heuweg-Allee beim Jungwald eintraf. Es regnete nicht allzu stark, trotzdem klopften die Tropfen wie ein Maschinengewehr auf meinen Schirm und hinderten mich am andachtsvollen Lauschen. Dazu kam, daß der alte Schirm einige Löcher hatte, so daß ich gezwungen war, ihn etwas schief zu halten, was nicht viel nützte, denn er war nicht völlig wasserdicht, wahrscheinlich ein modischer Sonnenschirm für den Aufenthalt am Lido oder in Monte Carlo in längst vergangener viktorianischer Zeit. Als nun der alte Hahn so heiser wie ein betrunkener Nachtwächter zu gocken anfing und auch der einzige Amselhahn, der die gleichmäßige rauschende Stille des Abends noch mit zaghaftem Singen zu unterbrechen gewagt hatte, mit dem Gesang abrupt aufhörte, als die Schatten des Abends die feuchten Äste begrüßten, entledigte ich mich des lästigen Modestückes. Ich postierte ihn geöffnet neben mich, da ich unfähig war, den aufgespannten Riesen wieder zu „entspannen". Dabei fügte ich seinem brüchigen, uralten Stoff durch die Äste des Schlehdornbusches noch weitere Wunden zu. Nun wurde ich sehr bald völlig naß. Die Regentropfen klopften laut und unaufhaltsam auf die „Zierde der Riviera", deren Naphtalingeruch noch immer zu spüren war. Dieser an die Faschingsdienstage gemahnende Geruch fremdartiger Kostümierung vereinte sich mit dem der im Regen stärker duftenden Frühlingsblumen und dem Hauch des werdenden Lebens, der vor mir der nassen und warmen Erde entstieg. Irgendwo über dem grauen, tropfenden Vorhang ging jetzt ungesehen der Mond auf, irgendwo hoch oben blinkten schüchtern die Sterne, doch sahen sie die Welt nicht, die sie erhellen sollten. Dessenungeachtet zwitscherten, lockten und gellten dort oben fremde Vogelstimmen gegen Norden, und ihre Stimmen gelangten zu mir durch die Wolkendecke, als gäbe es diese nicht. Verlorene Schatten huschten über die Äste, und aufsteigender Dunst brodelte über die dampfende Schneise. Lauschend und fremdartig tropfte der Regen, und seine schattigen Nebel-Freunde lockten die Dunkelheit herbei. Ich hielt meine Hahnflinte gespannt in den Händen. Der Lauf zeigte hinunter, und meine Augen wanderten rundum, als hätten sie sich verzehnfacht. Noch immer trommelte der Regen auf meinen Schirm, und die Finsternis kam auf leisen Sohlen, ohne die üblichen Stimmungsstufen des klassischen Schnepfenstriches. Jetzt, jetzt war der Zeitpunkt gekommen. Oft hatte ich schon mit Vater den Strich erlebt mit allen meinen jungen Sinnen, denn er sah in der Dunkelheit nicht besonders gut. Schade übrigens, daß er heute nicht mitgekommen war. Aber er weilte bei der Hochzeit eines Holzarbeiters und mußte jetzt stundenlang die Speisenfolge über sich ergehen lassen, genau wissend, daß er nach diesem Polterabend tagelang krank sein würde. Mein Vater aber kannte immer nur die Pflicht und entzog sich niemals unangenehmen Aufgaben, suchte niemals nach Ausreden, denn er konnte und wollte nie lügen. Der arme Vater! Immer stärker umfaßten meine dünnen Knabenarme die 28-er Flinte. Ein leichtes Gefühl der Angst hatte sich unbemerkt angeschlichen und war mit der Dunkelheit an mich herangetreten. Ich war ja erst drei Monate über zehn Jahre alt. Die Minuten vergingen, und leise Enttäuschung pochte an meinem hoffnungsvollen Herzen. Vorerst ohne Erfolg. Ich sah ja noch, umsomehr mußte der Dämmerungsvogel sehen.

Man konnte jetzt nicht mehr gut unterscheiden, ob es noch Abend oder schon Nacht war. Man wußte auch nicht, ob es nur wegen der Wolken oder der vorgerückten Zeit so düster schien. Nur noch ganz wenige Minuten konnte das Schußlicht halten. Irgendwo rumpelte ein Lastauto durch die Stille, und ein nasser Waldkauz lockte gereizt und anhaltend. Plötzlich... puitzte es vor mir. So laut, so plötzlich, so keck, als ob es unmittelbar vor mir wäre. Und so war es auch. Wie eine Eule, ganz groß und langsam mit den Schwingen ausholend, rudernd, war der Schnepf unmittelbar ober mir. Ich fuhr auf, schon war er hinter mir, und mich zurückbeugend warf ich den Schuß auf den gegen die großen Eichen verschwindenden Schatten. Dabei fiel ich fast und stolperte einige Schritte seitlich, schließlich trat ich mit Krach in den aufgespannten Schirm. — Hatte ich den Schnepf fallen gesehen? Irgendwie hatte ich es im Gefühl. Ich horchte in das gleichmäßige Rauschen, und da war es mir, als ob ich ein leises Burren, ein zaghaftes Flügelschlagen hören würde. Irr vor Glück rannte ich los. Ich spürte den Schlag nicht, den der aufschnellende Griff des Schirmes mir versetzte, als ich abermals in das rote „Ungeheuer" trat. Ich spürte die Dornen nicht, die mir die Haut an Händen und Gesicht aufrissen. Und das Wasser rann mir unter das Hemd. Was machte es aus! Auf einer kleinen Wiese, inmitten einer Dornendickung, lag mit ausgebreiteten Schwingen leblos mein erster Schnepf. Er schien mir kaum naß zu sein, als ich ihn aufhob. Ich schmiegte meine Wange an den so seltsam duftenden, warmen Vogel und streichelte ihn mit einer Freude, die nur in der Jugend möglich ist.

Irgendwo brummte ein Nachtkäfer, und ein schüchtern aufkommender Wind raschelte in der Eichendickung. Mit langen, gemessenen Schritten ging ich auf der Straße, jegliche Angst hinter mich lassend, und merkte nicht, daß ich den Schirm vergessen und daß der Regen aufgehört hatte. Die Nacht schien undurchdringlich, und die Finsternis gähnte zwischen den Bäumen. Ein schüchterner Abendstern erschien, verschwand wieder und gaukelte dann am pechschwarzen Himmel wie eine Schiffslaterne über dem blinden Meer. Die Abendglocke läutete zum Vespergebet. Die Lichter des alten Schlosses wiesen mir den Weg. Sie verhießen Wärme, Geborgenheit und Heimat, sie strahlten Ruhe aus, die keine Fragen kennt. Seitdem sind über vierzig Jahre vergangen. Immer noch gehe ich hoffnungsvoll auf den Schnepfenstrich. Das Haus, der Wald und die Heimat sind keine Familienzentren mehr, nur mehr Erinnerung, die weiterlebt, solange das Herz schlägt.

Die Bubenjagd

Immer wieder vergißt der Mensch, wie schnell die Zeit vergeht. Wenn ich heute auf irgendeiner Jagd einen gelungenen Schuß abgebe, sagen meine Freunde regelmäßig: „Du hast es ja in Ungarn gelernt, kein Wunder!" Meine Leser aber wissen vielleicht, daß ich zur Zeit unserer Flucht noch keine achtzehn Jahre alt war. Mit dreizehn Jahren kam ich ins Internat, wo ich bis zum Jahre 1944 verblieb. Die Stadt Pécs lag von Csákberény etwa dreihundert Kilometer entfernt, und so unglaublich es klingt, wir hatten nur ein einziges Mal im Jahr Ausgang.

Die Erziehungsmethoden waren äußerst streng, die Ferien kurz. An den Niederwildjagden konnte ich nicht einmal als Zuseher teilnehmen, denn diese waren in der ersten Hälfte des November. Die einzige Möglichkeit, Niederwild zu jagen, hatten wir in den Weihnachtsferien, die meist vom 23. Dezember bis 6. Jänner dauerten. Zu dieser Zeit aber waren schon die Hasen- und Fasanjagden zum Großteil abgehalten, nur die eine oder andere kleine Nachjagd hatte unser Vater für uns Buben reserviert. — Eine davon war die sogenannte „Bubenjagd". Sie fand regelmäßig am Stephanitag statt. Teilnehmer waren mein Vater und seine drei Buben sowie Diener Ferenc, Trampler Laci und Heger Müller. Als Treiber wurden die beiden Söhne von Diener Antal, Jóska und Vince, eingesetzt.

Da der ganze Csákberényer Wald anläßlich der Ende Jänner beginnenden Saujagden systematisch abgejagt wurde, konnten wir zu Weihnachten nur Revierteile bejagen, die außerhalb der traditionellen Jagdgebiete lagen. Das waren in der Regel die jenseits der alten Schutzzäune gelegenen Gebiete, wie die Obstgärten, die Vitézfelder, der alte Friedhof, der Szentegyházihegy sowie die unteren Teile der Köves- und der Kökapuvölgy. Unbeschreiblich glücklich waren wir in unserer Vorfreude. In der Halle, unter dem großen Christbaum, lagen die schönen Weihnachtsgeschenke. Darunter ein neues 28-er Hahngewehr, das uns dreien gemeinsam gehören sollte. Draußen lag hoher Schnee, und die Äste waren von fingerdickem, glitzerndem Rauhreif bedeckt. Faul und blauschwarz saßen die Krähen auf den Ästen. Wenn sie sich bewegten, rieselte knisternder Eisregen von Ast zu Ast. Der Atem der schwarzen Vögel dampfte in der eiskalten Schneeluft. Drüben bei der Eiche mit ihren Mistelzweigen und im Obstgarten saßen und knabberten die bunten Krammetsvögel, manchmal Hunderte an der Zahl. Das Thermometer zeigte zehn Grad unter Null. Die Sonne schien rötlich durch die weißen Zweige, als wir schon vor der Zeit beim Frühstück erschienen. Es gab Kakao und Gugelhupf, kalten Aufschnitt und Spiegeleier. Lumpi, der von uns oft sekkierte große Foxlrüde, konnte so herzerweichend begehrlich schauen. Aber zu Weihnachten durfte auch er betteln. Ich konnte vor Aufregung nur wenig zu mir nehmen.

Schon eilten wir in das Billardzimmer, wo der Vater die Verteilung der Waffen vornahm. Feri bekam eine der beiden Springer-Zwanziger. Ich hatte die alte Vierundzwanziger, die Verwalter Schütz uns überlassen hatte, und Maxi durfte die neue Achtundzwanziger-Flinte erstmalig testen. Ich hatte eine neue Jagdtasche bekommen, die köstlich nach frischgegerbtem Leder roch. Vater überreichte jedem von uns eine blaugelbe Schachtel mit schwarzen „Hubertus"-Schrotpatronen. Das Abschlußblättchen war blau und zeigte die Nummer 8 (3,5 Millimeter). Damals war es selbstverständlich, daß Patronenfabriken auch ausgefallene Flintenkaliber produzierten, ebenso wie es selbstverständlich war, daß man im Winter 8-er Schrot verwendete.

Als wir den Hof betraten, warteten schon die Teilnehmer der heutigen Bubenjagd — der alte Diener Ferenc mit seiner Lefaucheux-Flinte Kaliber 14 aus dem Jahr 1875, Vaters Lader Trampler Laci mit einer einläufigen 12-er Damastflinte sowie Heger Müller mit seiner 16-er Büchsflinte aus dem Jahre 1880 — auf uns. Über den Gemüsegarten schlenderten wir zum Obstgarten „Csicsali". Unterwegs gesellten sich dann die beiden passionierten Treiberbuben zu uns — und auch der ältere Sohn von Trampler durfte heute mitkommen. Gleich hinter dem Hause des Obstgärtners begann der erste Trieb. Der eher steile „Csicsali" und der angrenzende Obstgarten des Pfarrers, „Rigó" genannt, hatten oben, gegen die Hutweide, kleinere Waldungen mit Buschunterwuchs. Diese Dickungen wurden nun hinauf gegen den Kirchberg zu (auf ungarisch: Szentegyházi-hegy genannt) getrieben. Vorne bei der Dorfquelle standen Vater und Ferenc. Sozusagen an der „Brust", auf der Hutweide, flankierten ich und Maxi mit den Treibern mit, dasselbe tat Feri mit Trampler im Csicsali, während Müller in der „Treiberlinie" ging. Die Krähen waren verschwunden, und die Wacholderdrosseln hatten sich gegen den Strázsahegy verzogen. Gleich nach Beginn des Triebes fielen vorne zwei Schüsse, dann hörte ich Fasanen aufstehen, sah jedoch nichts. Während ich etwas vor den Treibern und Maxi hinter den Treibern flankierte, kamen plötzlich — ohne Aviso — groß und gelb gegen den weißen Schnee zwei Hasen angehoppelt. Leider schoß ich zuerst auf den ersten, worauf der zweite wendete und in den Trieb zurückbrach. Mein Hase aber lag, er hatte auf dreißig Schritt die volle Ladung des 24-ers erhalten. Im Rigó kam mir noch ein Hase, diesmal etwas weit, so daß ich beide Schüsse brauchte, um ihn zu erlegen. Maxi schoß ebenfalls einen Hasen, und Feri hatte zwei Fasanenhahnen erwischt.

Als wir zur Dorfquelle kamen, wo Vater und Ferenc standen, lag ein alter Fuchsrüde auf dem Weg, und die Miene des alten Diener-Freundes sowie Schwarzpulvergeruch zeigten, daß er der glückliche Erleger war. Das Wild wurde beim letzten Keuschler abgelegt. Der Hausbesitzer war so erfreut über unser Auftauchen, daß wir eine halbe Stunde lang seine weihnachtlichen Köstlichkeiten kosten mußten. Vater schenkte ihm fünf Meter Brennholz, worauf er uns verriet, wo sich die heißersehnten Fasanen und Hasen aufhielten.

Als ich den Lauf meiner Flinte einmal nicht hoch genug hielt, bekam ich vor meinem Vater von Ferenc eine Ohrfeige, die mich sehr beschämte. Vater gab dem alten Diener völlig recht, denn in unserer Familie, der auch die Hausangestellten zugeordnet wurden, nahmen die älteren Bediensteten, wenn es nötig war, an der Erziehungsarbeit teil; und wir liebten sie, weil sie ehrliche und wohlwollende Mahner waren. Der „kleine Moritz" stellt sich die angebliche „Feudalzeit", die es seit 1848 nicht mehr gab, ein wenig anders vor. Bei uns jedenfalls durften auch die Diener, wenn sie im Recht waren, die Kinder ihrer Herren gelegentlich züchtigen, die Eltern gaben immer den Erwachsenen recht. Und eine Ohrfeige zur richtigen Zeit hat noch niemandem geschadet, höchstens das Ausbleiben einer solchen bei manch einem „Weltveränderer", grantigen Besserwisser und Verfechter antiautoritärer Erziehungsmethoden. Das Endprodukt ist dann: Haß auf die Eltern, kaschierte Unsicherheit und noch mehr Brutalität.

Nach diesem kleinen Zwischenfall trieben wir vom Kirchberg gegen die Vitézfelder. Inmitten dieser fünfzehn Joch des Bauern Huszár, der den Vitéz-Orden für die Erlangung der Goldenen Tapferkeitsmedaille bekam, lag wie ein länglicher Finger eine Dornendickung. Das sollte der dritte Trieb werden. Nun aber stand ich vorne neben meinem Vater und hinter einem Dornbusch verdeckt am Kirchberg. Die Sonne schien, die Kälte war erträglicher geworden. Der Szentegyház-Rücken war dem Wind ausgesetzt und fast völlig vom Schnee reingefegt. Hier lagen größere Felsbrocken und viel Geröll aus uralten Zeiten, dazwischen hohes Gras und viele Büsche. Ein idealer Platz für Hasen. Noch war ich keine fünf Minuten gestanden, rechts mein Vater auf fünfzig, links Ferenc auf siebzig Schritt, als wiederum zwei Hasen näher kamen. Rötlichgelb und sehr groß kamen sie geradewegs gegen Vater, der sie schon erspäht hatte. Mein Vater hob die Flinte, der hintere rollierte, und gleich darauf traf der linke Lauf den schnell gewordenen zweiten so voll, daß er auch schon zur Seite rutschte. Eine schöne Dublette! Noch starrte ich zu den zwei Hasen hinüber, als ein leiser Pfiff von Ferenc mich aufblicken ließ. Da kam wieder ein Hase, passierte Ferenc, der aber nicht schoß, und lief mich so nahe an, daß ich zur Seite springen mußte. Auf zwanzig Schritt endlich schoß ich auf den Davonrasenden, fehlte mit dem ersten Schuß und rollierte ihn dann etwas weiter auf den zweiten. Überall knallte es jetzt, und am Ende des Triebes hatten wir sieben Hasen auf der Strecke.

Inzwischen war es Mittag geworden, und vom Kirchturm läutete die große Glocke Feiertag, den Angelus. Die kleine Dickung war bald umstellt. Die Buben zwängten sich in sie hinein, und schon burrten die ersten Fasanen heraus; zunächst aber nur Hennen. Ein Eichelhäher, der unser Näherkommen nicht gemerkt hatte, fiel auf Müllers Schuß, dann stiegen gleichzeitig vier Hahnen auf. Sechs Schüsse fielen und zwei Fasanen lagen. Den einen hatte Vater, den anderen Maxi getroffen. Ich hatte zu lange gezögert und dann beidläufig danebengeschossen.

Nach diesem Trieb hielten wir eine kleine Mittagspause beim Hause des alten Wilderers, wo wir frische Würste und Weihnachtsbäckereien bekamen. Vater wurde wie ein alter Freund begrüßt und übergab unserem Freund ein kleines Weihnachtspaket. Es war ein Angorapullover aus eigener Zucht, den meine Mutter gestrickt hatte. Nicht lange genossen wir die Gastfreundschaft des alten Mannes, den die Dorfbewohner wegen seiner kommunistischen Vergangenheit nicht mochten. Trotz seiner Bitten, noch zu bleiben, rief uns die „Pflicht", denn wir wollten noch zwei längere Triebe absolvieren, zudem hatten wir uns ja auf diese Jagd das ganze Jahr hindurch gefreut.

Der nächste Trieb war der alte, aufgelassene Friedhof gegen die Kökapuvölgy, ein dichter Akazienwald mit sehr viel Buschwerk. Wir brauchten eine gute halbe Stunde, um uns vorne aufzustellen. Feri und Ferenc hatten die Flanken zu verteidigen, wir anderen drei standen vorne. Vor mir war eine sehr hohe Böschung, ganz oben sah man einige Büsche, rechts von mir stand Vater, an seiner Seite reichte der Akazienwald bis ins Tal. Maxi stand links von mir, etwa dort, wo wir als kleine Kinder immer die ersten Schneeglöckchen gepflückt hatten. Bald sah ich ihn in Anschlag gehen. Auf seinen Schuß kugelte ein Hase bis vor seine Füße. Dann kamen völlig überraschend zwei Fasanhahnen hoch. Ich schoß den ersten, Vater fast zur selben Zeit den zweiten. Doch mein Hahn war nur geflügelt, und ich mußte noch zwei Patronen verwenden, um den Davoneilenden zur Strecke zu bringen. Dann erschien oben ein Hase, setzte sich hin und verhoffte zu mir herunter. Ans Schießen war nicht zu denken, denn die Treiber waren schon ganz in der Nähe. Der Hase verschwand, und links an der Flanke knallte es bald darauf. In diesem Trieb fielen zwei Fasanen und vier Hasen.

Inzwischen war die Sonne verschwunden, und ganz sachte fing es zu schneien an. Die linke Lehne der Kökapuvölgy (Steintor-Tal), gegen den Hochwald, sollte der letzte Trieb sein. Wir brauchten sehr lang, bis wir die steile Lehne ganz besetzt hatten. Inzwischen kam auch ein leichter Wind auf, und die Schneeflocken tanzten zwischen den Bäumen. Es war empfindlich kalt. Meine Füße froren in den etwas zu kleinen Halina-Stiefeln. In der erhabenen Stille hörte man von ganz weit die Dorfköter bellen. Mein Stand war in der steilen Westlehne des Grabens, rechts von mir stand der Vater, links unten in der Talsohle mein Bruder Feri. Ich stand an eine dicke Rotbuche gelehnt und schaute den Meisen zu, die ungeniert und völlig zahm vor mir umherturnten. Die Hähne der 24er Flinte waren gespannt, meine Finger umfaßten den schlanken Kolbenhals und den Lauf. Völlig lautlos erschien vor mir ein Hase und hoppelte langsam rechts an mir vorbei. Ich ließ ihn aus dem Trieb, hob die Flinte, der Hase wurde plötzlich schnell, mein Schuß ging fehl; noch einmal schoß ich, aber er war schon überriegelt. Ein schneller Treffer Vaters machte alles gut. Nun knallte es oben bei Maxi und am Rückwechsel bei Ferenc. Wieder kam ein Hase, diesmal in vollem Lauf, auf zehn Schritt rollierte er, dann rutschte er ins Tal. Oben bei Vater brachen Rehe aus, Eichelhäher rätschten in den Wipfeln. Als die Treiber bei uns ankamen, schneite es schon stark.

Blau senkte sich der Abend auf die stillen Schneeflächen. Der leichte Wind ließ die dicken Flocken zwischen den Häusern tanzen, wo aus kleinen Fenstern die Weihnachtsfreude blickte. Vor der Küche wurde dann die Strecke gelegt. Müller wurde beauftragt, das Wild an bedürftige

Am Wechsel, der zur Fütterung führt

Menschen zu verteilen. Die Kirchenglocken läuteten zur Abendandacht. Nach der Kirche eilten wir wieder zum Christbaum, vor dem lange nach dem Abendessen noch Weihnachtslieder gesungen wurden. Die Kellertüre, aus der ebenfalls Gesang und Feiertagsstimmung drang, stand offen. Wie immer am Stephanitag wurden hier einsame und arme Menschen mit Schinken und Wein bewirtet, Menschen, die kein so schönes Zuhause hatten wie wir. Und die Fenster des alten Csákberényer Hauses leuchteten warm in die Dunkelheit, die eine ungewisse Zukunft gnädig vor uns verdeckte.

Bild links:
Der unermüdliche Revierjäger

Der Kniewackler

Unter der Kuppel eines tiefblauen Himmels kreiste der Bussard, und aus dem frischgrünen Eichenwald lockte der Kuckuck. Wippend flogen die Häher einer unbekannten Stelle zu, wo ihre Artgenossen bereits ausgiebig kreischten. Was mochte los sein? War es die herabgekommene Fehe vom Strázsahegy, die am hellichten Tag einen Beutezug ins Dorf unternahm und deren Jungen vor dem alten Felsenbau spielten? War es der Habicht aus dem Nyáriállás, der seinem Horst zustrebte? Oder war es einfach ein Bauernbub, der Anemonen für die Mutter pflückte? Niemals würde ich darauf eine Antwort bekommen, der ich zufrieden mit mir und der Welt vom windigen Gipfel des Csókaberges auf das weite Revier hinuntersah. Ganz unten zauberte der Spiegel des kleinen Teiches ein Stück Himmel mitten in das satte Junigrün, und in der Kastanienallee pfiff selbstzufrieden der Pirol.

Es war zu Pfingsten des Jahres 1943, und wir wurden vom Pensionat für einige Tage heimgelassen. Unser polnischer Chauffeur Jan, der am Jahresanfang zum Sägeleiter aufgerückt war, hatte uns auf der Bahnstation Sárbogárd vom Pécser Schnellzug abgeholt. Noch heute erinnere ich mich daran, daß er dabei das Lied von Robert Stolz, „Sárbogárd-Dombóvár", vor sich hinpfiff. Das Wichtigste war aber für mich, daß er bereits von der Freigabe eines Rehbockes durch meinen Vater berichten konnte. Unser guter Vater wußte um das strenge Regime, das wir im Jesuiten-Internat ertragen mußten. Die kurzen Ferien waren daher dank seines Organisationstalentes wirklich Festtage, an die man sich lange, sehr lange erinnerte.

Mein Blick umfaßte die weite Ebene unter den Weinbergen: Herrliche Pappelalleen trennten die saftiggrünen Tafeln voneinander. Auf den Wegrändern blühten die Margeriten, die Oronder Kirschbäume trugen schwer an ihren Früchten. Alles um mich herum duftete nach frischem Laub, nach Blüten und Waldblumen. Zwischen den zahlreichen Felsen, die den karstigen Csókaberg bedeckten, wuchs die fleischige Steinrose und eine kleine, rosafarbene pannonische Nelke, deren Duft betörend war. Das alles und noch viel, viel mehr nahm ich mit weit geöffneten Augen und „geblähten Nüstern" in mir auf. Ich war wieder einmal zu Hause!

Am frühen Nachmittag des Pfingstsamstages hatte mich Vater auf den Weg geschickt. Allein, wie immer, sollte ich am Csókaberg einen Rehbock, der „reif und abschußnotwendig" war, ausmachen und erlegen. Nicht auf einen gewissen Bock sollte ich in Begleitung eines Jägers ansitzen, nein, diesen Luxus hatten bei uns nur die „ganz alten" Herren, und auch diese nicht immer. Das Handwerk des praktischen Jägers mußten und sollten wir nach all den Jahren als Begleiter und nach der gründlichen theoretischen Schulung ganz von selbst erlernen. Eingedenk der unnachgiebigen Strenge des Vaters in Jagdsachen, wußten wir dieses Vertrauen zu schätzen. Trotz unserer Jugend waren wir daher bedächtig und äußerst vorsichtig.

Einen starken Bock hatte mir der Vater zwar nicht ausdrücklich verboten, doch wußte ich nur zu gut, daß wir hier im „oberen Revier" in Csákberény, Kápolna oder Csóka, die starken Böcke bis zur Brunft aufsparen sollten. Anders war es im reinen Feldrevier Zámoly, da war man gezwungen, einzelne starke Böcke schon Ende Mai, Anfang Juni zu schießen. Doch dort war wiederum die Domäne Großvaters, den wir nach zweijähriger Pause in diesem Jahr wieder erwarteten.

Ich hätte durch die dunklen Täler pirschen können, denn zwei parallel mit dem Abgrenzungsdraht zum Weingarten hinlaufende Pirschsteige waren gut instand gehalten und gewährleisteten ein ruhiges Vorwärtskommen. Doch die Aussicht von hier oben war so überwältigend, daß ich beschloß, vorerst da zu bleiben. Vor mir hatte ich auch einen gut ausgetretenen Rehwechsel entdeckt, der unter den Felsen hindurch zu den Weingärten führte. Daß hinter der Kuppe, wo ich bequem wie in einem Aussichtsturm saß und einen unvergleichbar herrlichen Rundblick hatte, daß dort gegen den Papirtás zu ein größerer Einstand war, das wußte ich. Zwischen den saftigen Gräsern wuchsen zahlreiche Kräuter und Blümlein, sicher ein Leckerbissen für jeden „Waldbock". Ich blieb also ruhig sitzen und hielt alles gut im Auge. Zwischen den kleinen Häusern meines Heimatdorfes stand inmitten eines Meeres von Farben und allen Variationen von Grün, durch den Park vom Hauptplatz abgegrenzt, das gelbe Kastell. Dunkel gekleidete Frauen und Männer sammelten sich südlich davon bei einem strohbedeckten Bauernhaus. Ob es dort ein Begräbnis gab? Wie als Antwort auf diese Frage fingen die Glocken der Kirche zu läuten an, und ein Menschenzug setzte sich durch die schmale Schloßstraße gegen Norden in Bewegung. Der Ostwind brachte zerrissene Fetzen der Nationalhymne zu mir herauf. Nun wußte ich Bescheid. Das war die Beerdigung des fast hundertjährigen B. Istók, von dessen Ableben der Pole mir erzählt hatte. Dieser Mann hatte mit sechs Jahren dem geschlagenen Freiheitshelden Lajos Kossuth auf dessen Rückzug ein Glas Wasser gereicht. Er war zeitlebens ein glühender Anhänger des Rebellen geblieben, obgleich der Vater seines Herrn, dem er treu diente, von ausländischen Studenten auf der Donaubrücke zu Ofen als Parlamentär ermordet wurde, und zwar in Kossuths Namen, zu dem er wollte. Aber dieser Franz Lamberg war auch ein Patriot und seiner Heimat verbunden, wie seine Nachfolger und Erben auch. Heute, im Jahre 1943, ließen sich scheinbar so widersprechende Gefühle nicht mehr so einfach vereinbaren.

Ich blickte auf meine Uhr. Halb sieben! Nun könnte sich bald etwas rühren. Weit unten beim Dézserta keuchte die Bauxitbahn den flachen Hügel hinauf. Nie konnte ich verstehen, daß man Bauxit auf unserem Grund und Boden förderte, wir aber nichts davon hatten. Aber viele Gedanken machte ich mir nicht darüber, und das war gut so. Zwei Jahre später sollten die damaligen Nutznießer des „leichten Metalls" ebenso wie wir den Bettelstab ihr eigen nennen. Doch diese Zukunft lag für mich noch in weiter Ferne.

Ein undefinierbares Gefühl läßt mich nach hinten schauen. Genau dort ist die Aussicht am geringsten, sie reicht nur knappe achtzig Meter. Und genau am Riegel erscheint das schneeweiße Haupt eines Bockes mit knuffigen, dunklen Stangen. Nichts weiter. Das Haupt rührt sich vorerst nicht, dann wendet es nach links, ich hebe das Glas, und gegen die westliche Sonne erscheint dunkel der ganze Bock. Doch was ist das? Wie er ein paar Schritte in Richtung Wiese macht, bemerke ich, daß er am rechten Vorderlauf verletzt ist. Sooft er auftritt, knickt er im Knie seitlich ein und kommt nur mit groteskem hüpfenden Hinken vorwärts. Außerdem ist, wie ich mit dem Glas feststellen kann, der Lauf im Kniegelenk stark angeschwollen. Der Bock ist zusätzlich abnorm, denn die linke Stange ist eigenartig verkrüppelt. Der Träger und die Farbe lassen auf einen mittelalten Bock schließen. Er ist ohne Frage zu schießen.

Während ich ganz langsam die Büchse zu heben versuche, verschwindet der Bock, ohne mich zu eräugen, hinter dem Riegel. Dabei zieht er ganz langsam und anscheinend äsend von mir weg. Ich versuche ganz vorsichtig aufzustehen, es gelingt unter Muskelschmerzen. Die Glocken läuten nicht mehr . . ., registriere ich, da sehe ich den Bock wieder. Langsam hebe ich die Büchse. Nur wenn ich ganz aufrecht stehe, sehe ich ihn bis zur halben Rückenlinie. Das Fadenkreuz tanzt verrückt. So geht es nicht. Ich lasse die Waffe sinken. In solch aufregenden Sekunden muß man immer einige Male tief Atem holen. Auch das hat uns der Vater so oft vorexerziert, daß es nicht schwerfällt, es nun nachzumachen. Wieder richte ich mich auf, doch der Bock ist inzwischen verschwunden. Und nun ist guter Rat teuer. Mein Instinkt sagt mir: nachpirschen! Meine Erziehung aber sagt: Zeit lassen! So schwer es mir fällt, und so aufgeregt ich bin, ich sinke auf meinen alten Platz zurück und mache das, was einem mit siebzehn Jahren hart wird: ich warte! Und während dieses schweren Wartens vertreibt mir wie immer die Natur die Zeit. Aus der Kastanienallee schwebt süßer Blütenduft heran, und über der alten Sandgrube gaukeln die bunten Bienenfresser, die sich von weiß Gott woher hier angesiedelt haben. Statt eines einzigen schweben jetzt drei Bussarde in der Unendlichkeit, und die Turteltauben singen wie toll ihr Abendlied. Weit unten bei Zámoly zieht ein Flugzeug dahin. Ich sehe es, doch höre ich nicht sein Brummen. Statt dessen brummen zwei Hummeln an mir vorbei und verschwinden in einer fast unsichtbaren Felsenspalte. Ich warte und warte.

Die Glocken beginnen wieder zu läuten. Diesmal ist es der Angelus. Einige mit Klee beladene Bauernwagen klappern gemütlich dem Dorfe zu. Irgendwo ertönt laute Blasmusik. Die Sonne taucht in blaugraue Wolken und färbt ihre Ränder feurig rot. Rot? Dort steht er ja! Heiß und schmerzlich pocht mein Herz. Ganz unten, dort bei der verkrüppelten Eiche, steht der Abnorme und plätzt mit dem linken Lauf. Dabei knickt er rechts ein, ärgert sich offensichtlich darüber und bearbeitet die junge Esche, daß es bis hierher kracht und splittert. Längst bin ich in Anschlag gegangen, doch der Bock bewegt sich ununterbrochen, wackelt dabei so komisch, daß ich unwillkürlich lachen muß. In diesem Augenblick spüre ich den Wind im Nacken, und fast gleichzeitig wirft der Bock auf. Steif und mit argwöhnischem Blick verhofft er geradewegs zu mir. Doch schon kracht der alte Hahnstutzen, und mit gutem Zeichen verschwindet der „Kniewackler" nach unten zu.

Das Echo des Kugelschusses hallt wie im Hochgebirge wider. Unten im Forsthof keifen die

Truthühner der Frau Tükör, Hunde bellen, und auf der Wiese vor dem Meierhof schnattern die Gänse. Ich aber sitze wie erstarrt und brauche eine Weile, um mein Jagdfieber „abzuschütteln". Dann rauche ich mir eine „Mirjam" aus den Beständen meines Vaters an und warte, bis nur mehr der Filter in meinen Fingern ist. Nach dieser schwer erzwungenen Viertelstunde springe ich auf und eile dorthin, wo der Bock verschwunden ist.

Erst nach einigen Minuten finde ich Schweiß, zunächst wenig, dann immer mehr. Die Schweißfährte führt gerade hinunter zu den Weingärten. Hier wird es felsig und steil, und ich komme nur langsam weiter. Die Fährte ist nun jedoch leicht zu halten. Und dann sehe ich ihn ganz unten beim Draht verendet liegen. In großen Sprüngen eile ich hin.

Das Aufbrechen und die Totenwacht dauern nicht allzu lange. Es ist noch Schußlicht, als ich den abnormen Achterbock mit der eigenartigen Verletzung über die Schulter nehme und zu Ferenc' Weingarten hinuntersteige. Ich habe Glück, Ferenc ist da und seine Tochter ebenfalls. Ich werde in die gemütliche Stube gebeten, während der Bock zum Ausschweißen am Haken vor der alten Eichentüre hängt. Eine Flasche dunklen Rotweines wird aufgetischt, dazu Zwiebel und stark paprizierter Speck und noch eine Flasche. Schaurig heult der Waldkauz vom Berg herunter, Ziegenmelker gaukeln über die Hecke ... Und als ich nach zwei Stunden, diesmal in Ferenc' verwittertem Leinenrucksack, meinen Pfingstbock nach Hause trage, knicken *meine* Beine dauernd ein, und ich kann nichts dagegen tun. Das ist wahrscheinlich die späte Rache des „Kniewacklers".

Der „Stumme" vom Csókaberg

Auf den langen Schatten des Herbstes lag ein müder Nachmittag. Im Wald herrschte Stille, und auf den Stoppelfeldern ruhte der altgewordene Sommer. Der warme Erdgeruch der Äcker mischte sich mit dem Duft des reifen Maises. Seidene Fäden der Wanderspinne wurden von der scheinbaren Windstille dahingetrieben, und noch so traurige Gedanken konnten den Sommer nicht mehr zurückholen. Die Nester waren schon lange leer, einige waren von den Gewitterstürmen vernichtet worden, und manchem Vogel stand die beschwerliche Reise in den Süden noch bevor. Der Schlehdorn war blau, die Hagebutte rot geworden, und von den Ästen des wilden Birnbaumes lachten die gelben, reifen Früchte lockend und unerreichbar zugleich. Das lebhafte Treiben auf den Feldern war schon lange verstummt.

Dafür war es bei Nacht in den Wäldern so laut, daß die einzelnen Rufe und Echos sich überpurzelten. Die Hirsche feierten Hochzeit, und das ferne Orgeln und Grollen drang bis in das Dorf hinunter. Die Milchstraße schien heller geworden, der Mond war glänzender und die Gerüche trockener. In den finsteren Hochwäldern hörte man Stampfen und Keuchen, Geweihe krachten zusammen, als ob man mit Stöcken einen Gartenzaun bearbeiten würde. Und als die Dämmerung mit ihrem Nebelgefolge, vom Knistern des ersten Reifes begleitet, über die karstigen Rücken kroch, erdröhnte der Wald abermals, daß die Äste erzitterten.

In der Lehne des Csókaberges, knapp über den Weingärten, die mit ihrem Duft die Menschen schon vor der Lese berauschten, war ein Schadhirsch gemeldet worden, der jeden Nebenbuhler verjagte oder forkelte, die Zäune zerschlug, das Kahlwild zu Paaren trieb und dann grob zurückholte. Er hielt sich in den Nächten mal da, mal dort, aber immer in den Weingärten auf, hatte manchmal ein großes Rudel, dann wieder nur ein einziges Tier neben sich, und das Seltsamste war: der Hirsch war stumm und gab nie einen Ton von sich, ausgenommen von einem eigenartigen, an Husten gemahnenden, ganz leisen Keuchen. Aber auch dieses war nur ganz selten und immer unerwartet wahrzunehmen. Er hatte eine riesige Fährte, die man leicht daran erkannte, daß die rechte Schale des Vorderlaufes länger und krumm nach links gebogen war. Der zuständige Jäger Müller hatte festgestellt, daß der „stumme" Hirsch nie einen ständigen Tageseinstand aufsuchte und abwechselnd in dem einen oder dem anderen Tal zu spüren war, das die große Lehne des Csókaberges wie ein ausgetrocknetes Bachbett schräg von oben nach unten und durchaus nicht parallel durchfurchte. Im oberen Teil dieser Täler waren die Bäume klein, verkrüppelt oder überhaupt nicht vorhanden, je tiefer man kam, desto höher waren sie und umso mehr Unterwuchs bestand — durchwegs aus dichten Dornenbüschen, da und dort von kleinen künstlich und unter Mühen angelegten Eichendickungen unterbrochen, von denen man wußte, daß sie niemals echten großen Eichenwald geben würden. Denn das trockene, karstige, von Stürmen mit „Glatzen" versehene Vértesgebirge brachte an dieser Seite nur kümmerliche, von steinigen Lichtungen unterbrochene Wäldchen zustande.

Der Schadhirsch mußte weg, und zwar so bald wie möglich. Am 28. September berief mein Vater die zuständigen Förster und Jäger zu einer Besprechung in sein Arbeitszimmer, wie man diesen unsteten und niemals röhrenden Wanderer unschädlich machen könnte. Der rotgesichtige und blonde Förster Müller kam, dann der hagere und noble Heger Müller, der verschmitzte Revierjäger von Csóka, Schneider, sowie unser glatziger und kleiner „Leibjäger" Udvari.

Im Arbeitszimmer meines Vaters gab es für einen passionierten Jäger einiges zu sehen. Hier hingen seine besten Trophäen, der kapitale Neun-Kilo-Hirsch vom Cser, der Silbermedaillenbock vom Hosszúbörcz und rechts und links vom Fenster auf langen, dunkelbraun gebeizten Brettern seine stärksten Keiler, über dreißig an der Zahl. — Der Förster und die Jäger wurden freundlich und mit Handschlag begrüßt, dann setzte man sich an den kleinen runden Tisch mit den alten Lederfauteuils. Wegen der Unberechenbarkeit des Hirsches waren eine Pirsch oder ein Nachtansitz nicht möglich. Förster Müller schlug vor, daß man riegeln sollte, was Vater nach längerem Bedenken guthieß. Es war kaum anzunehmen, daß der Hirsch hinunter in die

Bild rechts:
Sauen am Weihnachtstag

Bilder umseitig:

Links oben:
Die Csákberényer Bibliothek mit 700 Rehgeweihen

Rechts ganz oben:
Kutschierwagen

Rechts oben:
Vater mit Feri im Garten (1942)

Rechts Mitte links:
Unser Viererzug (1944)

Rechts Mitte:
Der Hirschgang mit ca. 800 Hirschen

Links Mitte:
Nach dem Umsturz: Die Bauern begrüßen uns (1945)

Rechts unten:
Die erste Brandhofer Gamsjagd nach dem Krieg (1946)

Links unten:
Verfassers erste Valle-Jagd (1954)

Weingärten flüchten würde, und die Hauptwechsel auf den Csókaberg hinauf waren leicht abzustellen.

Der Riegler wurde für den nächsten Nachmittag um vierzehn Uhr festgesetzt. Für die Schützen war beim „Hub-Weingarten" Zusammenkunft, während die Revierjäger und einige Treiber oberhalb der Sandgrube Aufstellung zu nehmen hatten. Man war entschlossen, wenn notwendig, die ganze Lehne durchzutreiben. Udvari hatte vier Schützen auf das Csókaberg-Plateau mitgenommen, sie sollten die Wechsel abstellen, die unter den Felsen und zwischen den Kuppen durchführten. Bei dieser Gruppe befand sich auch mein Bruder Feri, während ich mit Vater und den restlichen Schützen vom Weingarten aus das Haupttal abstellen sollte. Kellermeister Bitter hatte einen leichten Wein und Schinken bereitgestellt, doch wir hielten uns nur kurz auf, und zehn Minuten nach zwei begann der Aufstieg. Niemand kann sich vorstellen, wie beschwerlich es war, die überaus steile Lehne des Südhanges des Csókaberges zu erklimmen! Dieser Südabhang war auch gleichzeitig die südlichste Begrenzung des von Südwest nach Nordost verlaufenden Vértes, darunter gab es dann bis Stuhlweißenburg nur noch Felder und kleinere Remisen. Der Steig, auf dem wir hochstiegen, hätte jedem Hochgebirge alle Ehre gemacht, und dementsprechend führte er auch längere Passagen hindurch in Serpentinen, bis wir das Haupttal erreichten und von diesem dann einem alten, verwachsenen Weg folgten. Den untersten Stand hatte Öhlmann bezogen, dann folgte der korpulente Förster Müller, der nächste Stand war für Vater bestimmt und hat den meisten Ausschuß, dann kam Förster Maurer, Marcell Esterházy, János Zichy, dann ich und ganz oben Heger Müller, der die Schützen angestellt hatte. Nachdem er mit dem letzten Flankenschützen Verbindung aufgenommen hatte, blies er um fünfzehn Uhr zwanzig an. Der Trieb hatte begonnen.

Bilder links:
Schloß Brandhof im Jahre 1978
Bilder umseitig:

Links oben:
Die Eltern des Verfassers nach Abzug der Russen im Brandhof

Rechts oben:
Die Brüder: Feri, Philipp und Max Meran (1975)

Rechts Mitte:
Die Schwestern des Verfassers: Anna, Christl und Lori (1975)

Links unten:
Verfasser

Rechts unten:
Der Familienchef Dr. Franz Meran ist 88 Jahre alt

Über der Lichtung vor mir flatterten bunte Blätter auf und ab, als ob sie nicht genau wüßten, wohin sie fallen sollten. Es war ausgemacht worden, daß nur auf einen Haupthirsch geschossen werden durfte. Man wußte ja, daß hier in der ganzen Lehne kein anderer Brunfthirsch seinen Einstand hatte, wurde ja jeder „Eindringling" sofort vertrieben. Schneider hatte den Hirsch als stark bezeichnet, mit langen Stangen und weiß blitzenden Spießen. Füchse und Kahlwild waren verboten, nur auf einen starken Keiler durften wir eventuell noch krumm machen. Ich hatte mich neben eine Krüppeleiche gesetzt. Vor mir war eine längliche Lichtung, schon karstig und voller windverwehter trockener Bürstlingsgräser. Vom Weingarten herauf knirschten auf der alten Straße nach Csóka die Räder fahrender Bauernwägen und hinterließen Staubwolken, die der langsame Nordwind Fächern gleich auf den Äckern verteilte. Etwas höher segelten hauchfeine Wölkchen über die Landschaft, Schäfchen gleiche, tröstende Boten des Altweibersommers. Unbemerkt floh der Nachmittag der Dämmerung entgegen. Hoch oben gegen Csóka zu meldete müde der erste Hirsch. Die Zeit der Regen war schon lange vorbei, der Wind hatte jede Flüssigkeit aus dem Berg geblasen, die Nachmittagssonne wärmte die Luft über den Kalkfelsen, und die Hornissen flogen emsig hin und her. Bäume und Sträucher sammelten Früchte, die vielen langen und kurzen Gräser trugen Samenkerne, alles in der Natur benahm sich, als gelte es, sich gegen Alter und Dunkelheit zu wappnen. Dann griff die eine oder andere Windböe unbemerkt in die vollen gebogenen Gräser, und wirbelnd lösten sich Bündel von Samen, um irgendwo zu landen und neues Leben zu beginnen.

Es war sehr warm. Unten, über dem Teich von Czabácza, zitterte noch die klare Herbstluft, und gewichtlose Wolkenschiffe schwebten hoch oben über dem Pappelhain gegen Westen. Da hörte ich plötzlich „steindln". Gespannt hielt ich die Mauserbüchse schußfertig, doch zunächst geschah gar nichts. Dann, wie aus dem Nichts, waren plötzlich drei, vier, fünf Stück Kahlwild vor mir, kamen genau auf mich zu. Ich spähte aufgeregt, ob etwa der Hirsch folgen werde, das Leittier jedoch merkte mich und rumpelte zurück. Zehn Meter vor mir schlug das kleine Rudel um und flüchtete senkrecht hinauf zu den Schützen, die am Plateau standen. Ein Hirsch war mit Sicherheit nicht dabei. Noch horchte ich dem langsam abflauenden Pumpern meines Herzens nach, als links bei Heger Müller abermals Wild auftauchte, doch hörte ich es nur, es mochten ohne weiteres auch Rehe sein. Die Treiber konnte ich nicht hören, erstens weil sie weisungsgemäß lautlos trieben, zweitens weil sie mehrmals überriegelt waren. Die Sonne tastete sich — röter und größer werdend — hinter die blauen Wolkenbänder im Westen, immer noch wärmend und immer noch Sommer verheißend.

Der Herbsthimmel zeigte sich klar und rein, die Sicht war weit, und von meinem Stand aus konnte man sogar das Spiegeln des Velencze-Sees erkennen. Am Herbsthimmel wird es nie einen Regenbogen, auch wenn es regnet, geben, und die Wärme des Abends läßt sich allzu rasch von kühlen Vorboten verscheuchen, die die länger werdenden Schatten apathisch gewähren lassen. Dazu steigen in der aufsteigenden Brise die Düfte der Weingärten bis zu den Berggipfeln empor, und die Schatten kriechen zwischen den Zäunen, unter den Ecken der Preßhäuser und unter den alten Nußbäumen hervor wie müde Kinder, die auf das Zudecken warten.

Die Zeiger der Schattenuhr wurden länger und züngelten unaufhaltsam gegen Osten. War der komplizierte Trieb erfolglos geblieben? Der laue Abendwind wurde hier oben schon deutlich spürbar und wirbelte die gelbroten Blätter hoch in die Lüfte. Sie flogen hoffnungsvoll eine Weile hin und her, umtanzten die Bäume und überschlugen sich ein paarmal, bevor sie zitternd und raschelnd zwischen den Gräsern versanken, die schon längst zu Stroh geworden waren. Zwei Jagdflugzeuge erschienen plötzlich, stürzten sich heulend in die Unendlichkeit über den Kamm des Berges und verschwanden schließlich, immer kleiner werdend, gegen Börgönd. Hinter ihnen schimpfte der gereizte Sturm und verzog sich hinunter auf die Felder, wo die trockene Erde in Fontänen hochstieg. In der plötzlichen Stille begann der Hirsch in Csóka wieder zu schreien und verstummte erst, als plötzlich ein Schuß fiel. Endlich, dachte ich erleichtert, da knallte es ein zweites Mal, diesmal etwas näher. Das Echo irrte trocken zwischen den Felsen, um dann abrupt abzubrechen. Die folgende Stille schien endgültig zu sein. Sie wurde nach einer Zeit vom Rufen der Treiber und der Nachbarschützen zerrissen. Man hörte Steine rollen, tappende Schritte, lautes Reden. Dann blies Heger Müller den Trieb ab, und zusammen machten wir uns daran, die Schützen nach unten hin „aufzurollen".

Unten beim Stand des Försters Müller stand mein Vater und eine Gruppe von Schützen. Neben ihnen lag ein Monstrum von einem Hirsch, ein uralter, kapitaler Sechser, dessen ganzer Träger eitrig entzündet und fast kahl war. Noch im Tode blickten die gebrochenen Lichter böse und tückisch. Und wie war alles gekommen? Der Hirsch kam Oberjäger Öhlmann lautlos am Zaun entlang mit der Absicht, gegen die Weingärten auszubrechen. Der „Zaun" war ja nur ein uraltes Gebilde, das streckenweise nicht mehr existierte. Doch gerade hier war er noch in Ordnung. Öhlmann fuhr mit seinem Drilling auf, der Hirsch nahm die Bewegung wahr und warf sich prasselnd in die Dickung, die hier aus Schlehdorn und Holunder bestand. Ein nachgeworfener Schuß ging fehl. Der Hirsch kam dann in voller Flucht dem Förster Müller, der ihn mit einem Hochblattschuß streckte. Vater überreichte dem glücklichen Schützen einen großen Eichenbruch. Immer wieder umfaßten wir die dicken Stangen, die über einen Meter lang waren und in nadelscharfen Spießen endeten.

Spätere Messungen ergaben ein Gewicht von 7,2 Kilogramm sowie ein Wildpretgewicht von 220 Kilogramm! Öhlmann schaute als einziger traurig aus seinem dichten Bart in die Gegend. Alle anderen aber liefen und stolperten nun lachend und erzählend den steilen Steig hinunter. Inzwischen verlosch langsam das rötliche Abendlicht auf den weißen Zacken des Csókaberges, und über Felder und Weingärten tanzte seufzend der Wind.

In der guten Stube des Weingartenhauses war für die ganze Gesellschaft gedeckt worden. Es roch nach reifen Zwetschken und zertretenen Birnen, und aus Kellermeister Bitters Schnurrbart stieg der Dunst der gekosteten Vorfreuden. Draußen verschwand die Dämmerung zögernd hinter dem Horizont, und die kühl gewordenen Lüfte gingen zu den welken Blättern schlafen. Ein großer Tisch lud mit allerhand Köstlichkeiten Gutsherrn, Jagdgäste, Jäger und Treiber, die wie immer gemeinsam Platz nahmen, ein.

In den Gesprächen wurden die verwachsenen Wege der Vergangenheit wieder betreten. Alte Treiber erzählten von längst vergangenen Zeiten, und die nachgefüllten Becher kreisten fröhlich, als würde es nie eine Zukunft geben. Wie die Bäume draußen träumten sie vom Frühling, als sie noch jung waren und allen Gewitterstürmen trotzten. Man dachte mit Freuden zurück und kannte die Zukunft nicht. Froher Gesang und echte Menschlichkeit gaben einander die Hände, und gegenseitige Achtung schimmerte in den weingeröteten Gesichtern. Und über die Schienen der Zeit rollten die Jahre lautlos einer unbekannten Zukunft entgegen.

Der Hirsch, den die anderen schossen

Ein glutheißer, nach Birnen duftender September war in das Land gezogen, in ein Land, das trotz des fünften Kriegsjahres nach außen hin friedlich schien. Schon meldeten die Hirsche des Nachts von der Hutweide und dem Kirchberg bis in den Obstgarten des Pfarrers herunter, doch bei Tag schwiegen sie, denn der nachsommerliche, flimmernde Altweiberdunst behagte ihnen nicht. Am Flugplatz der deutschen Transportflieger vor dem Nyáriállás hatte ein eifriger Wachtposten sogar eines Nachts das Leittier eines Rudels erschossen, das den uralten Wechsel hinunter zu den Bauernfeldern nehmen wollte. Nicht ganz zu Unrecht, wie sich später herausstellte, witterten die kriegserfahrenen Deutschen überall Partisanen, und so war auch der Finger des Postens lockerer als sonst. Daß der Kommandant am darauffolgenden Vormittag in Galauniform meinem Vater einen Besuch abstattete und sich zerknirscht entschuldigte, das war nur eine Episode in diesem Krieg, und allen, die damals das korrekte Verhalten der Wehrmacht und der Luftwaffe in Ungarn miterlebten, schien es sogar selbstverständlich. Nun, die Bevölkerung wußte im Gegensatz zu den Soldaten noch nicht, wie sich der moderne Weltkrieg wirklich abspielte, doch sachte ..., bald wurden auch sie eines Besseren belehrt.

Im September 1944 waren wir zwar seit Monaten besetzt, die Soldaten — äußerst spärlich gesät — feierten meist mit der Bevölkerung in den Weingärten, aber vom Krieg merkte man hier auf dem Lande, außer gelegentlichen Luftangriffen, nicht viel. So werden meine lieben Leser auch nicht sehr erstaunt sein, wenn ich erzähle, daß in Csákberény die Hirschbrunft im Jahre 1944 „ganz normal" abgelaufen war. Wir Buben mußten nicht in das Pensionat nach Pécs einrücken und durften zu Hause bleiben. Ein Stoß nach Anilin riechender, neuer Lehrbücher war zwar eingetroffen, in Wirklichkeit aber waren wir seelisch und leiblich den ganzen lieben langen Tag im Wald — den ersten „freien" Herbst unseres armseligen Schülerdaseins aus vollstem Herzen genießend. Und der verständnisvolle, weise Vater gab Revierteile zu unserer Verfügung frei, wo wir im Rahmen des Abschlußplanes und des Jagdgesetzes „freie Büchse" hatten. (Siehe „Zwischen Weckruf und Strecke", Seite 77). Nur er, der Vorausahnende, der schon lange in wissender Trauer Verharrende, der Schöpfer und Jagdherr dieses Paradieses schoß im Jahre 1944 keinen Hirsch mehr.

Die deutschen Besatzungssoldaten aber hatte man damals zur Hirschbrunft nicht eingeladen; sie hatten uns ja besetzt; nur wenn es ganz unvermeidlich war, mußten sie mit Abschußhirschen und Kahlwild Vorlieb nehmen, was sie anstandslos zur Kenntnis nahmen — trotz der vielen Jäger in ihren Reihen! O ja, wir sollten im Laufe unserer Odyssee noch andere Besatzer kennenlernen, die sich im Frieden weit weniger gut benahmen als die viel geschmähte und so selten verteidigte Deutsche Wehrmacht ... im fünften Kriegsjahr!

Eines Tages kam Bruder Feri ganz aufgeregt von einem Pirschgang zurück und berichtete: „Ich habe am Cser einen Hirsch gesehen, der stärker ist als alle Hirsche, die im Billardzimmer hängen! — Er ist ein Riese an Gestalt, hat ein regelmäßiges Achtzehnender-Geweih mit schwarzen, armdicken Stangen; — neben den Beihirschen sieht er aus wie ein Elch!"

„Bist du sicher", fragte mein Vater, „daß er wirklich so stark ist?" Feris Antwort war: „Ja, Vater, das bin ich." Nun kam ganz ruhig und leise Vaters obligate Frage: „Warum hast du nicht geschossen?" — Etwas bleich schluckte mein Bruder: „Zuerst habe ich gezögert, dann habe ich mir ausgedacht, welche Freude du mit diesem Hirsch haben würdest, dann habe ich wieder gezögert, dann ist der Hirsch hinüber ins Esterházysche."

Am nächsten Tag ließ sich Vater doch erweichen und ging mit Feri auf den Cser hinauf. Hier hatte er einst im Jahre 1937 seinen Lebenshirsch geschossen, hier tauchten alle Jahrzehnte irgendwelche sagenhafte Hirsche auf, um dann entweder an der Trophäenwand unserer Nachbarn zu landen oder in geheimnisvolle Ferne zu entschwinden. Vater war nur mit halbem Herzen bei der Sache, und als sie an diesem Tag den Hirsch nicht in Anblick bekamen, gab er ihn Feri endgültig frei und ging nicht mehr auf ihn.

Die Witterung hatte inzwischen umgeschlagen, und auf die schwüle, dunstige Luft kam mit Nordwind kühles, ideales Brunftwetter. Wenn es aber im Vértesgebirge Nordwind gab, zogen die Rudel in das „feindliche" Revier unseres nördlichen Nachbarn Moritz Esterházy, und auch die besten Brunftplätze waren zu diesen Zeiten so gut wie leer. Feri pirschte zehn Tage hintereinander, früh und abends, doch hat er diesen Hirsch nicht wieder gesehen.

Etwa vierzehn Tage später fuhren wir Gäste mit zwei Pferdewägen nach dem Mittagessen ins Horogvölgy. Hier, unweit der Flohhütte, sollte der Tee mitten im Hochwald als Picknick eingenommen werden. Mit von der Partie waren einige Tanten aus der Nachbarschaft und schüchterne, etwas dickliche Mädchen sowie ein nichtjagender Bridgespieler. Es war ein warmer und windstiller Tag. Die Wagenräder fuhren knisternd über Eicheln und Haselnüsse. Überall lagen reife, riesengroße Korneldirndln, und auf kugeligem Dornengerank hingen nußgroße schwarze und vollreife Brombeeren. Die staubbedeckten Eichenbäume neben der Schotterstraße ließen ab und zu ein wehmütig flatterndes Blättchen zur Erde niederschweben.

Im Hegwald oben gab es noch Herrenpilze, deren Geruch bis zu unseren Nasen drang. Unwillig und wortkarg wegen des vermasselten Pirschtages, beobachtete ich die grünen Eidechsen, die sich hier zahlreich in der Sonne wärmten. Ein Teil der Gesellschaft breitete die Decken aus, ein anderer ging in die nahe Umgebung Schwämme suchen, wieder andere — zu denen auch ich gehörte — pflückten Brombeeren. Ich hatte mich kaum dreihundert Schritt von unserem Picknickplatz in die Halomvölgy begeben, das eine dickliche Mädchen blieb schwitzend zurück, als plötzlich aus einer mir bislang unbekannten Suhle mit großem Getöse ein „Ungeheuer" hoch wurde und mit einigen Fluchten in der Dickung verschwand. So viel konnte ich aber doch feststellen, daß es der stärkste und gewaltigste Hirsch war, den ich jemals gesehen habe, Zimmertrophäen und Ausstellungen inbegriffen. Der offenbar in tiefem Schlaf überraschte Hirsch hatte mich über und über mit schwarzem Schlamm bespritzt, so daß die nacheilende Holde ob meines „picknick-unwürdigen" Äußeren in schallendes Gelächter ausbrach.

Und wieder vergingen einige Wochen. Unterdessen hatte man aus der Fährte festgestellt, daß es tatsächlich der unbekannte Riesenhirsch war. Eines Tages, kurz nach der Brunft, meldete Revierförster Maurer, daß der Hirsch im Revier Kápolna aufgetaucht wäre. Nun endete die Schußzeit auf Hirsche damals am 15. Oktober. Gerade an diesem letzten Schußtag hatte Vater schon vor längerer Zeit einen Riegler auf Abschußhirsche angesetzt. Diesmal waren auch der Major der Luftwaffe, Penckert, eingeladen, aus Mór kam Onkel Hansi, aus Fülöpmajor Peter Keglevich und von Timár die drei Zichys. Onkel Karl Eltz aus Celedömölk war, wie jedes Jahr, ebenfalls anwesend. Der Riegler aber sollte um vierzehn Uhr mit dem legendären Wirtsgraben beginnen. Wir waren alle zu einem frühen Jagdessen im Speisezimmer versammelt und löffelten gerade Brombeereis, als der Radiosprecher eine wichtige Durchsage aus Budapest ankündigte. Nun war die politische Lage damals doch schon so kritisch, daß man auf solche Ankündigungen eher nervös reagierte. Alles — bis auf die Gouvernante Antatelle — sprang auf und lief zum Radio. Aus diesem tönte die Proklamation des Reichsverwesers, die dann zu seiner Absetzung und zur Machtübernahme der Pfeilkreuzler führte. Während Antatelle seelenruhig sich noch weitere Portionen Eis „zu Leibe führte" — sie war ja Schweizer Staatsbürgerin —, fuhren die Gäste Hals über Kopf nach Hause. Der Hochwildriegler war vergessen.

Nichts von alledem hatten aber die Jäger im Wald mitbekommen. Während der Proklamation Horthys hatten sie sich auf der Höhe des Schafflergrabens zum ersten Trieb formiert und bei mäßigem Lärm ihre Posten bezogen. Plötzlich prasselte es vor Jäger Zimmermann, und ein riesenhafter Kapitalhirsch stürmte an ihm vorbei in den Wirtsgraben, schnurstracks auf den Hauptwechsel zu, der unterhalb des Dreierstandes vorbeiführte. Und wie das Leben so spielt, gerade diesen Dreierstand hatte der Vater mir zugedacht. Dem Hirsch hatte die Politik zwar das Leben gerettet, seine Geschichte aber ist noch nicht zu Ende.

Es folgten schwere und hektische Tage. Die Front rückte unaufhaltsam näher, Budapest wurde eingeschlossen, und bald hörte man das dumpfe Wummern der Geschütze bis in unsere Zimmer. Der Tag des Abschieds kam, und die Feuerwalze überrollte das bislang so friedliche Csákberény mit all ihren Schrecken und Verwüstungen. Drei volle Monate tobte der Kampf mal vor, mal hinter unserer kleinen Ortschaft, deren „Besatzer" öfters wechselten, und wurde, wie konnte es anders sein, fast völlig zerstört. Erst Anfang März wanderte die Front nach Westen.

Schließlich ging der Krieg doch zu Ende, und was dem einen Befreiung und Heimkehr war, brachte dem anderen Gefangenschaft und Bettelstab. Nach einem Jahr kamen auch wir nach Csákberény zurück.

Mit rührender Güte empfingen uns die einfachen Menschen und umsorgten uns treulich.

Unvergessen sind mir diese Zeichen von wahrer und spontaner Gesinnung, die dieses geläuterte Volk zweien in Not geratenen jungen Leuten gegenüber bekundete.

Wir hatten ernste Existenzsorgen und mußten für unser tägliches Brot schwer arbeiten. An jagdliche Dinge konnten wir nicht einmal denken. Eines Tages kam der alte S., in besseren Zeiten ein gelegentlicher Wilderer unseres Dorfes, jetzt Beeren- und Pilzsammler, und zeigte uns einen interessanten Fund. Er hatte im Hegwald von Gánt, unweit der verlassenen Bunker und Schützengräben, Knochen und die Geweihstange eines wahrhaft kapitalen Hirsches gefunden. Es war die linke Stange eines Achtzehnenders mit Rosenstock und Teilen der Hirnschale. Man konnte in dieser mehrere Einschüsse feststellen. Das Geweih war stark gebleicht und ausgelaugt, auch Nager hatten es schon bearbeitet. Stolz und fragend schaute uns der alte Mann in die Augen, denn er war ein jagdlicher Kenner wie wir. Gemeinsam gingen wir in das einzige Geschäft des Ortes, um die Stange abzuwägen. Die Waage zeigte 5,8 Kilogramm! Der Hirsch hatte also sicher mit kleiner Hirnschale über elf Kilogramm gewogen, ein Gewicht, wie es in unseren Breiten seit 1848 nicht mehr bekannt geworden war. Zweifellos, es war der sagenhafte Riesenhirsch aus dem Jahre 1944, den Feri entdeckt und auf den wir niemals zu Schuß gekommen waren.

Es war der stärkste Hirsch von Csákberény, aber als geheimnisvoller „Unbekannter", der weder Wechsel noch Einstand hielt, konnte er allen Nachstellungen der Jäger entgehen, um schließlich doch noch Opfer des Krieges zu werden, eines Krieges, der auch andere Geschöpfe nicht verschont hatte.

Bild rechts:
Die Kälte stört ihn nicht

Bild umseitig:
Keiler in voller Flucht

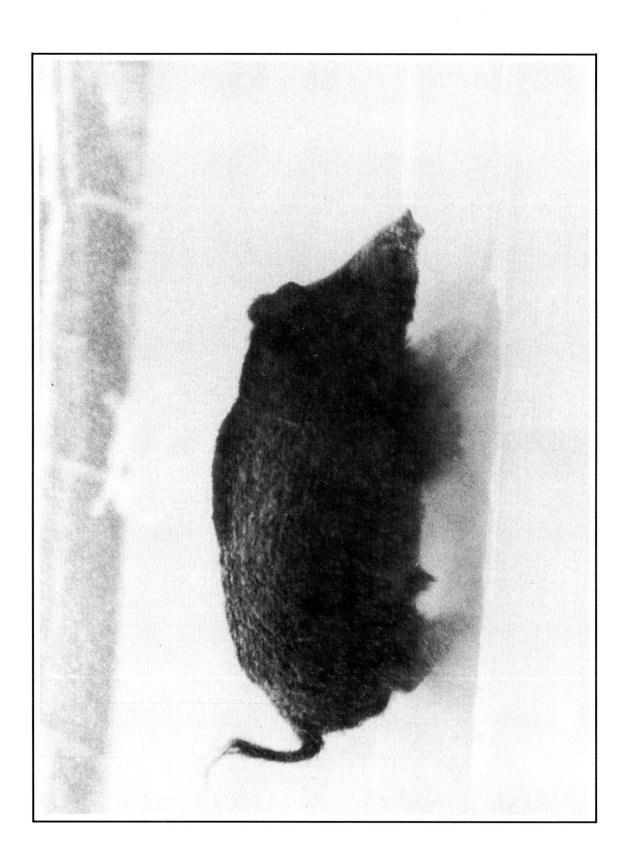

Das blaue Kanapee

Lautlos fallender Schnee bedeckte das sterbende Jahr, das allmählich in der Unendlichkeit der wachsenden Zeit versank. Im Salon meiner Eltern im Csákberényer Schloß saß die Familie zusammen und feierte den Jahreswechsel. Es war kein alltäglicher, kein normaler Silvesterabend, denn das erste Kriegsjahr ging seinem Ende entgegen. Bei uns herrschte völliger Frieden, und niemand dachte daran, daß vor vier Monaten der Zweite Weltkrieg begonnen hatte. Für uns war es ein gutes, ein erfolgreiches Jahr gewesen. Die Zeugnisse der Kinder waren durchwegs gut, unser Besitz schuldenfrei, und die Renovierung des Schlosses war gerade beendet worden. Als um Mitternacht die Glocken der kleinen Barockkirche das neue Jahr ankündeten, knieten wir alle nieder, und mein Vater las aus dem Evangelium vor. Das alte Radio brachte aus Wien den Donauwalzer, und Eltern sowie die drei älteren Geschwister versuchten sich nach seinen Takten zu drehen. Ich saß auf dem blauen Kanapee, das vor kurzem neu überzogen worden war, und bemerkte einen größeren Fleck, der dadurch entstanden war, daß Antatelle sich auf ein Sandwich gesetzt hatte. Unter großem Gelächter wurde der Fleck mit Weißwein (der einzigen im Raum vorhandenen Flüssigkeit) bearbeitet, wodurch er zwar blasser, aber größer wurde. Kurz entschlossen legte man einen Polster darauf, und die Sache war vergessen.

Der Neujahrstag versank in flaumigen, glitzernden Schneemassen, und die ganze Familie fuhr nach der Messe mit zwei Schlitten in den Wald, Wild zu beobachten, Sauen zu fährten. Es war selbstverständlich, daß an diesem Tag die Büchse im Schrank verblieb. Dafür durften die beiden Hunde, Pajtás und Lumpi, mitkommen, für die an sich der Wald „verbotene Zone" war. Ich kann mich erinnern, daß ich still und traurig vor mich hinstarrte, denn die Zeit kam mit Riesenschritten näher, da wir in das gehaßte Pensionat zurückmußten. Im Schutze einer großen Strohtriste, die noch die Wärme des Sommers ausstrahlte und auf der zahlreiche Spatzen und Goldammer ungeniert herumsuchten, nahmen wir in der Mittagssonne am Waldesrand unser Essen ein. Der dunkelblaue Himmel war von zahllosen schwarzen Krähensilhouetten bedeckt, die in langgezogenen Formationen, aus unerschöpflichen Quellen „gespeist", krächzend im halben

Bild links:
Schnepfenstrich (Diorama aus dem Jagdmuseum)
Bilder umseitig:
Gläser und Jagdpokale aus dem Jagdmuseum am Landesmuseum Joanneum

Wind über uns hinwegsegelten. Und der Neujahrstag des Jahres 1940 ging seinem Ende entgegen . . .

Im März des Jahres 1944 — ich war inzwischen siebzehneinhalb Jahre alt — hatten auch wir schon den Weltkrieg zur Kenntnis genommen. Unversehens besetzten deutsche Truppen unser bis dahin vom Kriegsgeschehen verschontes Land und bestätigten die Voraussage jener, die mit dieser Entwicklung schon lange gerechnet hatten. Bald fielen die ersten amerikanischen Bomben auf Ungarn, wir beobachteten „unsere" ersten Luftkämpfe, und das Unglaubliche geschah, die zutiefst geschockten Jesuiten entließen uns am 11. April aus dem Internat — bis auf weiteres — nach Hause.

Vergessen waren die Besatzer, vergessen die drohenden Bomben, all unser Interesse konzentrierte sich nun darauf, ob wohl die Schnepfen auf uns warten würden. Und sie hatten gewartet. Volle vier Tage dauerte noch die Schußzeit, und in diesen Tagen waren wir — von kurzen Schlafpausen unterbrochen — fast ständig im Wald. Als ich am letzten Tag vom Revier Csóka mit drei Schnepfen am Galgen nach Hause kam und meine Eltern im Salon begrüßte, saßen in eigenartig steifer Haltung auf dem blauen Kanapee drei deutsche Luftwaffenoffiziere und sprachen mit meinem Vater. Mir fiel auf, daß die Farbe ihrer Uniformen dem Stoff des Kanapees sehr ähnlich war. Lumpi knurrte böse unter dem Tisch, denn einerseits haßte er Uniformen, andererseits war er von seinem Lieblingsplätzchen verdrängt worden. Bei meinem Eintritt veränderten die Offiziere ihre Haltung. Mit unverhohlenem Interesse betrachteten sie meine Beute, und bald waren die Schnepfen das Hauptgespräch. Sachkundige Hände wogen die Langschnäbel, streichelten sie liebevoll, und bei all der tastenden Bewunderung kamen einige Schweißtropfen auf das blaue Kanapee. Ob unbemerkt oder aus Nachlässigkeit — auch diese Flecken fraßen sich in das blaue Gewebe und waren noch deutlich zu sehen, als wir im Dezember desselben Jahres unmittelbar vor unserer Flucht im Salon unseren „letzten" Kaffee zu uns nehmen sollten. In Ikrény bei Györ verbrachten wir den Jahreswechsel, während in Csákberény die Kämpfe hin und her tobten und das Schloß mitten im Kampfgeschehen, aber auf russischer Seite, lag.

Anfang Feber erreichte uns die Nachricht, daß Csákberény von ungarischen Truppen zurückerobert wurde. Da mein Bruder Feri gerade auf Kurzurlaub bei uns in Ikrény war und da wir hofften, das eine oder andere retten zu können, fuhren wir per Anhalter über Mór, Csókakö in das Kampfgebiet und zuletzt mit einem „Botond"-Lastwagen ungarischer Feldpolizei nach Csákberény. Erstmals in meinem Leben sah ich das Schlachtfeld eines modernen Krieges, mit all, aber auch all seinen Scheußlichkeiten. Daß dies gerade in meinem Heimatdorf, in meinem Zuhause, geschehen mußte, war eine besondere Raffinesse des Schicksals. Und wir fuhren bis zum Hauptplatz . . . über gefrorenen Schlamm, den Raupenketten der Panzer zu grotesken Hügeln geformt hatten. Und als wir zu Fuß, unter ständigem Beschuß von der nahen Hutweide her, ausweiszückend uns zum Schloß vorpirschten, mußten wir uns fast übergeben. Alles, was uns einst lieb und heilig war, lag zertrümmert oder verbrannt, aus dem Fenster geworfen oder von Fahrzeugen zermalmt zwischen Leichen, verrosteten Waffen-Relikten, umgekippten Fahrzeugen und den Resten von zerschossenen Parkbäumen umher. Vor allem aber — wie hätte es anders sein können — lagen überall Geweihe herum. Wie betäubt, nicht rechts und nicht links schauend, sammelten Feri und ich einige Rehbocktrophäen ein, da einen unversehrten Beschwerstein, dort die Reste eines Bildes oder Buches. Dabei kamen wir dem Schloß immer näher. Als wir in das Billardzimmer, über dem Haupteingang, traten, bot sich uns folgendes Bild: Mitten im Raum, direkt auf dem Parkettboden, stand ein größerer Eisenofen, und ein ungarischer Soldat zerhackte gerade den Renaissance-Schreibtisch meines Großvaters und warf die Teile ins Feuer. Es gab keine Fensterscheiben und nur zusammengeflickte Türen. Die Türe zum „ehemaligen" Salon war geöffnet, auf dem blauen, unversehrten Kanapee aber vergnügte sich ein Offizier mit einem blonden Mädchen. Ob wegen der Störung oder aus anderen Gründen, derselbe Offizier wies uns mit groben Worten die Tür. Hier sei Frontgebiet, und Zivilisten hätten da nichts zu suchen. Und überhaupt, wir sollten lieber unsere Heimat verteidigen, als hier nach Rehkrickeln herumzusuchen . . . Daß seine Verteidigung — wie man sehen konnte — aus Möbelzertümmern und „Schäferstündchen" bestand, darauf wagte ich leider nicht hinzuweisen. Geduckt und mit vor Angst schlotternden Knien schleppten wir unsere „Beute" zum wartenden Wagen, als eine Granate das Dach der Gärtnerei vor unseren Augen in die Luft fliegen ließ. Wir fuhren sofort nach Ikrény zurück. Die für mich damals schrecklichen Erlebnisse bedrücken mich manchmal in meinen Träumen auch heute noch, nach vierunddreißig Jahren!

Und wieder drehte sich der Zeiger der Weltgeschichte. Zehn Monate später waren wir als Heimkehrer, nur einen kleinen Rucksack schleppend, in Csákberény eingetroffen. Außer der Liebe und Anhänglichkeit der völlig verarmten Bevökerung besaßen wir nichts mehr. Der Pfarrer nahm uns auf, und die ersten Tage schliefen wir auf dem blanken Boden. Durch das Fenster unseres kleinen Kabinetts konnten wir die Mauern des zur Ruine gewordenen Schlosses sehen. Zwei runde Holzscheiter dienten uns zum Sitzen, und wir mußten sie auch unseren Besuchern, und es waren ihrer nicht wenige, als „zeitgemäß" anbieten.

Da erscheint eines Morgens der alte Meierhofkutscher Pánczél: „Junge Herren, wie ich gesehen habe, befinden sich im Hause des Bauern Huszár einige Möbel aus dem Schloß. Unter anderem auch ein schönes blaues Kanapee!" Wir bewirten den Alten mit einem Zahnputzglas voll mitgebrachtem Whisky, der ihn sichtlich in gute Laune versetzt. Doch dann wird er ernst. „Man hat mir zwei Joch aus Ihrem Besitz überschrieben. Ich habe aber nicht einmal einen Spaten, um sie zu bearbeiten. Wollen Sie die Felder nicht zurückhaben?" Auch ihm müssen wir sein freundliches Angebot dankend zurückweisen. Grimmige Flüche gegen die neue Zeit aus dem Munde dieses armen Mannes wundern uns eigentlich. Aber wir sollen noch anderes erleben. Kaum ist er weg, begeben wir uns zum Großbauern Huszár, der südlich des Schlosses wohnt. Er gilt als Kulak, denn er besitzt zwanzig Joch und eine Kuh. Bevor wir unser Anliegen vorbringen, werden wir höflich ersucht, doch Platz zu nehmen — und zwar auf dem blauen Kanapee, das stolzer Mittelpunkt seiner guten Stube ist. Doch, was bleibt uns übrig? Wir schildern unsere Lage und die Beschwerlichkeit, auf dem Fußboden übernachten zu müssen. — „Nun gut, wir können gleich hinübergehen, Sie werden doch das schwere Stück nicht selber tragen!" Und schon schultern der Bauer und seine Söhne das Kanapee, und als „Draufgabe" bekommen wir noch zwei Rokokosessel und einen Barocktisch, die ebenfalls aus dem Schloß stammen. Es ist uns äußerst peinlich, daß das gastliche Zimmer des Bauern nun große Lücken aufweist. Aber die Bauern sind so erschüttert, als sie unser „Heim" zu sehen bekommen, daß bis zum Abend noch eine Seite Speck und ein Kranz frischer Würste herübergeschickt werden. Gerade richtig, um Silvester „feiern" zu können. Der Pfarrer spendet fünf Liter Meßwein, der Tischler schenkt uns einige Teller und Besteck, und als wir um Mitternacht die durchwegs ungleichen Becher kreisen lassen, ist unsere Bude voll von freundlichen Gratulanten. Unsere Rückkehr hatte Hoffnungen erweckt, die niemals erfüllt werden konnten. Doch des Menschen Motor ist die Hoffnung. Und an diesem Silvestertag fühlten wir eine Zufriedenheit, wie später nie mehr. Schlechter konnte es nämlich nicht mehr werden. Und jede Besserung war für uns ein Geschenk. Als im Morgengrauen der letzte Gast unser Zimmer verließ, hatte sich auf dem blauen Kanapee zu den vorhandenen ein weiterer Fleck hinzugesellt: Dem jungen Lehrer war vom Whisky schlecht geworden ...

Und wieder zogen Jahre ins Land. Im September des Jahres 1948 mußten wir Ungarn gegen unseren Willen endgültig verlassen. Das blaue Kanapee — inzwischen zur Zierde unserer neuen Wohnung geworden — bleibt zurück. Erst Wochen später wird unsere Flucht „amtlich" registriert. Die Möbel werden von Amts wegen nach Stuhlweißenburg in ein Depot transportiert. Dort sollen sie längere Zeit verstauben. Und etwa ein Jahr später wird das Kanapee von prominenten Bewerbern zur Einrichtung einer Dienstwohnung abgeholt. Dann verliert sich die Spur. Das Leben geht weiter, für viele wird es jetzt etwas leichter.

Ungarn baut den Kontakt mit dem Ausland systematisch wieder auf. Besonders die Jagdtouristik wird heute großgeschrieben. Immer mehr Jäger aus dem Westen jagen um „gutes" Geld im ungarischen Jagdparadies. Dafür wird ihnen auch etwas geboten. In den Revieren, die für Ausländer in Frage kommen, sind und werden Gästehäuser errichtet. So auch in der Umgebung von Stuhlweißenburg. Als im Jänner 1976 einer unserer ehemaligen Csákberényer Gäste auf einer Saujagd im Vértesgebirge teilnimmt, wird ihm in einem neu gebauten Gästehaus ein geschmackvoll eingerichtetes Zimmer zugewiesen. Und an der Wand steht unschuldig, als wäre nie etwas gewesen, als wäre die Zeit still gestanden, als wären fast vierzig Jahre wechselvoller Geschichte ausgelöscht, unwandelbar jung geblieben: das blaue Kanapee. Und dem grauhaarigen Freund kamen die Tränen.

Mariska

Ihre Augen waren schwarz wie Kohlen, und ihre Haut hatte jenen dunklen Teint, den arbeitende Landmenschen zu haben pflegen. Trotzdem war ihre Haut weich und trocken wie Samt. Mariska hatte dunkelbraune Haare mit einem Stich ins Rötliche und herrliche Naturlocken. Sie war schlank, aber kräftiger als der Durchschnitt und sehr geschmeidig. Ihre mehr als ansehnlichen Kurven, ihre sehr schöne Gestalt, kamen aber kaum zur Geltung, denn sie trug den der Mode entsprechenden „new look", was ihr absolut nicht stand. Nur wenn sie draußen auf dem Feld arbeitete, ihren Rock hochgeschürzt hatte und sich auf und nieder bog, konnte man sehen, daß Mariska ein schönes, ebenmäßig gebautes Mädchen war. Sie zählte knappe achtzehn Jahre.

Sie war die Tochter jenes Altkommunisten, der Vater im Jahre 1919 aus dem Gefängnis holte und der aktiv in der Partei tätig war. Ich lernte sie anläßlich einer Tanzunterhaltung der Roten Falken kennen, die ich als durchaus „schwarze Taube" ohne Einladung und nach Genuß des Müllerschen Rotweines besucht hatte.

Gleich bei der Tür, wo man normalerweise Eintritt zahlen muß, hatte mich ein nackter Mädchenarm gepackt und an sich gezogen. Ich war rechtzeitig zur „Damenwahl" eingetroffen und wurde dorthin verschleppt, wohin ich als Nichttänzer absolut nicht hinwollte, auf das Tanzparkett. Der schwäbische Harmonikaspieler intonierte gerade das in Ungarn damals sehr beliebte Lied: „Was machst du mit dem Knie lieber Hans...", und ich, ja, ich tanzte wahrhaftig. Innerhalb von fünf Minuten hatte mir die energische Mariska das Tanzen beigebracht oder auch nur meinen Tanzinstinkt geweckt, wie man will, jedenfalls kann ich heute weder besser noch schlechter tanzen als damals in dieser ersten „Tanzstunde". Dann entstand eine kleine Pause, und es erscholl der Befehl: „Séta jobbra!" (nach rechts schreiten!), da erst wechselten wir unsere ersten Worte miteinander. Als dann ein „Lambeth walk" intoniert wurde, den die Csákberényer eingedenk des früheren Gutsherren „Lamberg-Tanz" nannten, hatten wir schon einen gewissen Gleichklang sowohl der Schritte als auch der Seelen gefunden; und von da an trafen wir uns öfters. In jenen strengen Zeiten aber, als man trotz Russen und offizieller Lockerung der Sitten jeden Schritt eines heiratsfähigen jungen Mädchens mit Argusaugen bewachte, eine Verbindung von „Fortschritt" und „Reaktion" weit eher duldete als offene Unmoral, da konnten wir uns nur bei Tanzveranstaltungen, am Sportplatz, vor der Kirche oder ganz heimlich treffen. Jedesmal brachte mir Mariska irgendein Produkt ihrer Back- oder Kochkunst mit, welches dann am anderen Tage von unserer Betreuerin, der fast achtzigjährigen Frau Rideg, mit wissendem, jedoch mißbilligendem Blick betrachtet wurde. Dabei weiß ich bis heute nicht, ob die Mißbilligung unserer Freundschaft oder der jeweiligen Backware galt...

Die Eltern Mariskas verhielten sich neutral, hatten sie ja mit unserer Familie nicht die schlechtesten Erfahrungen gemacht. Sehr erfreut konnten sie aber nicht gewesen sein, denn sie sahen — mit gutem Recht, wie sich ja herausstellte — keine für alle zufriedenstellende Zukunft dieser eigenartigen Verbindung zwischen „Roter Falkin" und Grafensohn, dem man trotz Enteignung von Besitz und Rang eine neue, unerwartet bewundernde Hochachtung entgegenbrachte, voraus. Aber in jenen unvergleichlichen Zeiten nach dem Zweiten Weltkrieg gab es kein „unmöglich", und die Zukunft war uns allen nicht nur verborgen, sondern einfach unvorstellbar. Dazu kam, daß Csákberény abseits aller Zentren, von Licht und Telefon „unbehelligt", geläutert durch Tod und Leid, ständig gemahnt durch all die Zeugen des Krieges, die zerstörten Häuser, also daß Csákberény weder behördlich noch auf dem Parteisektor viel von der Zentrale „gestört" wurde, und die gegenseitigen Kontakte fußten auf Tatsachen und Erfahrungen, nicht auf Ideologie und Dialektik.

Einen Feind brachte mir aber meine Liebe zu Mariska ein, und das war ihr ehemaliger (nicht ganz abgehalfterter, sehr eifersüchtiger) Freund M. Nie konnte ich ganz sicher feststellen, ob sie ihn noch traf, denn er war in die große Stadt gefahren, wo er — wie sich später herausstellte — die Schule für Geheimpolizisten besuchte. Zu Ostern kam er aber nach Hause, und da hörte ich, wie er nach der Kirche laut äußerte: „Was hat denn der noch hier verloren?" Erstaunt sah ich ihn an, denn er war früher ein Spielkamerad von mir, und entdeckte in seinen Augen einen kalten, unpersönlichen, haßerfüllten Glanz, den Eifersucht allein nicht zustande bringen konnte. Dazu gehörte schon eine Portion ideologischer Schulung und eine Prise aufgepfropfter Weltanschauung. Das Gift der großen Stadt hatte Csákberény, hatte mich persönlich erreicht.

Nun ist der Alltag für einen „vogelfreien" Menschen in einem Polizeistaat nicht ohne Spannungen und Ängste. Nie weiß man, was in den nächsten Stunden passieren kann. Man flüchtet sich in intensive Arbeit und andere Ablenkungen. Wir waren jung, was lag näher, als daß wir alle Tanzunterhaltungen der näheren Umgebung besuchten. Mit dem Radl fuhren wir einmal über die große Allee zu einem Fest in Gánt, das Bauxitarbeiter gaben. Ein andermal mieteten wir einen Pferdewagen und fuhren zur Kirmes nach Magyaralmás. Dahin konnte Mariska mich unmöglich begleiten. Die Eltern und die damaligen strengen Bräuche ließen es nicht zu. Wie stark und unbeirrbar ist doch ein Volk, das solche Sitten nach den schrecklichen Fronterlebnissen, wobei siebzig Prozent aller Frauen vergewaltigt wurden, aufrechterhält! So begnügte ich mich damit, ihr kleine Andenken mitzubringen. Lebkuchenherzen und bunte Maschen für ihre Haare.

Knapp vor unserem unfreiwilligen Abschied im Oktober 1948 kam eines Nachts der Vater von Mariska zu mir und teilte mir mit, daß ich durch Mariskas Verehrer M. angezeigt worden war und nunmehr auf der Liste der Volksschädlinge stand. Er kam des Nachts, um nicht gesehen zu werden, und warnte mich aus menschlicher Güte, so wie er vor dreißig Jahren meinen Vater aus der Todeszelle geholt hatte. Er meinte, es könne noch etwas dauern, es könne aber auch bald geschehen, man würde mich jedoch mit Sicherheit abholen und verhören, im schlimmsten Falle würde ich in ein Lager kommen. Die nächsten Tage waren erfüllt mit Arbeit und Alltagssorgen; Feri war nämlich nach Österreich gegangen, und so vergaß ich die Warnung des alten Mannes völlig. Man muß aber dabei bedenken, daß solche und ähnliche „Warnungen", Hiobsbotschaften und Gerüchte damals ja an der Tagesordnung waren. Ich war vernünftig genug, zu wissen, daß meine Anwesenheit allein in diesen Zeiten schon Grund für eine sehr schnelle „Veränderung" sein konnte. Jugend sowie Gottvertrauen ließen mich bald über solche Ängste hinwegkommen. Freunde und „Warner" hatte ich genug, es würde schon irgendwie gut gehen. Vier Tage vor unserer (damals noch überhaupt nicht geplanten) „dritten Flucht" kam Mariska zu mir. Diesmal brachte sie mir ein kleines Fäßchen Wodka, den ihr Vater vom russischen Kommandanten bekommen hatte. Sie war in Pionier-Uniform, denn man hatte wieder irgendeine Befreiung gefeiert; — und wo?, natürlich in den Ruinen des Schlosses, man hatte ja für größere Versammlungen nicht viel Auswahl. Ihre rote Krawatte und ihre blaubehemdeten Schultern waren voll weißem Mörtel, der von Decke und Wänden der großen Halle des Schlosses „rieselte", wenn die Dorfkapelle die Internationale spielte. Hatten ja eifrige und geschulte „Befreier" den ganzen Putz im großen Schloß säuberlich heruntergeklopft, hoffend, doch noch zum eingemauerten Schatz der Bourgeoisie zu kommen. Denn Schätze und Reichtum sind ja nichts Schlechtes, wenn man sie nur selbst besitzt! Ich mußte laut lachen, als ich ihr den Staub vom Festgewande putzte, diese späte Rache reaktionärer Geister, die sich solcherart erlaubten, demokratische Versammlungen zu stören.

Mariska kam mir in dieser Nacht bleich und fahrig vor. Sie benahm sich geistesabwesend, was ihrer sonnigen und sinnlichen Art durchaus nicht entsprach. In dieser Nacht nahmen wir Abschied, ohne es zu ahnen.

Jahre der Verfolgung und des Terrors kamen, und das arme ungarische Volk erlebte Zeiten des Hungers, der Lohnkürzungen, der Deportationen und des Stalinismus. Die Diktatur Rákosis fegte über das Land. Als dann acht Jahre später ein spontaner Volksaufstand die Grundfesten des Systems erschütterte und scheiterte, fluteten Wellen über Wellen Tausender und Abertausender Ungarn in den Westen. Das kleine, gerade souverän gewordene Österreich ging dabei mit beispielhafter Hilfsbereitschaft und Nächstenliebe in die Geschichte ein. Jene Generation um den großen Kanzler Raab, die die Leiden zweier Kriege am eigenem Leibe erlebt, Diktatur und Besetzung ertragen und die eigene Freiheit erst wirklich schätzen gelernt hatte, jene „Alten", die von den heutigen Jungen oft nicht ernst genommen werden, erwiesen sich in dieser Zeit als wahrhaftige „Erfolgsgeneration" der republikanischen Geschichte. Denn im Trubel des hoffnungslos scheinenden eigenen Wiederaufbaues fanden sie Zeit und Herz, jenem Nachbarvolk zu helfen, das im Laufe der Geschichte nicht immer freundlich zu Österreich war.

Ich war damals schon vier Jahre Leiter des Jagdmuseums in Graz, als die Volkserhebung in Ungarn mit elementarer Gewalt losbrach und wurde vom Landeshauptmann zu seinem persönlichen Ungarn-Referenten bestellt. Da sah man Hunderte ungarischer Fahrräder überall in

Graz an den Wänden lehnen. Die Grenze war offen, die Ungarn setzten sich aufs Radl und fuhren einfach weg.

Manche fuhren brav wieder nach Hause (in das Grenzgebiet), nachdem sie „hier draußen" alles bestaunt hatten. Viele wollten auch wieder zu Hause sein, wenn die große Befreiung (diesmal die echte) stattfand. Ich sprach mit Hunderten von ihnen, und alle sagten, nun würde es besser, so wie es war, konnte es einfach nicht mehr werden. Die Grenzen waren offen, offener als zwischen westlichen Ländern, und eine Lawine von Flüchtlingen wälzte sich von Ost nach West. Unter ihnen waren auch arme Menschen, ein völliges Novum in der Geschichte dieses schollengebundenen, heimattreuen und duldsamen Volkes. Man floh, obgleich oder gerade weil zu Hause sich eine bessere Welt anbahnte und man im Inneren seines Herzens diesem Zustand nicht ganz traute, die offenen Grenzen aber als eine wunderbare, nie erhoffte Tatsache empfand. Sicher hatten viele ihren Schritt nicht zu Ende gedacht, allein nach jahrelanger Isolierung lockte die weite Welt, die Freiheit des Reisens, der trotz Gegenpropaganda märchenhaft verlockende Westen, ein Westen, der — im Gegensatz zu heute — diesen Menschen wirklich erstrebenswert schien.

Die Monate gingen dahin. Inzwischen hatte sich die politische Lage in Ungarn wieder gefestigt. Aus zahlreichen Wunden blutend, wurde das Land wieder in die „große Familie der Satelliten" integriert. Panzer hatten „Ordnung" geschaffen, und die ganze Episode konnte vergessen werden. Vorerst aber hielt der Flüchtlingsstrom unvermindert an.

Längst ging ich wieder meiner Arbeit nach, die Flüchtlingsbetreuung oblag geschulten, professionellen Händen, alles nahm seinen gewohnten Gang. Und plötzlich sah ich Mariska wieder! — Nach einer Sitzung wollte ich mich in einem Café der Grazer Innenstadt stärken. Gleich vom Eingang aus sah ich — unwirklich und fremdartig geschminkt — aber doch unverkennbar Mariska — als Kellnerin! Mit kleiner Schürze und aufgestecktem Haar. Sie sah mich nicht, und ich — noch heute bereue ich es — drehte mich um und ging weg. Ich war so schockiert, und ich wußte nicht, ob sie mich gesehen hatte oder nicht. Als ich am nächsten Tag, seelisch vorbereitet, abermals in dem kleinen Café erschien, war Mariska verschwunden, und niemand wußte wohin. Trotz eifriger Nachsuche verlor sich ihre Spur. — Inzwischen vergingen Jahre und Jahre.

Bild rechts:
Gamsbock im Winter
Bilder umseitig:
Unter allen starken oder interessanten Hirschgeweihen hing im Schloß
ein Gemälde des Hausherrn F. Lamberg über den genauen Ablauf der Erlegung.

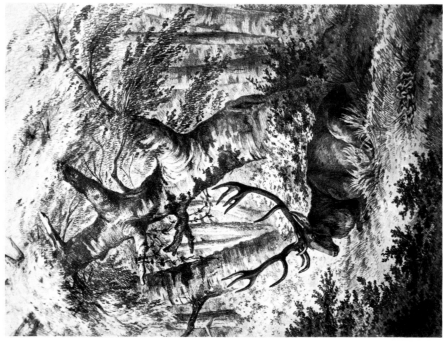

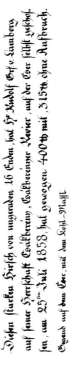

Diesen starken Hirsch von ungeraden 16 Enden, hat Hr Rudolf Grf. v. Lamberg auf seiner Herrschaft Csáktornya, Goldbrenner Revier, auf der Eve selbst geschoßen, am 25ᵗᵉⁿ Juli 1858, hat gewogen 400℔ mit 315℔ ohne Aufbruch. Gegend auf dem Eve, auf dem Rost-Massif.

Diesen Capital Hirsch von ungeraden 14 Enden, hat H. Rud. Grf. v. Lamberg auf seiner Herrschaft Csáktornya, Goldbrenner Revier, in Csorkabük, im Cseresnyes Hölgy, zur Brunft Zeit selbst geschoßen, am 22ᵗᵉⁿ Sept. 1850. Gewicht aufgebrochen 385℔. Umfang der Stangen ober den Augen-Enden 10⅗ der der Rosen 11½ Zoll.

Diesen starken Hirsch hat Se. Erl. Graf Eszterházy, auf der Erf. Rud. Lambergschen Herrschaft Csákberény, Lapolnaer Revier, in den sogenannten Lochern zu Schossen. Am 24 Sept. 1863. Hat gewogen aufgebrochen 265 B. zugl aug. 12 Enden. Gegend bei den Lapolnaer Löchern.

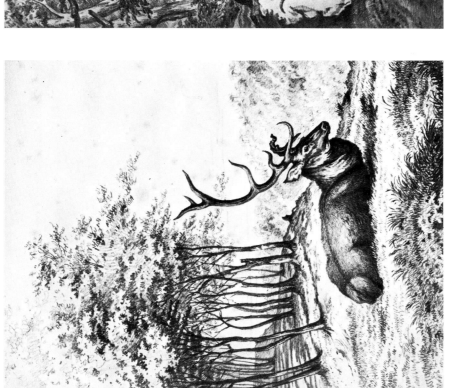

Diesen starken Hirsch von ungeraden 12 Enden, hat H. Rud. Grf. v. Lamberg auf seiner Herrschaft Csákberény, Csákberényer Revier auf dem Berge genannt Hoßu Böres selbst geschoßen. Am 12 Aug. 1857.

Nach anfänglicher Verzweiflung über den mißlungenen Freiheitskampf begann in Ungarn ein menschliches, ein besseres Leben. Eine allgemeine Amnestie für Flüchtlinge und Rebellen wurde erlassen, und von allen öffentlichen Organen ohne Hintergedanken peinlichst genau durchgeführt. — Eine staatsmännisch kluge und politisch weise Maßnahme, die das Ansehen des zweifelsohne gutwilligen Regimes auch im Ausland mächtig verbesserte. Tausende Flüchtlinge kehrten heim, zehntausende Emigranten konnten nunmehr als fremde Staatsbürger ihr Heimatland, wann immer und so oft sie wollten, besuchen. Eine Verfügung des neuen Staates, die ihre Früchte trug. Nun wurden trotz allem manche Ideen und Wünsche der seinerzeitigen Rebellen durchgeführt. In Ungarn verbesserte sich die Lage zusehends, und es wurde bald das relativ freieste Land unter russischer Besetzung.

Im Jahre 1970 und 1971 hatte ich dienstlich in Ungarn zu tun. Das erste Mal nahm ich an einem Kongreß des Internationalen Jagdrates teil, das zweite Mal weilte ich zwei Wochen anläßlich der Weltjagdausstellung in Budapest. Ich wohnte im „Hotel Royal" und machte lange, ausgiebige Spaziergänge durch die schöne ungarische Hauptstadt.

Und wieder vollführte das Schicksal eine seiner Kapriolen. Am 27. August, am frühen Nachmittag, hatte ich beim Ausstellungsgelände wieder einmal kein Taxi bekommen. Da ich unabhängig war und erst um vier Uhr wieder erwartet wurde, ging ich den langen Weg in die Innenstadt zu Fuß. Unweit des Nép-Stadions sah ich an einer Bushaltestelle eine etwa 40-jährige, dunkeläugige, hübsche Frau stehen. Es war Mariska. Als ich sie anrief, merkte ich, daß sie nicht gleich im Bilde war. Vielleicht war sie kurzsichtig, eher aber war ich seit 1948 älter und für sie fremder geworden. Als wir uns umarmten, bemerkte ich einige graue Fäden in ihren noch immer herrlichen Haaren. Sie war einfach, aber geschmackvoll gekleidet, und über ihre Wangen rannen die Tränen.

Von da an trafen wir uns noch einige Male, und ich bemühte mich — was konnte ich viel anderes tun —, sie ein wenig zu verwöhnen, ihr einige Kleinigkeiten zu schenken und sie in gute Lokale auszuführen. Dabei erzählte sie mir ihr Schicksal. Bald nach unserer Flucht hatte sie auf Drängen der Eltern den Geheimdienstmann M. geheiratet. Mit diesem hatte sie zwei Kinder. Im Oktober 1956 verschwand ihr Mann plötzlich. Sie wußte nicht, ob er gefallen oder ob er ins Ausland gegangen war. Sie selbst verbrachte ein Jahr im Westen, teils als Kellnerin, teils als Hausarbeiterin. Dann ging sie wieder nach Hause, wo sie bald ein zweites Mal heiratete. Ihr jetziger Mann ist Budapester, ein kleinerer Beamter. Auch sie arbeitet in einem staatlichen Laden auf der Rákoczy-ut als Friseurin. Ihre Kinder sind jetzt neunzehn und zwanzig Jahre alt und gehen eigene Wege. Der Bub hat lange Haare und einen Mongolenschnurrbart, die Tochter geht

Bild links:
Ein Einzelgänger

in Blue jeans ... Ihre zweite Ehe ist kinderlos geblieben. Sie leben in einer modernen Zweizimmerwohnung in den Außenbezirken von Pest. Von Csákberény wußte sie wenig zu erzählen. Ihre Eltern sind gestorben, ihre Schwester ist emigriert.

Dann nahmen wir wieder Abschied.

Als ich bei Nickelsdorf die österreichische Grenze passierte, war es mir, als kehrte ich nach Hause zurück. Das Wiedersehen mit der alten Heimat und mit Mariska hatte mich nicht mehr — wie erwartet — im Innersten aufgewühlt. Meine Heimat war das alte, das versunkene Ungarn, die Heimat der ungestörten Erinnerungen, der Träume und der unvergessenen Vergangenheit. Mein „Zuhause" aber ist Österreich, das tapfere kleine Land, das auch die Ungarn lieben gelernt haben.

Mariska aber habe ich seitdem nie mehr wiedergesehen.

Der Gernegraf

Unser Freund Jóska war schon als Kind ein Snob. Als Sohn bitterarmer Eltern suchte und fand er bereits als Junge den Kontakt mit „Höhergestellten", denn er war reifer als wir und wußte genau, was er wollte. Er hatte präzise Vorstellungen von seiner Zukunft, und während wir noch an Spiel und Jagd dachten und unsere Eltern verehrten und uns unter ihren Schutz und Schirm stellten, dachte Jóska nur an seine Karriere und schämte sich seiner Eltern. Letzteres war auch der einzige negative Punkt in seinem Charakter, der uns abstieß. Seine Eltern waren durch Krankheit des Vaters heruntergekommene Kleinbauern, von Grund auf anständig und tief religiös. Mein Vater unterstützte sie, wo er konnte. So stellte er ihnen Holz und Mehl kostenlos zur Verfügung und ließ ihren einzigen Sohn das Gymnasium besuchen. Jóska spielte mit uns in der Jugendmannschaft Fußball, nahm als guter Schauspieler an unseren Theateraufführungen teil, wuchs sozusagen mit uns auf und war uns ein verläßlicher, guter Freund. Im Gymnasium tat er sich vom Start weg als Vorzugsschüler hervor, behandelte seine Lehrer psychologisch richtig, wurde aber von seinen Mitschülern beneidet, und obzwar geachtet, war er bei ihnen unbeliebt. Jóska hielt es mit der Obrigkeit und war nicht gewillt, seinen „Aufstieg" der Laune der Mitschüler zu opfern. Er war weder Denunziant noch Streber, aber ein so herausragender Schüler, daß dieser Umstand allein ein Dorn im Auge der grauen „Masse" war. Jóska lernte und merkte sich alles. Er konnte schon als Halbwüchsiger mit Gästen meines Vaters über Zusammenhänge der Weltgeschichte debattieren und hätte viele angesehene Herren blamiert, wäre er dazu nicht zu taktvoll gewesen. Denn Jóska achtete die Herren, besonders die von adeliger Herkunft, und bewunderte ihre Lebensart. Ohne daß er es merkte, kopierte er ihre Haltung, ihren schlampigen Tonfall und konzentrierte sich auf ihre Interessen. Dabei kam er aber unweigerlich in die Spottmühle seiner Altersgenossen, und er bekam den Spitznamen „Gernegraf", was ihn aber mehr ehrte als störte. Die treuen und langjährigen Diener unseres Hauses waren über seinen „Einfluß" und die Freiheiten, die er in unserem Kreise genoß, mehr als unzufrieden, und nicht selten hörten wir aus ihrem Munde unwillige Ausdrücke wie Hungerleider oder Keuschlersohn...

Wenn Vater solches erfuhr, konnte er so wütend werden, daß selbst meine Mutter Angst vor ihm bekam. Die „Sünder" aber behielten in Zukunft ihre Bemerkungen für sich. Eines Tages war der sehr beliebte und volkstümliche Obergespan von Stuhlweißenburg bei uns zu Gast. Jóska — wieder einmal beim Essen mit dabei — lächelte nachsichtig über seine Witzchen, sah aber dem alten Herrn bewundernd in die Augen. — „Und was willst du werden, mein Söhnchen", fragte dieser dann listig. — „Schloßbesitzer!" lautete Jóskas Antwort.

„Und glaubst du nicht, daß ein Schloß heutzutage eine große Belastung ist?" — „Ich werde reich sein, Exzellenz!" — Das belustigte Lächeln des alten Herren erlosch und wich einer ehrlichen Bewunderung. „Wer ist der Kleine, dem möchte ich die Zukunft ebnen", sagte er zu meinem Vater, dann wurde aber von anderen Dingen gesprochen. Doch der Komitatschef hielt sein Wort. Bei den großen Jubiläumsfeiern des Jahres 1938, als der tausendste Todestag des Gründerkönigs Stefan des Heiligen in Stuhlweißenburg gefeiert wurde, war Jóska unter den zwanzig Gymnasiasten des Landes, die der Reichsverweser persönlich mit einem Stipendium auf Zeit auszeichnete.

Während wir Brüder im strengen Jesuitenkolleg Pécs kaserniert waren, wohnte Jóska privat in Budapest und besuchte dort als Externist das noble St. Imre-Kolleg. Beim Eucharistischen Kongreß ministrierte er mehreren ausländischen Kardinälen und erhielt ein Erinnerungsgeschenk des Kardinals Pacelli. Ein italienischer Malteserritter lud ihn darauf nach Rom ein, wo er die ganzen Ferien verbrachte und perfekt Italienisch lernte. Da er ein ausgezeichneter „Lateiner" war, wurde er als Sechzehnjähriger Chefredakteur einer lateinischen Jugendzeitung, die in Rom erschien. 1939 wurde er im Palazzo Venezia zusammen mit anderen von Mussolini und anschließend vom italienischen König empfangen. Bei der Inthronisation des Papstes Pius XII. war er im Petersdom anwesend. Begeistert erzählte er von seinen „Abenteuern" im Ausland, als wir uns Weihnachten 1939 in Csákberény wiedersahen.

„Und was hat dir in Rom am besten gefallen?" — „Der König", war die spontane Antwort. „Und Mussolini?" — „Ein Emporkömmling, ein Poseur, kann sich nicht benehmen." — „Und der Papst?" — „Graf Pacelli?" — „Ein Herr, ein großer Mann, ich fühlte mich bei ihm wie zu Hause!"

Das Jahr 1941 brachte für Ungarn den niemals gewollten und so folgeschweren Kriegseintritt. Jóska, Jahrgang 1923, war im Jänner achtzehn Jahre alt geworden. Noch im März begegnete ich ihm während der Osterferien. „Dieser Mensch, dieser Hitler, wird den Krieg verlieren!" sagte Jóska mit düsterem Gesicht, und nur wenige nahmen ihn damals ernst. „Dieser Mann hat ja keine Kinderstube!" empörte sich der Keuschlersohn, „er kennt seine Grenzen nicht. Wäre er erzogen worden, wie es sich gehört, er würde rechtzeitig aufhören und Frieden schließen! Wie der Fürst Bismarck."

Die Matura legte Jóska mit Auszeichnung und sozusagen „im Vorübergehen" ab. Am Tag darauf wurde er einberufen. Er kam zur berittenen Artillerie nach Hajmáskér, wo er innerhalb eines halben Jahres voll ausgebildet wurde. Dann rückte er mit seinem Regiment nach Rußland ab, wo er den Vormarsch bis zum Don zuerst in vorderster Linie, dann aber als Adjutant des (adeligen) Regimentskommandanten mitmachte. Er hatte viele Freunde im Regiment und zahlreiche Gleichgesinnte. Die ungarische Armee war schlecht ausgerüstet und auf den Krieg in keiner Weise vorbereitet. Es gab schon beim ersten Vormarsch viele Tote und später durch die Partisanen, deren Bekämpfung zum Teil den Ungarn oblag. Die Russen achteten die ungarischen Soldaten, die sich durchwegs menschlich verhielten. Nach ihrer (der Soldaten) Auffassung hatten sie hier, so fern der Heimat, in diesem Riesenland, nichts verloren. Die Deutschen wurden ihrer besseren Ausrüstung und ihrer Erfolge wegen beneidet, doch waren sie bei den Ungarn unbeliebt.

Eines Vormittags — Jóska saß gerade in seinem Büro, im ehemaligen Kolchosengebäude — erschütterte ein fürchterlicher Krach die ländliche Stille. Jóska wurde durch den Luftdruck zu Boden geschleudert, Mauerwerk fiel auf ihn herab und verwundete ihn leicht. Im ersten Stock des Gebäudes war eine Mine explodiert und tötete sieben Menschen, auch den Kommandeur, seinen Chef. Die anderen waren Schreibkräfte, darunter zwei Mädchen. Im nachfolgenden Chaos meldete sich eine alte Frau, die einige Hinweise über die Partisanen liefern konnte. Jóska wurde als Führer eines Spähtrupps mit der Aushebung eines Partisanennestes betraut. Noch unter Schock, den der Tod „seines" bewunderten Kommandanten verursachte, riskierte er unbekümmert sein Leben, überraschte die Partisanen und drang mit seinen Leuten in das primitive Bunkersystem ein. Zehn Männer wurden gefangengenommen, fünf Russen fielen. Unter den Ungarn waren nur zwei Tote zu beklagen. Für diese Bravourtat wurde Fähnrich Jóska zum Leutnant befördert und erhielt einige Auszeichnungen, darunter auch das EK II. Der neue Kommandant ließ den Partisanenführer erschießen, die anderen kamen in ein ungarisches Kriegsgefangenenlager bei Kiew. Vorher wurden aber alle noch eingehend verhört.

Bei dieser Aktion lernte Jóska einen jungen Russen, namens Boris, kennen, der ihm anders als die anderen schien. Er hatte sich tapfer gewehrt und verweigerte stolz jede Auskunft über militärische Fragen. Da sich die beiden jungen Menschen auf Anhieb sympathisch waren, erzählte Boris im Laufe des Verhörs sein bisheriges Leben. Sein Großvater war noch Schloßbesitzer in der Ukraine gewesen. Da er nach dem Ersten Weltkrieg mit den deutschen Besatzern zusammenarbeitete, wurde er von Bolschewisten am Fahnenmast seines Hauses aufgehängt. Seinen Vater und seine Mutter holten sie fünf Jahre später, obgleich sie zu dieser Zeit einfache Arbeiter waren. Er hat seine Eltern nie wiedergesehen. Als die Deutschen kamen, arbeitete er in der Kolchose und hauste mit seiner Schwester in einer zerfallenen Holzhütte. Er begrüßte die Deutschen vorerst als Befreier. Erst als er sah, daß die Kolchosen nicht aufgelöst, die Bauern nicht befreit, das Privateigentum nicht zurückgegeben wurde und daß die Deutschen die Russen obendrein noch als Minderwertige behandelten, erlag er den heimlichen Verführungen des Dorfkommissars, der ihn zu den Partisanen in die Wälder lockte. Denn Boris war trotz aller Erlebnisse ein glühender Patriot, ein gläubiger Staatsbürger geblieben. Als ihn Jóska persönlich beim ungarischen Lagerleiter in Kiew ablieferte, gaben sich die jungen Menschen die Hände. Boris wußte, daß er sein Leben Jóska verdankte, und Jóska sah in ihm einen Gleichgesinnten und einen „Herrn", das genügte. Seine geheime Hochachtung wuchs ins Unermeßliche, als er nach Wochen erfuhr, daß Boris aus dem Gefangenenlager in Kiew entkommen war.

Die Monate gingen dahin. Ende 1942 durchbrachen die Russen bei Stalingrad die ungarische, rumänische und italienische Front, und der große, verlustreiche und allgemeine Rückzug nahm seinen Anfang. Die zweite ungarische Armee wehrte sich anfangs tapfer, dann wurde sie zum Großteil eingekesselt und erlitt große Verluste. Jóska war unter jenen Teilen seines Regimentes, die eingekesselt waren, sich aber unter großen Verlusten nach Westen durchkämpfen konnten. Im Februar 1943 kam Jóska mit den Resten seiner Leute nach Ungarn, wo er vorerst — nun schon Oberleutnant — in Budapest verblieb, Er nützte diesen Urlaub, um alte Verbindungen wieder aufzunehmen, und erschien eines Tages — ganz in Leder gekleidet — mit einem Botond-Lastwagen in Csákberény.

Seine Erzählungen waren kurz und prägnant, jedenfalls mehr als erschütternd. Von ihm hörten wir die trockene Feststellung, daß der Krieg verloren sei und man schon jetzt an die Rettung des Vermögens denken möge. Doch wer konnte die Prognosen eines zwanzigjährigen Soldaten völlig ernst nehmen, der noch dazu unter dem Schock des mörderischen Rückzuges in Rußland stand? Das Leben in Ungarn verlief im Jahre 1943 friedlich und völlig normal. Die Menschen gingen wie in Friedenszeiten ihrer Arbeit und ihren Vergnügungen nach. Auch Jóska, der nun Offizier in einer neu aufgestellten Panzertruppe war, nahm am Leben der „Oberen" teil. Er hatte mit dem Sohn eines früher als anglophil bekannten Ministers enge Freundschaft geschlossen und schmiedete Pläne für die Zeit nach dem Krieg. Durch den Ministersohn wurde er zu Empfängen in die Burg und in bekannte Adelspalais eingeladen, und es ist anzunehmen, daß er schon damals Verbindung mit einigen antideutschen Widerstandsgruppen aufgenommen hatte. Aber im Lande des anglophilen Reichsverwesers konnte man offen gegen die Deutschen sein, sogar die Presse des Landes befleißigte sich — wie man gerne nachlesen kann — zu dieser Zeit eines mehr als neutralen Tones. Satelliten im Sinne von heute waren diese Länder damals noch nicht. Jóska bewegte sich in einflußreichen Kreisen mit einer Sicherheit, die man dem jungen Mann nicht zugetraut hätte. Da er von Kindheit an eine idealisierende Vorstellung von diesen Leuten hatte, war er mit dem leichtsinnigen Leben einiger weniger Standesgenossen absolut nicht einverstanden. Nächtliche Saufereien, tagelang dauernde Zigeunerfeste, das „noble" Leben im Casino und an den Spieltischen waren ihm ein Greuel. Er hatte es auch gleich „heraußen", daß dies nur Leute mit Minderwertigkeitskomplexen und labile Emporkömmlinge taten. Der ungarische Hochadel war, wie er ihn sah, sparsam, heimatverbunden, religiös, führte ein für Außenstehende langweiliges Landleben und tat „nicht viel dazu", um seinen Besitz zu vermehren. Man war vertrauensselig, etwas bequem, wahllos mildtätig und wurde von Schwindlern und Wucherern am laufenden Band hereingelegt. Eine fremde Welt waren für ihn jene „Herren", die stiefelbewehrt in nächtlichen Sauforgien die billig erworbenen Pengös dem Zigeuner mit Spucke auf die Stirne pickten. Dafür waren die Herren unserer Art viel in den Wäldern, und die Jagd spielte zu dieser Zeit in ihrem Leben sicher eine größere Rolle als Politik, Karriere oder Abenteuer.

Apropos Jagd! Auch Jóska hatte sich — eingedenk der Passionen seiner Idole — zum Jäger schlagen lassen. Doch blieb dieses Hobby für ihn ein etwas peinlicher Versuch, ein snobistisches „Dabeisein-Wollen", er wurde niemals ein echter Jäger, einfach weil ihm die Jagdleidenschaft nie in Fleisch und Blut übergegangen war. Und was Jóska ohne Passion tat, spielte für ihn nur eine Nebenrolle. Als Jäger blieb er zeitlebens eine lächerliche Figur, und er wußte es.

Nach dem Abfall Rumäniens im Jahre 1944 besetzten die Russen kampflos die südlichen Karpatenpässe und drangen in Siebenbürgen ein. Jókas Panzerbrigade nahm an einem ungarischen Vorstoß weit nach Rumänien hinein teil, der dann bei Arad steckenblieb. Nun rächte sich der zweite Wiener Schiedsspruch, der Siebenbürgen in zwei Teile getrennt hatte. Die ungarische Armee wurde zurückgeschlagen, und die Russen standen urplötzlich und (für die Bevölkerung) unerwartet in der ungarischen Tiefebene. Bei der Panzerschlacht um Debreczen hatte Jóska Glück. Zweimal wurde sein Panzer getroffen, und beide Male blieb er so gut wie unverletzt. Als im Oktober 1944 der Reichsverweser plötzlich Frieden mit den Russen schließen wollte, nachdem die West-Alliierten alle seine Sondierungen zurückgewiesen hatten, übernahmen die bereits im März einmarschierten Deutschen die volle Gewalt im ganzen Lande. Das Staatsoberhaupt wurde in Schutzhaft genommen, und die kleine Gruppe der berüchtigten Pfeilkreuzler bekam die Macht. Dies war ein Signal für große Teile der Armee, auch horthy-treuer Generäle, zu den Feinden überzulaufen. Jóskas angeschlagene Panzerbrigade wurde zur Aufstockung nach Budapest gebracht, und er nahm Quartier in der (nunmehr verwaisten) königlichen Burg in Buda. Die Russen stießen zügig vor, und niemand konnte daran zweifeln, daß ihr Ziel die Einkesselung der Hauptstadt Budapest war. Inzwischen spielten sich in Budapest unbeschreibliche Szenen und Dramen ab. Die kleine, rechtsradikale Gruppe der Pfeilkreuzler übte Mord und Terror aus. Die Juden wurden verschleppt, Truppen hin und her transportiert, Flüchtlinge zogen über die Brücken, und viele Leute verließen das ehemals so stolze und lustige Budapest. Wir hatten uns schon damals entschlossen, in unserem zweiten Besitz in Ikrény Quartier zu beziehen. Damals riß der Kontakt mit Jóska für längere Zeit ab.

Die Russen drangen am 26. Dezember in Csákberény ein. Etwa zur gleichen Zeit begannen sie ihren Großangriff auf das eingekesselte Budapest, eine Großstadt mit fast zwei Millionen Einwohnern. Jóska nahm an den Kämpfen um Budapest teil. Auch noch, als nur mehr die Altstadt von Ofen und die Burg in deutscher bzw. ungarischer Hand waren.

Einige Tausend Deutsche und Ungarn wagten eines Nachts den Ausbruch aus der dreimal umklammerten Hauptstadt. Vorneweg und an der Seite fuhren die letzten Panzer, um die Russen abzulenken. Die meisten Soldaten schlugen sich über das Pilis- und das Vértesgebirge nach Nordwesten durch. Der Ausbruch dauerte fünf Tage, dann war alles entschieden. Fast alle Männer fielen oder gerieten in Gefangenschaft. Einige Hundert nur erreichten die deutschen Linien. Auch diesmal hatte Jóska Glück, da er das Vértesgebirge gut kannte. Bei Tag schlich er durch die Wälder, bei Nacht überquerte er die gefährlichen Stellen. Mit ihm ging ein Kamerad aus dem Nachbardorf Csókakö. Als die beiden um Mitternacht das von den Russen besetzte Csákberény passierten, konnte Jóska noch einen flüchtigen Blick auf unser Schloß werfen. Vor dem Schloß standen viele Panzer, die außer den Bäumen alles niedergewalzt hatten. Möbel und zerrissene Kleider lagen im Hof umher, in einigen Zimmern brannte es lichterloh. Über die Uniform stülpten die beiden Burschen zerschlissene, aber noch brauchbare Mäntel meines Vaters, die im Dreck umherlagen. Dann gingen sie über den Papiztás und den Csókaberg nach Mór, wo sie in aller Frühe die deutsche Front erreichten.

In Mór, dessen eine Hälfte von den Russen und dessen andere Hälfte von Deutschen und Ungarn besetzt war, meldete sich Jóska beim Kommandanten und wurde nach Veszprém beordert, wo man neue Kampftruppen für eine deutsche Offensive zusammenstellte. Vorerst wurden die beiden eingehend über ihre Wahrnehmungen hinter den russischen Linien befragt.

Mitte Februar unternahmen die Deutschen eine Offensive, an welcher auch eine neue Panzerdivision teilnahm. Jóska wurde dieser als stellvertretender Bataillonskommandant zugeteilt. Die Truppen besetzten Söréd, Csóka und Csákberény, kämpften lange und verbissen um Zámoly und rüsteten dann zur Einnahme von Stuhlweißenburg.

Tischler Brunó, Oberjäger Öhlmann, Jäger Müller nahmen diese unerwartete Befreiung zum Anlaß, zu uns nach Ikrény zu kommen, wo sie ihr Schicksal mit dem unseren teilten.

Als Jóskas Gruppe zusammen mit deutschen Truppen in Stuhlweißenburg einzog, umarmten und küßten die Menschen weinend die abgerissenen Soldaten und riefen: „Geht nie wieder fort!" Dieses Erlebnis prägte sich tief und unausrottbar in Jókas erstaunte und immer wachsame Seele ein.

Zu dieser Zeit hatten Vater und wir Brüder einen zweiten „Vorstoß" nach Csákberény gewagt. Die Front verlief nun beim Strázsahegy, und man mußte vor Tieffliegern und Artilleriebeschuß auf der Hut sein. Wie in Trance sahen wir die totale Zerstörung all jener Werte, die uns die Heimat, das Zuhause so unendlich lieb gemacht hatten. Überall Tote und Trümmer! Mein achtzehnjähriges Gemüt erlitt damals einen Schock, unter dem ich heute noch zeitweise leide.

In den Mauern des alten Schlosses klangen unsere Schritte gespenstisch hohl. Hier, wo wir unsere Jugend verbracht hatten, wo wir als Kinder gespielt und den Frieden genossen hatten, traf ich plötzlich Jóska wieder. Er war nach Hause gekommen, seine Eltern zu suchen. Sein erster Weg aber führte ihn ins Schloß: in das Haus, das seine — des Keuschlersohns — selbstgewählte Heimat war. Während wir wie betäubt und hilflos umhergingen, da und dort einen Aschenbecher, ein Rehgeweih aufhebend, traurig und bereits resignierend unsere allerletzten Andenken zusammensuchten, während wir uns also bereits abgefunden hatten, nichts mehr zu besitzen (denn der Verzicht und der Niedergang waren ein Weg, den schon die Ahnen gegangen waren), stand Jóska hochaufgerichtet und mit blitzenden Augen in der Halle und sagte: „Wir werden es wieder

Bild rechts:
Vorfrühlingsfreuden

Bild umseitig:
Balzender Auerhahn

aufbauen, Stück für Stück, Stein für Stein, das Schloß wird wieder stehen!" Ein Treffer in der Nähe setzte den hörbaren Punkt hinter diesen Schwur. Wir mußten schauen, daß wir wegkamen.

Von da an kamen die Dinge ins Rollen. Anfang März unternahmen deutsche und ungarische Truppen eine größere Panzer-Offensive, die jedoch noch vor Erreichung der Donau wegen Spritmangels im wahrsten Sinn des Wortes „auf der Strecke" blieb. Am 16. März aber griffen die Russen an, und dieser Angriff sollte erst weit im Österreichischen aufgehalten werden. Anfang April, als wir nach abenteuerlicher Flucht im „Brandhof" ankamen, standen die russischen Panzer schon in Feldbach. Auch Jóskas Kampfgruppe verschlug es nach Österreich, in die Kämpfe wurde sie nicht mehr verwickelt. Als sie die deutsche Grenze bei Eberau überschritten, wurden sie zwar höflich, aber bestimmt von den Deutschen entwaffnet.

Die restlichen Wochen verbrachten Jóska und seine Truppe meist auf Landstraßen. Erst Ende April fand er mit seinen Soldaten eine Bleibe in einer Kaserne bei Linz. Als die Amerikaner Anfang Mai einrückten, wurden alle Ungarn gefangengenommen und in ein Lager für Kriegsgefangene bei Salzburg gebracht. Hier lernte Jóska erstmalig in seinem Leben den Hunger kennen. Die Soldaten waren auf offener Wiese, ohne Dach und ohne Zelt zusammengepfercht, und wer die Witterung von Salzburg kennt, weiß, wie ihnen dabei zumute gewesen sein mußte. Das „Hungernlassen" aber war bewußte Schikane der Amerikaner, die ihre besiegten Feinde, die Ungarn (die ihnen nie etwas zu Leide getan hatten, denen sie vielmehr ihre Städte zerbombt hatten), demütigen und „umerziehen" wollten. Schon nach zwei Wochen gelang es aber Jóska, in das Büro des Lagerleiters zu kommen, da er wegen seinen Sprachkenntnissen sofort aufgefallen war.

Nach einigen Tagen hatte er das Vertrauen der naiven, aber im Grunde anständigen Amerikaner erlangt. Kaltblütig nützte Jóska seine Chance. Er stellte sich selbst einen Entlassungsschein aus, stempelte und unterschrieb diesen und verließ seelenruhig am hellichten Tag das Lager. Bei den Amerikanern, die er verachtete und deren falsches Kreuzzug-Gehaben ihn abstieß, hätte er es ohnehin nicht mehr lange ausgehalten. Unverständlich war es dem „Gernegrafen", daß die kapitalistischen Amerikaner bei Verhören immer wieder den ungarischen Feudalismus anprangerten, Bodenreformen und Demokratisierungen verlangten und kein schlechtes Wort für die Bolschewiken fanden. Waren es denn nicht „gerade die Aristokraten, die von Anfang an Hitlers KZs gefüllt hatten? Waren nicht fast alle ungarischen Adeligen von

Bild links:
Tanz der Nebel im Sonnenlicht
Bild umseitig:
Urhahn im Morgenlicht

Anfang an Gegner des Nationalsozialismus und des Krieges? Hatten nicht im Vorjahr deutsche Adelige das Attentat auf Hitler unternommen?"

Jóska hatte nichts übrig für die amerikanische Mentalität und beschloß, zu den Engländern nach Süden zu gehen. Als er nach längerer Irrfahrt endlich in Villach eintraf und seinen Entlassungsschein vorwies, nahmen ihn die Engländer kurzerhand gefangen, da ein amerikanischer Entlassungsschein (dessen Echtheit sie übrigens anerkannten) bei ihnen nicht gültig war. Das englische Gefangenenlager war besser als das amerikanische. Bald durften die Gefangenen auch zu Arbeiten am stark beschädigten Bahnhof geführt werden. Als Jóska in einer Zeitung las, daß in Ungarn sein ehemaliger Kommandant, General Dálnoki, Regierungschef geworden war, beschloß er, nach Hause zurückzukehren. Abermals überlistete er die ohnehin nicht sehr strengen Wachtposten und schlug sich in die Wälder. Da Hochsommer war (Ende Juli), war das für ihn kein Problem. Dazu kam, daß gerade zu dieser Zeit die Russen die Steiermark räumten und ihre Posten an der Demarkationslinie abgezogen hatten. Nach drei Wochen abenteuerlicher Flucht überschritt er bei Burgau die burgenländische und anschließend bei Deutschschützen die ungarische Grenze. In Pernau, die Ortschaft lag schon in Ungarn, bestieg Jóska einen Autobus (ein Lastauto, das mit Holzgas betrieben wurde) und fuhr nach Steinamanger. Hier wußte er — noch aus der Zeit in Hajmáskér — einen Regimentskameraden, den er aufsuchen wollte. Er hatte ihn das letzte Mal bei den Kämpfen um Stuhlweißenburg gesehen. Zu seinem Glück fand er den Freund wohlbehalten im Kreise seiner Familie.

In Ungarn herrschte eine „demokratische" Regierung, die Russen waren zwar überall anwesend, doch konnte man mit einigem Glück ein Zusammentreffen vermeiden. In den Auslagen häuften sich die Waren, der Wiederaufbau war voll im Gange, und die Bevölkerung hatte genügend zu essen. Als er sich bei der Polizei meldete, hatte er als Heimkehrer keinerlei Anstände. Man fragte ihn sogar, ob er in der neuen demokratischen Armee „weiterdienen" wolle. Jóska, der immer eine gute Nase hatte, lehnte dankend ab. Sein Instinkt zog ihn nach Budapest. Als er — als blinder Passagier auf einem überfüllten Güterzug — in Budapest einfuhr, war er überrascht, wie weit hier der Aufbau bereits gediehen war. Die Stadt war nicht tot, ganz im Gegenteil. Überall hektisches Leben, östlich anmutende Bazare, handelnde Bauern, volle Kaffeehäuser und übervolle Kinos. Sein erster Weg führte ihn zu seinem alten Bekannten, dem Baron D., der in der neuen Regierung einen höheren Posten bekleidete. Die Villa des Freundes war mit Stacheldraht umgeben, und Posten in Ledermänteln bewachten sie.

Derb und bestimmt wurde Jóska zurückgeschickt. Da fiel ihm zum Glück das Telefon ein. Nach einigen Versuchen bekam er Verbindung. Der Freund lud ihn zum Mittagessen in eines der wenigen nicht zerstörten und nicht von Russen beschlagnahmten Hotels ein. Hier ließ sich Jóska erstmals informieren. Was er hörte, ermutigte ihn keineswegs. Bis dahin hatte er noch den Versprechungen der Westmächte, die er englischen Zeitungen entnahm, einigermaßen Glauben geschenkt. Damit war es nun vorbei. Sein heller Geist begriff sofort, daß es nur eine Frage der Zeit war, wann die Russen die totale Macht übernehmen würden. Auf der Straße sah er Transparente: „Die Reichen sollen zahlen!" — „Wir danken der Roten Armee" — „An den Galgen die Faschisten!"

Baron D., der Minister, hatte als Widerstandsmann dreihundert Joch seines Gutes behalten können. Sein Schloß war zwar zerstört, doch Häftlinge arbeiteten am Wiederaufbau. Mit einem Regierungsauto fuhr Jóska dann auch bis Stuhlweißenburg, wo er einen Zug besteigen wollte, um dann die südlich Csákberény durchführende Bauxit-Kleinbahn zu benützen. Der Chauffeur versuchte ihn während der Fahrt noch auszufragen, doch der vorsichtige Jóska hielt seinen Mund. Da der Minister ihm eine Handvoll Dollars gegeben hatte, gab er erstmals seit zwei Jahren wieder ein Trinkgeld. Den Rest des Geldes wollte er seiner alten Mutter bringen. Es kam aber alles ganz anders. Noch bevor er die Hügel von Gránás erreichte, kam ihm ein vollbesetztes Russenauto entgegen. Im flachen und kahlen Gelände war ein Verstecken unmöglich. Der Wagen hielt. Die Russen sprangen herunter. Jóska wurde umringt und mit Geschrei: „Du Soldat, Du Soldat!" verhaftet. Die Russen waren angeheitert und hieben unsanft auf ihn ein. Als sie die Dollars bei Jóska fanden, war es vollends aus. Nun hieß es „Spion!" Er wurde gefesselt und auf den Boden des Lastautos geworfen. Da Jóska Russisch verstand, entnahm er ihren Reden, daß er erschossen werden sollte. Kalter Schweiß der Angst vermischte sich mit seinem Blut. In Stuhlweißenburg wurde er mit „Dawai, dawai" durch einen düsteren Hof getrieben und in eine Kanzlei geführt. Eigenartiger Gestank empfing ihn. Es roch nach Machorka und Schweiß. Ein junger Offizier saß an einem Schreibtisch. Jóska stellte verblüfft fest: es war Boris!

Auch Boris mußte ihn sofort erkannt haben, doch zeigte er dies nicht. Nur ein kurzes Aufleuchten seiner Augen überzeugte Jóska, daß Leutnant Boris im Bilde war. Ein Verhör folgte. Jóska erzählte, daß er von den Amis entlassen wurde und zeigte seinen (gefälschten) Entlassungsschein. Über die Dollars sagte er aus, daß diese sein Lohn für Arbeit bei den Amerikanern waren. Boris brüllte darauf die Soldaten an, die Jóska gebracht hatten, sagte, daß er sofort freizulassen wäre, und flüsterte ihm noch wie beiläufig zu, daß er am Abend im Restaurant „Ösfehérvár" sein solle. Nun stand Jóska — allerdings ohne Dollars — auf der Straße.

Als er sich nach einigem Überlegen am Abend im Restaurant einfand, mußte er lange warten. Endlich kam ein eleganter Zivilist an seinen Tisch, der sich als Boris entpuppte. Sie bestellten Wein und unterhielten sich leise französisch, denn Boris war vorsichtig. Boris riet Jóska, sofort wieder in den Westen zurückzugehen. Er sagte ihm, daß bereits Pläne vorlägen, Ungarn kommunistisch zu machen. Bei der täglichen politischen Schulung würde schon offen darüber gesprochen. Boris sagte, daß er auch unter ständiger Überwachung stünde und streifte immer wieder mit besorgtem Blick die Gäste an den Nachbartischen.

Es war Mitternacht, als sich die beiden Männer verabschiedeten. Boris hatte Jóska einen Packen Besatzungsgeld übergeben sowie seine Adresse in der Kommandantur von Stuhlweißenburg. Da Jóska so übermüdet war, daß ihm die Augen immer wieder zufielen, ging er in das einzige intakte Hotel der Stadt, ins „Magyar Király", um sich einmal kräftig auszuschlafen. Als er am nächsten Vormittag in der Halle sein Frühstück einnahm, hörte er plötzlich wunderschöne Harmonikamusik und sah einen jüngeren Mann, der stockbesoffen einer riesengroßen Knopfharmonika herrliche Töne entlockte. Niemand nahm Anstoß an seinem Zustand, zwei Milizionäre hörten ihm sogar zu, — es war der überall bekannte Musikant, vom Beruf Schneidermeister, ein gutmütiges Original: Sz. Bandi! Es dauerte nicht lange, und Jóska kam mit Bandi ins Gespräch. Es ergab sich zufällig, daß Bandi mit einem Auto von Jungaktivisten am Nachmittag nach Mór fahren sollte, wo ein Empfang für Mathias Rákosi, den Kommunistenführer (der in Söréd Verwandte hatte), veranstaltet wurde. Daß Bandi ein anständiger und gut gesinnter Mann war, sah Jóska auf den ersten Blick. Daß er überall beliebt war, ebenfalls. Er beschloß, diese neu gegründete Freundschaft zu pflegen, und nahm die Einladung zum Mitfahren bis Söréd an. Ein mit roten Fahnen geschmücktes sowjetisches Lastauto fuhr vor, junge Männer und Mädchen in blauen Hemden und roten Krawatten fanden sich ein, alles saß auf, und der inzwischen wieder nüchterne Bandi spielte russische Heimatlieder. Die jungen Leute sangen. Man glaubte, in Jóska einen Funktionär vor sich zu haben, und redete ihn mit „Genosse" an. Kurz vor Sárkeresztes kam den Kommunisten ein einzelnes Personenauto entgegen, das mit der weiß-gelben Flagge geschmückt war. Die Gesichter verfinsterten sich, einzelne Fäuste erhoben sich drohend, kein Zweifel — es war der neue Primas Mindszenty, von dem er schon gehört hatte.

Es war ein prachtvoller Septembertag, und Jóska tat der lange Spaziergang von Söréd nach Csákberény gut. Als er, von der Kastanienallee kommend, zum Haus seiner Eltern einbog, traf er Vince, einen alten Bekannten. Dieser teilte ihm mit, was Jóska schon lange gefühlt hatte, daß seine Mutter kurz nach dem Kriege gestorben war. Die Gemeinde hatte sie provisorisch bestatten lassen. Nun kümmerte sich Jóska um all die versäumten Formalitäten, wobei ihm viele seiner früheren Freunde rührend halfen. Er hatte Tränen in den Augen, als er die verwahrloste Keusche seiner Eltern betrat. Quartier nahm er allerdings im Gasthaus, denn er wollte nicht länger bleiben.

Ein Freund zimmerte ihm kostenlos ein schönes Holzkreuz. Die übrigen Begräbniskosten beglich Jóska von seinem „Besatzungssold". Dann sperrte er die Keusche zu und fuhr mit dem Autobus nach Budapest. Dank seiner früheren Verbindungen gelang es ihm innerhalb einer Woche, eine Stelle in einer englischen Bank zu bekommen. Als Untermieter bezog er eine Wohnung im Stadthaus eines adeligen Freundes, dem außer diesem nichts mehr verblieben war.

Jóska wurde wohlbestallter Bankmanager, der schon bald einige Auslandsreisen antreten durfte. Er verdiente mehr als ein hoher Beamter und hatte sich am Rande von Buda eine kleine, intakte Villa als Wohnsitz genommen. Nebenbei studierte er fleißig Jus. Weihnachten und Neujahr gingen vorüber, und das unvergleichliche Jahr 1946 nahm seinen Anfang. Ungarn wurde zur Republik ausgerufen, an Stelle des Pengös wurde der Forint eingeführt. Beim Empfang des russischen Hochkommissars erschien auch Jóska mit seinem Chef. Dort traf er den Allround-Unterhalter Sz. Bandi wieder. Es war ein prunkvolles, hektisches Fest. Die Tische bogen sich vor Kaviar, Krimsekt und Wodka. Jóska fiel auf, daß die Amerikaner in Uniform, die Mitglieder der Militärmission, fehlten. Sie hatten Ungarn vor kurzem verlassen. Bandi hatte überall Freunde und genoß Narrenfreiheit. Sein Herz aber gehörte den Ausgeplünderten, den „Ehemaligen", so auch den Grafen. Zusammen mit Bandi ging Jóska anschließend ins „Kis Royal" zum berühmtesten Zigeuner seiner Zeit. Als der alte Zigeuner, der gerade dem Wirtschaftsminister Vas eine Weise vortrug, den Freund des Grafen E. und ehemaligen Panzeroffizier Jóska erblickte, verließ er den Tisch des Mächtigen und begann den beiden jungen Männern vorzuspielen. Hier vor diesem Titanen der Kunst verhielt sich Sz. ruhig und gesittet, seine Harmonika lag gutverwahrt unter dem Tisch. Als sie um zwei Uhr früh das Lokal verließen, wurden beide verhaftet. Man brachte sie zur russischen Militärkommandantur, wo sie sich wegen „antisowjetischer Äußerungen" zu verantworten hatten. Noch bevor sie aber ein Wort reden konnten, kam ein dicker Oberst, küßte Bandi schmatzend auf den Mund und lud beide Herren zu sich in sein Büro ein. Fünf Stunden mußte Bandi den Russen vorspielen, dann ließ man die beiden mit der Auflage laufen, am nächsten Sonntag dem Marschall Woroschilow im russischen Hauptquartier vorzuspielen. Die ganze Verhaftung wurde als „Irrtum" dargestellt, und als die Freunde entlassen wurden, stand für sie sogar ein Jeep bereit; denn sie konnten vor lauter Wodka nicht mehr gehen. Jóska empfand es aber als Warnung und blieb wachsam.

Die Geschäfte der englischen Bank aber gingen von diesen Tagen an immer schlechter. Ende 1947 wurde die Bank verstaatlicht. Jóska, der somit seinen guten und lukrativen Posten verlor, traf diese Nachricht, die er wohl einkalkuliert, nicht aber so früh erwartet hatte, aus heiterem Himmel. Nun bekam er nach langem Suchen eine bescheidene Stelle in der Nationalbank. Seine Villa in Ofen mußte er aufgeben und mit einer Mietwohnung in der Innenstadt vorliebnehmen. Im Jahre 1948 traf ich Jóska regelmäßig, wenn ich in Budapest war.

Nach den Wahlen fusionierten sich die marxistischen Parteien „freiwillig" mit der „Partei der Werktätigen". Mit einem Schlage wurde das Leben schlechter, die Gehälter niedriger, die Versorgung lückenhaft, die Arbeitsfreude erlahmte, auch weil man den wenigen noch selbständigen Geschäftsleuten durch viel zu hohe Steuern das Leben unmöglich machte. An Stelle der Bauern übernahmen zum Großteil die Kolchosen die Belieferung der Städte, überall fehlte es an Lebensmitteln, die Leute begannen zu murren.

Die „Ehemaligen" waren nun restlos enteignet, Arbeit bekamen sie keine mehr, ein Teil wurde inhaftiert und viele von ihnen nach Ostungarn deportiert. Bis zum Jahre 1948 war Budapest eigentlich unverändert gewesen. Man sah elegante und gut gekleidete Damen, bei manchen Sonntagsmessen in Budapest konnte man noch feststellen, daß fünfzig Prozent der Andächtigen ehemalige Aristokraten waren. Es gab noch Lokale, wo man einander treffen konnte, es gab auch ohne Geld ein gesellschaftliches Leben, wie es Jóska liebte und wie es auch früher vorhanden war. Ende 1948 wurde auch dieser letzte Hort der alten, ehemaligen Gesellschaft Ungarns zerstört. Ein Teil nützte die Gelegenheit, noch vor Errichtung des Minengürtels an der Grenze, an dem überall gebaut wurde, das Land zu verlassen, andere übernahmen niedrige und schwere manuelle Arbeit. Für Jóska hieß es nun: nichts wie weg!

Während der drei Jahre, die Jóska in guten und schlechten Stellungen in Budapest verbracht hatte, vernachlässigte er sein noch 1942 begonnenes Jusstudium nicht. Anfang 1949 machte er seinen Doktor. Noch in derselben Woche wollte er nach Österreich fliehen. Seine Vorbereitungen waren vorsichtig und unauffällig. Da Jóska sich wohl zahlreiche Freundinnen, jedoch niemals eine „festere" Lebensgefährtin angeschafft hatte, bestand wenig Gefahr, daß irgend jemand seine Pläne erfahren oder durch sie in Mitleidenschaft gezogen würde. An einem lauwarmen Frühlingstag des Jahres 1949, die Schnepfen strichen in den Budaer Bergen, machte sich Jóska auf den Weg. Als Gepäck hatte er nur einen großen Segeltuch-Sack. Darin hatte er Kleider und andere Kleinigkeiten, wie seine „Leica", einen alten Hirschfänger und zwei uralte wertvolle Bücher, die er im Westen verkaufen wollte. Seine Dokumente, seinen Paß, sein Doktordiplom und alle Zeugnisse hatte er vorsorglich photokopieren lassen, die Originale aber per Post nach Österreich geschickt, wo sie bei einem Freund wohlbehalten angekommen waren. Die Zensur war damals noch nicht überall und hundertprozentig eingeführt. Jóska hatte als Dokument nur seinen ungarischen Ausweis mit, sonst nichts. Mit dem Personenzug fuhr er nach Szombathely, wo er einen Regimentskameraden aus alten Zeiten aufsuchen wollte. Leider konnte er diesen nicht antreffen, weil er vor einer Woche verhaftet worden war. Die Frau war so verschreckt, daß sie Jóska bat, nicht bei ihnen zu übernachten. Jóska ging nun in ein Restaurant in die Innenstadt, wo ein ihm bekannter alter und schlauer Wirt wohnte, den man den „Engel der Flüchtlinge" nannte. Dieser informierte nun Jóska genauestens über die „Lage an der Grenze". Im Süden war der Stacheldraht und die Minenzone schon fast fertiggestellt, nur im Norden, bei Gogánfa, sollte noch ein größeres „Loch" klaffen. Der Wirt riet Jóska, einfach mit der Bahn dorthin zu fahren, womöglich bei Tag, wenn die „Pendler" aus der Stadt ausstiegen. Er gab ihm noch die Adresse eines Mannes, der unmittelbar an der Grenze einen Weingarten hatte. Zum letzten Mal ließ sich Jóska von Zigeunern vorgeigen und legte sich dann im Privatquartier des Wirtes schlafen.

Der frühe Morgen fand ihn bereits am Bahnhof, wo er unauffällig die Lage sondierte. Es war unzweifelhaft, daß der Bahnhof ständig von Geheimpolizisten in Zivil kontrolliert wurde. Auch paßten Jóska die Fahrpläne nicht ins Konzept. Er beschloß daher, mit Hilfe des alten Wirtes ein Privatauto, sozusagen ein illegales Taxi, zu nehmen und mit diesem in die Nähe des Ortes Gogánfa zu fahren. Wie er wußte, waren zu dieser Zeit nur wenige Autos unterwegs, und diese gehörten entweder prominenten Männern des Staates, oder es waren ohnedies Regierungsautos, so daß eine Kontrolle hier am allerwenigsten zu erwarten war. „Meide vor allem die Straßen, die an

Kasernen und Lagern der Russen vorbeiführen! Diese sind immer und überall unberechenbar!" sagte der Alte zum Abschied.

Am frühen Nachmittag endlich fuhr ein schwarzes, elegant glänzendes Auto vor und ein alter, weißhaariger Fahrer begrüßte Jóska. Er war ein guter Freund des Flüchtlings-Wirtes und absolut zuverlässig. Die Fahrt verlief ohne Zwischenfall, doch einige hundert Meter vor dem Ort stieg Jóska aus. Das Auto wendete und fuhr zurück. Jóska erwartete die Dämmerung in einem Akazienwald. Laut quorrend umgaukelten ihn die Schnepfen. In völliger Finsternis fand Jóska nach einem Plan des Wirtes den alten Bauern, der ihn noch in der Nacht zu seinem Weingarten führte. Hier stand ein kleines, aber gut erhaltenes Winzerhaus, und auch der Weinkeller befand sich hier draußen. Der Bauer versorgte Jóska mit Lebensmitteln und zeigte ihm die nicht allzu weit entfernt leuchtenden Lichter der österreichischen Ortschaft Lutzmannsburg. Ob Jóska in dieser oder in der nächsten Nacht „hinübergehen" wolle, überließ der Bauer ganz seiner Kondition. Jóska wollte noch ausschlafen und beschloß, bis zum nächsten Abend zu warten; er wollte aber auch in dieser Nacht Erkundungen einholen, wo sich die Grenzposten aufhielten und in welchen Abständen sie die Grenze kontrollierten. Die Grenze lag etwa 700 Meter vom Winzerhaus entfernt und verlief als kleiner, fast nicht sichtbarer Wassergraben in der Mitte einer sauren Wiese unweit eines Weingutes, das schon zu Österreich gehörte.

Als der Bauer ihm alles erklärt hatte, verabschiedete er sich von Jóska und sagte ihm, daß er nun nicht mehr zurückkommen werde. Nach einem guten Nachtmahl und einem kräftigen Trunk aus dem Rotweinfaß (die Gegend war berühmt wegen ihrer guten Rotweine) begab sich Jóska auf den Dachboden des kleinen Hauses. Er hörte Stimmen und Hundegebell, nicht allzuweit sah er durch die Ritzen des Daches eine Patrouille mit Hunden vorbeigehen. Er merkte sich die genaue Uhrzeit.

Zwei volle Stunden lang hörte er überhaupt nichts. Dann kam die Patrouille wieder zurück. Der Weg, den die Grenzsoldaten offensichtlich begingen, verlief etwa zweihundert Meter von der Winzerhütte entfernt. Da Hunde dabei waren, unterließ Jóska einen Erkundungsgang und spähte nur vom Giebelfenster des Dachbodens in die Finsternis. Im Morgengrauen schlief er dann ein. Er verschlief den ganzen Vormittag traumlos und tief nach Soldatenart und erwachte erst, als die Mittagsglocken bereits verklungen waren. Nun sah er sich die Gegend forschend und gründlich an und beschloß, eine halbe Stunde nach dem ersten Vorbeigehen der Patrouille querfeldein über die vernachlässigte Wiese und die zwei Kukuruzfelder auf Lutzmannsburg loszugehen, das er zum Greifen nahe und von der Abendsonne beleuchtet vor sich sah. Es war der Sonntag „Judica" vor Ostern. Hin und wieder hörte Jóska Schüsse und Stöße aus Maschinenpistolen. Als sie noch vor der Dunkelheit vorbeigingen, besah er sich die Grenzer genau. Es waren Soldaten in der noch alten (nicht russifizierten) Uniform. Diesmal ging auch noch ein dritter Mann in Zivil mit. Jóska hörte sie laut lachen und schwatzen. Es schien so, als hätten sie zur Feier des Tages getrunken. Nun vernichtete Jóska seinen Ausweis und wartete auf das

Wiederkommen der Patrouille. Es vergingen zwei Stunden, zweieinhalb, drei Stunden. Die Patrouille kam nicht zurück. Jóska wurde langsam ungeduldig und auch nervös. Anscheinend waren die Zeiten an Sonntagen anders als sonst. Endlich, um zehn Uhr hörte er die Männer kommen. Sie schienen es eilig zu haben, sprachen kaum. Die Hunde hechelten. Weit im Süden ging eine Leuchtrakete hoch, wie sie im Krieg verwendet wurden. Dann hörte Jóska Schüsse aus Maschinenpistolen. Um punkt halb elf Uhr machte er sich auf den Weg. Gebückt und mit schnellen Schritten huschte er über die letzten Raine des Weingartens, dann lag vor ihm der Weg, den die Soldaten genommen hatten. Schließlich trennnte ihn nur mehr eine Wiese mit zwei Maisfeldern von Österreich. Der Himmel war dunstig bewölkt, der Mond abnehmend, und sein Erscheinen erst gegen Morgen zu erwarten. In der Ferne bellten Hunde, schwere Motorfahrzeuge brummten. Als Jóska das zweite Kukuruzfeld überquert hatte, erschrak er fürchterlich. Drei Rehe flüchteten mit großem Krach vor ihm. Dann fingen sie auch zu schrecken an.

Jóska ließ sich jedoch nicht aus der Ruhe bringen. Ganz langsam und gebeugter als vorher, schlich er weiter. Plötzlich stolperte er und fiel der Länge nach hin. Ein Wassergraben, ohne sichtbaren Rand: das war die Grenze. Als er sie etwa fünfzig Schritt hinter sich gelassen hatte, leuchteten dort, von wo er gekommen war, zwei Raketen auf. Aber im nächsten Augenblick war er schon in einem österreichischen Weingarten untergetaucht.

Das Dorf Lutzmannsburg war schlecht beleuchtet und schien wie ausgestorben. Nur aus dem Gasthaus am Rande der Ortschaft hörte Jóska laute Stimmen und Radiomusik. Vor dem Gasthaus wuchs ein großer Fliederbusch. Hier ließ er seinen Sack gut versteckt liegen. Eine Tafel, die sich nach näherem Beschauen als Autobushaltestelle entpuppte, eröffnete ihm, daß um vier Uhr früh der erste Autobus in Richtung Oberwart und um fünf Uhr der nächste Richtung Wien starten würde. Bis dahin mußte Jóska warten. Er setzte sich auf eine Bank und döste vor sich hin. Seine Zukunft stand wie eine riesengroße, dunkle Wolke vor ihm. Was würde sie bringen, was würde er anfangen? Sein Plan war, nach Salzburg zu gehen, wo er die beste Plattform für einen späteren Start in den Westen erblickte. Er beschloß über Oberwart, Stegersbach, Burgau in die Steiermark zu gelangen, die schon zur britischen Besatzungszone gehörte. Hier im Burgenland herrschten die Russen, hier mußte er noch aufpassen. Aus seinem Sack nahm Jóska einen alten Steirerhut, den er sich für diesen Anlaß angeschafft hatte und steckte seine Kappe weg. Den ungarischen Ausweis hatte er ja schon vernichtet. Um nicht ganz einzuschlafen, ging er lieber spazieren. Doch da kam er bei den Lutzmannsburger Dorfkötern schlecht an. Sie kläfften so

Bild rechts:
Jäger-Figurinen aus dem Jagdmuseum (geschaffen von Cleo Hammer-Purgstall)
Bild umseitig:
Das Abendlicht kennt kein Verweilen (Rosalia, 1974)

stark, daß sich hie und da schon Fenster öffneten. Von der Grenze her hörte er Schüsse, dann wurde es still. Jóska stand schon an der Haltestelle, als der gelb-schwarze Postomnibus um halb vier vorfuhr. Er setzte sich ganz vorne auf die rechte Seite. Eine alte Gewohnheit vom Kriege her, um schnell hinausspringen zu können. Langsam füllte sich der Bus. Arbeiter mit mürrischen Gesichtern nahmen schweigend Platz, ältere Frauen mit großen Körben und Taschen waren schon gesprächiger. Jóska wurde kaum eines längeren Blickes gewürdigt. Die Nachkriegszeiten im befreiten Ostösterreich hatten die Menschen abgestumpft und vorsichtig gemacht.

Nicht umsonst war Jóska bei einer Bank angestellt gewesen, er hatte natürlich auch für Schilling gesorgt. „Einmal Oberwart" brummte er. Der ältere Fahrer gab ihm die Karte und Geld heraus, dann wandte er sich den anderen Gästen zu. Mit zehn Minuten Verspätung fuhr der Bus endlich los und weg aus diesem brenzlichen Grenzgebiet. Jóska atmete auf.

Neben ihm saß ein etwa fünfzigjähriger Mann mit Wehrmachtsmütze und blauer Arbeiterkluft. Er schien nicht gesprächig zu sein, was Jóska nur begrüßte. Rumpelnd und schaukelnd fuhr der Bus nach Süden. In Bernstein sah Jóska überall russische Militärautos stehen, auch vor dem Schloß standen Posten. Der Bus fuhr weiter. Vor einer großen Kurve wurde plötzlich der Wagen gestoppt. „Ausweiskontrolle!" — Russen! Jóska wurde schlecht vor Schreck! Auf das war er, so früh am Tag, nicht gefaßt gewesen. Er zwang sich zur Ruhe. „Papirka" schnaubte ein rotgesichtiger, weißblonder Russe. Jóska tat so, als ob er ruhig in die Tasche greifen würde, mimte gekonnt Erstaunen, dann sagte er hilflos: „Papier vergessen..." Der blonde Russe sagte ein paar Worte auf Russisch zur Tür hinaus, ein zweiter Russe mit einer Tellerkappe und kohlschwarzen Augen sah herein, winkte Jóska mit seiner Maschinenpistole, und Jóska stieg langsam aus. Weiteres russisches Reden folgte, das Jóska nur allzugut verstand und das bedeutete, man möge ihn sofort zur Kommandantur führen. Den Sack hatte Jóska nicht mitgenommen, die Russen fragten auch nicht danach. Da meldete sich eine alte Frau: „Ihren Sack haben S' vergessen, lieber Herr!" Nun war die Pleite komplett. Der Sack wurde herausgenommen und Jóska von zwei Russen abgeführt. Dabei sprachen sie ganz offen, welch guten Fang sie gemacht hatten.

Jóska wurde in einen geschlossenen Jeep bugsiert, ein Russe setzte sich zu ihm, und dann ging es wieder Richtung Grenze. In einem Schloß war eine Dienststelle der MVD, dahin brachte man Jóska. An Flucht war nicht zu denken, der Gedanke mußte auf einen späteren Zeitpunkt verschoben werden. Als erstes wurde Jóska in ein unmöbliertes Zimmer gebracht und dort eingesperrt. Hoch oben an der Wand, für Plünderer unerreichbar, hingen noch einige Hirschgeweihe. Jóska las die Aufschriften: Frakno, Ozora, Dálmánd, alles Esterházy'sche

Bilder links:
Gemälde aus dem Jagdmuseum: von links oben: Friedrich Kranzfelder (1841),
Cleo Hammer-Purgstall (1975), L. de Witte (1720) sowie Josef Schell (1937)

Jagdgüter. Den Sack hatten die Russen mitgenommen. Nach über einer Stunde holten sie Jóska. Auf einem großen Tisch waren alle seine Gegenstände ausgebreitet, vor allem sein Hirschfänger und seine Leica. Die historischen Bücher hatte man nicht weiter beachtet. „Du Spion!" brüllte ein kleiner dicklicher Russe mit ungesunder Gesichtsfarbe Jóska ins Gesicht. „Von wo du kommen?" — „Aus Wien!" log Jóska. „Ich bin Student an der Universität." — „Was du machen hier in sowjetischer Zone?" — „Ich besuche meine Mutter in Oberwart." — „Wo ist dein Ausweis?" — „Den habe ich verloren." Nun öffnete ein anderer Russe, der lautlos den Raum betreten hatte, die Leica. „Wo Film?" fragte er drohend. „Ich habe keinen...", wollte Jóska antworten, aber der Mann schlug ihm mit solcher Wucht mitten ins Gesicht, daß Jóska glaubte, sein Kopf müßte bersten. Bewußtlos fiel er um.

Als er wieder zu sich kam, lag er in einem Gefängniswagen auf dem Boden. Seine Hände waren ihm auf den Rücken gefesselt, und bei jeder Kurve rutschte er hin und her, wie ein Sack. Seine Nase schien auf das doppelte angeschwollen zu sein, das rechte Auge war fast zugeschwollen. Sein ganzer Körper schmerzte ihn. Seine Zunge war trocken, und er war durstig wie noch nie in seinem Leben. Trotzdem nahm er alle seine Sinne zusammen, um seine Lage zu sondieren. Er schien allein im „Transportraum" des Gefängniswagens zu sein. Durch das Gitter sah er vorne neben dem Fahrer noch zwei Uniformierte, die sich ungeniert unterhielten. Nur einige Gesprächsfetzen erreichten sein Ohr, da der Lärm des Motors alles andere übertönte. Dabei hörte er immer wieder einen Ortsnamen: Baden bei Wien. Hier war das russische Hauptquartier, das wußte er. Und in diesem Augenblick gab sich Jóska — erstmals in seinem Leben — geschlagen.

Da Jóska niemals über seine Erlebnisse aus dieser Zeit gesprochen hatte, endet die zügige Beschreibung seines Schicksals vorläufig am Tor des MVD-Hauptquartiers in Baden.

Die weitere Folge kann nur nach später aufgeschnappten Berichten und aus Fragmenten zusammengestellt werden. Man unterzog Jóska in Baden einem peinlichen und gekonnten Verhör. Er wurde als Spion und vaterlandsflüchtiger Reaktionär zu fünfundzwanzig Jahren Zwangsarbeit verurteilt. Er kam zunächst nach Workuta und später nach Karaganda in Sibirien. Dort wurde er wiederholt von anderen verschleppten „Reaktionären" gesehen, darunter von verurteilten ungarischen Adeligen, mit denen der „Gernegraf" auch hier am liebsten verkehrte. Er war mit Priestern, Grafen, deutschen und russischen Offizieren sowie „Titoisten" zusammen. In Karaganda traf er völlig unerwartet seinen alten Freund Boris als Häftling wieder. Das Jahr 1952 und der März 1953 gingen vorüber. Da erreichte die Verbannten die Nachricht, daß Stalin gestorben sei. Eine spürbare Erleichterung ihres Schicksals war zwar nicht eingetreten, doch gab ihnen diese Nachricht berechtigte Hoffnung auf baldige Befreiung. In Ungarn übernahm an Stelle von Rákosi eine gemäßigtere Regierung das Kommando. Eine der ersten Maßnahmen des neuen Regimes war die Heimsendung der gesamten nach Ostungarn deportierten Familien. Für viele kam diese Maßnahme, da sie nicht mehr am Leben waren, zu spät. Andere wieder fanden in ihren

Wohnungen neue Bewohner vor. Das Leben wurde aber vorübergehend leichter, und nur am wirtschaftlichen Sektor haperte es.

1955 wurde das „Regime" wieder härter, und auch die Lagerinsassen von Karaganda merkten dies. Da hieß es, die Ungarn würden nach Hause geschickt werden. Das Gerücht bewahrheitete sich, und Jóska nahm tränenreichen Abschied von seinem Freund Boris. Anfang 1956 begannen die Rücktransporte und hielten den ganzen Sommer hindurch an. Die ungarischen Häftlinge wurden aber nicht nach Hause gelassen, im Gegenteil, man übergab sie an der Grenze den ungarischen Behörden und somit neuen, noch nicht bekannten Leiden. Die Häftlinge wurden auf das ganze Land verteilt.

Jóska kam in eine Massenzelle im größten Budapester Zuchthaus. Sein Revisionsantrag bezüglich der fünfundzwanzig Jahre wurde zwar angenommen, doch hörte er nie mehr etwas davon. Anfang Oktober verschwanden die Gefängniswärter plötzlich und wurden von neuen Uniformierten ersetzt. Irgendetwas „tat sich", das merkten die alten Gefängnishasen sofort. Hier traf Jóska alte Bekannte aus dem Krieg und seiner Budapester Zeit. Fast alle waren körperlich zwar in einer jämmerlichen Verfassung, doch seelisch heil und ungebrochen. Am 26. Oktober waren auch die Wärter spurlos verschwunden. Draußen hörte man Gewehrschüsse und Detonationen wie im Krieg. Jóska geschultes Ohr diagnostizierte: mittelschwere Panzer.

Noch in derselben Nacht drangen uniformierte Rebellen in das Gefängnis ein und ließen alle Gefangenen frei. Da in diesen Haftanstalten nur politische Häftlinge saßen, die durchwegs unschuldig waren, wurden die armen, abgehärmten Gestalten wie Helden gefeiert. Es gab Verbrüderungsszenen, an denen sogar manche junge Russen teilnahmen. Begreiflicherweise trieb es die meisten Häftlinge nach Hause zu ihren Lieben, wenn sie noch irgendwo erwartet wurden. Nur ganz wenige schlossen sich den Kämpfern an, die meisten sehnten sich nach Ruhe, Freiheit und Geborgenheit. Die erfahrenen und leidgeprüften Menschen wußten nur zu gut, daß diesem Unternehmen kein dauernder Erfolg beschieden war.

Auch Jóska hatte nur ein Ziel: so weit wie nur möglich von hier weg! Und zwar sofort, ohne einen Augenblick zu zögern. Auch er kannte die Russen. Diese Schlappe würden sie nie und nimmer hinnehmen. Umsomehr, als die von ihnen verachteten Amerikaner keinerlei Anstalten machten, den Weg der verbalen Proteste zu verlassen. Und was dann, wenn alles zu Ende war, mit den ehemaligen politischen Häftlingen geschehen würde, daß konnte sich Jóska bestens vorstellen.

Am 1. November 1956, mitten in der Euphorie des Freiheitskampfes, war Jóska schon an der österreichischen Grenze. Er überschritt bei Andau mit zweien seiner Leidensgenossen völlig unbehelligt eine Linie, die man lange den eisernen Vorhang genannt hatte. Auch diesmal war diese Grenze gut zu erkennen. Rotweißrote Fähnchen kennzeichneten sie, und überall hatten fürsorgliche Helfer die Betreuung der Flüchtlinge übernommen. Jóska wurde von Malteserrittern wie ein heimkehrender Bruder begrüßt, gelabt, versorgt, mit Kleidung und Geld versehen. Eine deutsche Prinzessin schenkte ihm einen Pelzmantel, überall tummelten sich adelige Pfleger und Schwestern in der Uniform der Malteserritter, die Jóska schon immer bewundert hatte. Er fühlte sich in seinem Element, die Welt war ins rechte Lot gerückt, die Jahre der Gefangenschaft verblaßten.

Jóska war nun dreiunddreißig Jahre alt. Er schwor sich feierlich, den „goldenen Westen" nie mehr — es sei denn als Leiche — zu verlassen. Die Hilfsbereitschaft der Österreicher rührte sein Herz, aber er wollte weiter, er wollte nach Deutschland, in jenes freie Drittel des ehemaligen Reiches, wo sechzig Millionen aus dem Chaos des verlorenen Krieges das Land zur drittgrößten Wirtschaftsmacht der Welt gemacht hatten. Jóska war kein bedingungsloser Freund der Deutschen, aber ihre Leistungen beeindruckten ihn restlos.

Schon nach drei Wochen hatte er als Güterdirektor eine gut bezahlte Stellung bei einem deutschen Adeligen angenommen. Daß dieser Mann auch Abgeordneter war, konnte Jóska nur passen. Hier in der Bundesrepublik übernahm Jóska seine wohlweislich per Post in den Westen geschickten Dokumente und sein Doktordiplom. Er ließ seine Zeugnisse nostrifizieren und wurde innerhalb eines Jahres dank der Mithilfe seines Chefs deutscher Staatsbürger. Dann verließ er seinen Posten und absolvierte als Volontär zwei Jahre in einer Rechtsanwaltskanzlei. Nach vier Jahren war er bereits wohlbestallter Kompagnion einer Anwaltsfirma in Frankfurt. Er nahm teil am gesellschaftlichen Leben, gefiel durch Auftreten, Manieren und sein fast akzentfreies Deutsch. Seine geschäftlichen Talente halfen ihm beim Aufbau seiner Position. Mit achtunddreißig Jahren war er auch für westdeutsche Begriffe ein wohlhabender Mann.

Und es kam, wie es kommen mußte und wie es Jóska immer schon geplant hatte: Im Jahre 1961 heiratete er eine steinreiche deutsche Prinzessin —, nebenbei dieselbe, die ihm in Andau den Pelz geschenkt hatte. Heute ist er Besitzer eines Schlosses, wie er es immer gewünscht und schon in jungen Jahren vorausgesagt hatte.

Der „Gernegraf" war endlich vor Anker gegangen.

Die Russen am Brandhof

Als der größte aller Kriege seinem Ende zuging, hatte auch die Natur den Atem angehalten. Der gefürchtete Nachwinter — in den Alpen keine Seltenheit — wollte diesmal kein Ende nehmen. Im Schloßhof lag meterhoch Schnee, und die ganze Gegend zeigte sich tief winterlich. Dabei stand der Mai unmittelbar vor der Tür. Er wollte noch nichts von der „Neuen Zeit" wissen und bekämpfte mit letzten, aber hoffnungslosen Kräften den Frühling. Die wirklich neue, unbekannte Zeit aber lauerte indessen hinter den russischen Panzern, die sich im oststeirischen Hügelland eine letzte Atempause dieses Krieges gönnten. Doch auch in diesem Jahr der Zeitenwende, als das alte Europa seine letzten Schlachten verlor, war der Frühling ebenso unaufhaltsam wie die Russen.

Stalins Soldaten waren vom Kaukasus bis zum Semmering gekommen, und nur Optimisten konnten erhoffen, daß sie ausgerechnet hier, am Rande des Hochschwabs, halt machen würden. Vor allem, da sie ja schon mit ihren Panzern und Panjewägen tief in der Oststeiermark standen. Und doch war eine solche Hoffnung nicht abwegig. Die Steiermark war beim letzten Ausverkauf Europas den Russen nicht zugedacht gewesen, ebensowenig wie die von Pattons Truppen überrannte Tschechoslowakei den Amerikanern zugedacht war. Doch hielten sich die einen schon damals peinlich an Vereinbarungen, während die anderen, künftige Verhandlungen bis in das „Salt-Zeitalter" vorwegnehmend, sich reichlich Zeit ließen. Aber von all dem wußten wir in jenen letzten Apriltagen des Jahres 1945 nicht viel, denn auch die regelmäßig abgehörten „Feindsender" plauderten über die Abmachungen von Jalta nur wenig aus.

Ein Teil unserer Familie war schon längst Richtung Salzburg geflohen, nur die Eltern, Maxi und ich waren im Brandhof „steckengeblieben". Bruder Maxi war in der gefährlichen Preszeni-Klause bei Weichselboden übermüdet vom Kutschbock gefallen, und der Wagen hatte ihn überfahren. Ergebnis: offener Armbruch, Spitalsaufenthalt in Mariazell. So verblieben wir, vom Schicksal gelenkt, im alten Familienschloß Brandhof, um Maxi nicht allein seinem Schicksal zu überlassen.

Dieses Jagdschloß Erzherzog Johanns, über das ich schon öfters in meinen Büchern geschrieben habe, lag unbewohnt und fast unbewacht inmitten von Wäldern an einer gut erhaltenen Fernstraße und fünf Kilometer vom nächsten Ort entfernt. Das wertvolle Erzherzog-Johann-Museum mit all seinen Schätzen war bei unserer Ankunft 1945 nur mit einem einfachen Schlüssel zugesperrt. In den historischen Räumen standen die Kostbarkeiten und unersetzbaren Wertgegenstände sorglos in Vitrinen und auf Kommoden umher, unfaßbar für Auge und Geist von Ostflüchtlingen, die wir ja waren. Und da wir die „Schloßbehandlung" in Csákberény noch allzu gut in Erinnerung hatten, fragten wir uns, was in solch einem Fall zu tun sei? Die Großeltern, denen der Brandhof damals gehörte, waren schon lange im Salzburgischen; eine alte Kammerzofe, die von Graz aus dann und wann im Brandhof nachsehen sollte, wehrte sich mit der Wut der Nichtsahnenden gegen jedes „Verräumen" der Sachen, wie sie das nannte. Tag und Nacht arbeitete ich nun mit meinem Vater am Verpacken aller wertvollen Dinge, so lange, bis wir zweiundsiebzig Kisten und alte Koffer voll hatten. Wohin aber mit den Dingen? An ein Vergraben in den Wäldern war wegen des Frostes, der Spuren und der Beschwerlichkeit nicht zu denken. Im Keller die Sachen zu verstecken wäre soviel wie eine freiwillige Schenkung an die Russen gewesen, denn jede Truppe hatte bekanntlich ausgebildete Suchspezialisten, die sich zuallererst Keller, Dachböden und Fußböden vornahmen. Das hatten uns geflüchtete Csákberényer Vertraute erzählt. Es blieb uns daher nichts anderes übrig, als die Sachen in ein Zimmer einzumauern. Vor die frisch verputzte Mauer, die an Stelle einer Türe kam, schoben wir mit größter Mühe und nach tagelanger Arbeit einen der schwersten Kästen des Schlosses, den wir dann noch zusätzlich mit allerhand Gerät beschwerten. In die leeren Vitrinen des Museums stellte ich wertlose Teller, Krüge sowie Jagdzeitschriften und Mariazeller Pilgerkitsch, alles sorgsam beschriftet und gewissenhaft versperrt, damit den erwarteten Befreiern nichts auffiel.

Am 5. Mai waren wir mit unseren Sicherungsarbeiten fertig. Dies war auch der Tag, an dem Bruder Maxi sorgfältig vergipst, aber sonst bester Dinge aus dem Spital bei uns eintraf. In Anbetracht unserer eigenen Probleme hatten wir auf weltgeschichtliche Ereignisse wie etwa Hitlers Tod kaum mehr reagiert. Unsere Odyssee dauerte schon viel zu lange, und wir wollten endlich das Kriegsende mit all seinen Folgen hinter uns bringen. Obgleich wir noch Möglichkeiten gehabt hätten, nach dem 5. Mai mit deutschen Militärautos, die ständig an uns vorbeifuhren, nach Salzburg zu gelangen, wollte mein Vater, um den Brandhof zu retten, hierbleiben. Nicht wenig beeinflußten ihn bei diesem Entschluß die wiederholten Beteuerungen im BBC, daß die Russen Österreich als Befreier und nicht als Eroberer betreten würden, Plünderungen und Vergewaltigungen prophezeite nur die deutsche Propaganda. Außerdem erwarteten wir jeden Tag die Kapitulation, und ein friedlicher Einmarsch, schien uns, wäre doch etwas anderes als ein durch Kämpfe erzwungener. Und dann hörte ich es im Kurzwellensender: „Deutschland hat vor Großbritannien, den Vereinigten Staaten und der Sowjetunion bedingungslos kapituliert." Diese Meldung wurde vom sonst sachlichen, aber jetzt seine Freude nicht verbergenden BBC-Sprecher den ganzen Tag wiederholt. Es war der 8. Mai 1945; der Krieg war zu Ende.

Vor dem Brandhof fuhren die deutschen Militärautos wie wild durch die Gegend. Man hörte die Bremsen quietschen, der Kies knirschte in den Kurven, und manches Auto verunglückte und polterte mit ohrenbetäubendem Krachen irgendeine steile Böschung hinunter. Ein riesiges deutsches Lastauto, groß wie ein Haus, konnte den Seeberg nicht hinauffahren und auch nicht reversieren und rutschte dann, von seinen Fahrern verlassen, so glücklich in den Bach vor dem Schloß, daß es dort unversehrt stehenblieb. Noch bevor wir festgestellt hatten, daß in dem

Wagen Tausende in Fettpapier gepackte Kugellager jeder Größe lagen, meldete sich ein etwas abgerissener und verwundeter deutscher Soldat bei meinem Vater. Es war Hans Hoyos, ein entfernter Verwandter, dessen Einheit sich unweit des Brandhofes aufgelöst hatte und der nach Hause ins niederösterreichische Horn strebte. Schnell wurde er in Zivilkleider gesteckt, seine Uniform unter Steinen im Bach versenkt. Dann trat plötzlich eine ungewohnte und unheilverkündende Stille ein. Eine Stunde lang war die Straße wie ausgestorben. Um vier Uhr nachmittags hörten unsere geschärften Ohren fernes Motorengeräusch. Ganz langsam fuhr am Schloß ein Dodge-Lastwagen voller gelbbraun uniformierter Sowjetsoldaten vorbei, hielt kurz an, und die Soldaten warfen den hinzueilenden Leuten neue (italienische) Schuhe hinaus. Vorne wehte eine riesige rote Fahne. Man hörte die Soldaten seltsam kehlig miteinander reden. Dann fuhr das Auto den Seeberg hinauf in Richtung Seewiesen. Aufgeregt kamen die ersten Leute — es waren ausgebombte Frauen eingerückter Soldaten, die man in das Schloß einquartiert hatte — mit den Schuhen in den Hof. „Die Russen sind nett gewesen, haben uns Schuhe geschenkt."

Diese Nachricht lockte auch unsere wenigen Brandhofer Angestellten aus ihren Wohnungen, und auch einige, durchaus nette ukrainische Fremdarbeiter gesellten sich zu ihnen. Das zweite Lastauto war aber vorbeigefahren, ohne anzuhalten und ohne Schuhe zu verteilen. Dann war es wieder still. Plötzlich knatterte mit hohem Tempo ein einzelnes Motorrad in den Hof. Unter tierischem Gebrüll fuchtelte neben dem achtlos hingeworfenen Fahrzeug ein kleiner rotgesichtiger und pockennarbiger Russe, der in Leder gekleidet war, mit einer langläufigen Pistole. Seinen russischen Rufen antworteten alsbald andere, und im Nu hatten sich zwei der Fremdarbeiter zu ihm gesellt und redeten aufgeregt mit ihm. Dann zeigten sie auf den Betriebsführer Hans R., der auch in den Hof gekommen war. Man hörte erschreckte Frauenrufe. Ich war im ersten Stock und sah in den Hof. „Burschuj, wo ist der Burschuj" rief der Russe. Noch ehe irgend jemand zum Denken gekommen wäre, hob der unheimliche Zwerg seine Pistole und schoß direkt auf den Betriebsleiter, dessen gesundes rotwangiges Berglergesicht plötzlich grau wurde. Wie ein Hase, der schon öfters einem Kessel entronnen war, schlug der etwa fünfzigjährige Mann einen Haken nach dem anderen, während der brüllende Russe sein ganzes Magazin auf ihn verschoß. Daß es keine Übungspatronen waren, bewies das Schulterstück des Betriebsleiters, das zusammen mit etwas Watte beim ersten Schuß von seiner Joppe gefetzt wurde. Die Frauen begannen zu schreien, schrill wie orientalische Klageweiber: „Jessas, jetzt hat er auf den Hansl geschossen!" Dann liefen alle Leute in Deckung, R. und seine Leute direkt in den Wald hinein, aus dem sie erst nach Wochen zurückkommen sollten. Die Gesichter waren grün und gelb geworden, die Herzen pochten, Angstschweiß trat aus den Poren.

Mein Vater, der sich ebenfalls im Hof aufhielt, versuchte nun die beiden Fremdarbeiter dazu zu bringen, diesen anscheinend verrückten Russen zu beschwichtigen. Als dieser mit rauchender Pistole von seiner kurzen Verfolgung des Betriebsführers zurückgekommen war, suchte er offensichtlich neue Opfer. Plötzlich hielt er Vater die Pistole vor die Brust, währenddessen die

Ukrainer beruhigend auf ihn einredeten und die Köpfe schüttelten. Vater sah durch seine starke Brille so ruhig und ernst auf den schlitzäugigen Mann, daß dieser endlich seine lange Pistole in das Futteral steckte, nachdem er vorher noch unter „Burschuj"-Rufen ein Fenster zerschossen hatte. Dann schwang er sich auf seine schwere Maschine und fuhr davon. Innerhalb einer Viertelstunde hatte sich das Haus geleert. Angestellte, Wohnparteien, Fremdarbeiter und schließlich auch wir gingen in verschiedene Richtungen in den Wald. Vor dem Schloß fuhren noch einige Lastautos vorbei, dann war es still. Im Krampelgraben beim Aufgang zur Fladenalm richteten wir in einer zerfallenen Holzfällerhütte ein provisorisches Nachtquartier ein. Mitgenommen hatten wir nur unseren Schmuck als eiserne Reserve und so viele Lebensmittel, wie wir schleppen konnten. Überall lag metertiefer, verharschter Schnee. Hansl Hoyos war mit uns, mit Hilfe seines Feuerzeuges wurde dann ein kleines Feuer entfacht. Als es finster war, erklärte Vater, zurück in das Schloß gehen zu wollen. Sofort schloß ich mich ihm an, während Hansl Hoyos bei Mutter und dem verwundeten Maxi blieb.

Vorsichtig schlichen wir an der Säge vorbei und beim unteren Tor in den Hof hinein. Die Türen waren offen, überall im Haus hörten wir Russen brüllen, aber es konnten nicht viele sein. Als es relativ still wurde, gelang es uns, in ein Zimmer des ersten Stockes zu kommen, das die Eltern bewohnten. Einige Zeit lang versteckten wir dilettantisch und hoffnungslos einige Sachen, dann legten wir uns schlafen. Die ganze Nacht vernahmen wir Schüsse, Türenschlagen und Gebrüll. Ein Umstand kam uns sicher dabei zugute, daß nämlich im Brandhof kein elektrisches Licht vorhanden war und die wenigen Plünderer aus Feigheit ausschließlich im Erdgeschoß verblieben. Wie sich später herausstellte, waren sowohl der schießwütige Russe als auch seine Kumpanen Partisanen, die schon lange Kontakt mit den Fremdarbeitern gehalten hatten. Wie gut war es, daß wir bei unseren Bemühungen, die Wertsachen zu verstecken, nicht einen einzigen Menschen eingeweiht hatten. In den frühen Morgenstunden — etwa zur Zeit, als in anderen Jahren zur Jagd auf Urhahnen aufgebrochen wurde — fielen wir zwei in totenähnlichen Schlaf. Er dauerte aber nicht lang, es mochte sechs Uhr gewesen sein, als wir durch unbeschreiblichen Lärm geweckt wurden. Draußen ratterten die Panzer, und das ganze Haus war plötzlich voller Russen. Vater konnte sich gerade noch die Hose anziehen, da hämmerten sie schon an die Türe. Ehe er mit zwei, drei Sprüngen an der Tür anlangte, fiel ihm diese mitsamt dem Rahmen um den Kopf.

Bild rechts:
Noch sind sie Freunde
Bild umseitig:
Feldrehe im Jänner

Schwer bewaffnete Russen, Maschinenpistolen im Anschlag, drängten herein, Der erste Russe, ein Riese mit kleinen tückischen Augen und einer Pelzmütze auf dem Kopf, schlug Vater mit der Rückhand mitten ins Gesicht, daß seine Brille herunterfiel. Ich war achtzehn Jahre alt und hatte noch nie, nicht einmal im Traum, erlebt, daß mein Vater geschlagen wurde. Eine unbändige Wut erfaßte mich. Das Blut wich mir spürbar aus meinem Kopf, und ich schrie die Russen an, so laut und so böse ich konnte: „Laßt meinen Vater in Ruhe!" In diesem Augenblick war mir alles egal, und ich sah an Vaters Gesichtsausdruck, daß er über diesen Wutausbruch besorgter als über seine blutende Nase war. Doch die Russen sind unberechenbar, das sollten wir noch tausendmal erfahren. Ich hörte Verschlüsse klicken, sah die seltsamen, noch nie gesehenen Maschinenpistolen auf mich gerichtet, dann schlug mir ein Russe auf die Schulter, lachte dröhnend und sagte etwas offenbar Anerkennendes.

Ein kleiner Offizier mit grüner Tellerkappe kam herein, jagte die anderen mit einem einzigen, nicht einmal lauten Satz aus dem Zimmer und setzte sich auf einen Stuhl. „Aha, Gleichheit gibt es bei denen auch nicht", dachte ich ketzerisch!

Der Offizier verhörte uns kurz auf Deutsch, dann war er im Bilde. Er befahl uns, sofort das Schloß zu verlassen und nichts mitzunehmen. So geschah es auch, aber nur einige Schritte lang. Noch im ersten Stock wurden wir hintereinander von sieben Soldaten nach Uhren und anderen Pretiosen durchsucht. Als sie meinem Vater den Ehe- und Verlobungsring herunterreißen wollten, wehrte er sich, schrie etwas auf Ungarisch, und sie ließen ihn in Ruhe. Die Brieftaschen wurden durchsucht, Ausweise zerrissen, Geld eingesteckt. Vaters Rosenkranz aber erregte das Interesse eines älteren Russen, er lächelte wohlwollend, aber nur versteckt und kurz, nickte auch mir zu. Dann winkte er mich zu sich. Beim Badezimmer neben dem englischen Kloset fragte er plötzlich auf Deutsch: „Wem gehört dieses Jagdschloß?" Ich sagte es ihm und nannte auch den Erbauer, Erzherzog Johann. „Welcher Erzherzog Johann, der Bruder von Kaiser Franz oder Erzherzog Orth?" Erstaunt kam der Vater näher, sah den abgerissenen, schmierigen Russen an, der anscheinend Mechaniker war, und dann unterhielten sich die beiden zehn Minuten lang angeregt über Geschichte. Der Russe war Universitätsprofessor in Kiew. Als wir in das Parterre kamen — Vater hatte seine Ringe auf Geheiß des Professors in den Mund genommen —, fiel mir ein, daß ich einen Blick in „mein" Zimmer werfen könnte, wo das einzige von Ungarn gerettete Jagdgewehr, die alte Tükör-Flinte, hinter dem Ofen versteckt war. Aber ich kam offensichtlich zu spät. Ein junger, dicklicher Russe, nicht unsympathisch, hatte sich das Gewehr bereits

Bild links:
Der Balzsprung des Birkhahnes
Bild umseitig:
Besinnliche Heimkehr

umgehängt. Nun hatte ich noch eine ältere, billigere Taschenuhr bei mir, die aber kaputt war. Ich nahm sie unbemerkt aus meiner Unterhose, wo ich sie verwahrte, und bat den Russen frank und frei, mir für die „Urra" die Flinte zu geben. Ich sagte in einem russisch-deutschen Kauderwelsch, das von „Nix" bis „Dawai" und „Urra" reichte, daß ich Berufsjäger sei und das Gewehr brauchte. Und dies zu einer Zeit, als auf Waffenbesitz die Todestrafe stand, was uns allerdings offiziell noch nicht mitgeteilt worden war. Und das Wunder geschah. Der Russe gab mir das Gewehr, nahm die Uhr, reichte mir noch aus beiden Taschen alle Patronen, die er gefunden hatte, und stapfte davon.

Auch wir beeilten uns, das ungastlich gewordene Haus zu verlassen. Dampfende Suppe wurde von einer biwakierenden Gruppe aus den zierlichen Nachttöpfen meiner Großmutter ausgeteilt. Im Hof lagen die totgeschossenen Rinder und Schafe meines Großvaters, und frische Fleischstücke wurden sowohl in den Bassenaabflüssen als auch in den Clomuscheln verwahrt.

Vor dem Portal standen drei in steirische Gewänder meines Großvaters gekleidete kurzbeinige Mongolen. Der eine hatte einen altartigen breitkrempigen Ausseerhut auf, der andere trug eine grüne Joppe und einen Tirolerhut, der dritte schließlich war in einen roten Roseggerjanker und eine Lederhose gewandet. Sie ließen sich von einem vierten fotografieren, während ein fünfter ein Hirschgeweih über den Kopf des ersten hielt. Obgleich es uns nicht sehr zum Lachen war, mußte ich trotzdem losplatzen. Doch da kam ich bei diesen Mimosen schlecht an. Mit Tritten, Flüchen und Faustschlägen wurde ich fortgejagt, und die unentbehrlichen Pistolen klickten. Was für uns eine Art Weltuntergang mit unbekannter grauer Zukunft zu sein schien, war für diese Menschen der Siegesrausch und die Freude über die sicher von oben gelockerte Disziplin. Der letzte Blick, den ich auf den Brandhof warf, zeigte mir einen Jeep, der voller kostümierter Russen den Seeberg hinauffuhr, so voll und so langsam, daß zwei Russen mit Bergstöcken „nachhelfen" mußten. Es war zumindest mal etwas anderes. Im Krampelgraben fanden wir die anderen Familienmitglieder wohlauf. Vater entschloß sich, auf die Jagdhütte der „Fladenalm" zu übersiedeln, deren Schlüssel er schon vorsorglich eingesteckt hatte. Auch das alte Schrotgewehr wurde mitgenommen. Der Aufmarsch war beschwerlich, aber wenigstens erwartete uns dort oben Sicherheit und Einsamkeit; so glaubten wir wenigstens. Überall fanden wir frische Auerhahnlosung, und ich muß gestehen, daß es mich außerordentlich lockte, auf der Fladenalm meinen ersten Auerhahn zu erlegen. Doch dies kam zumindest so lange nicht in Frage, als wir noch Würste und Speck aus Ungarn mithatten.

Die Fladenalmhütte lag vom Brandhof aus überriegelt auf einem leicht abfallenden Berghang neben einer Quelle. Die Sonne schien, und überall tropfte und gluckste es. Warmer Erdgeruch drang zwischen den Schneeflecken hervor, und in den weiten Tälern gähnten die müden Schatten. Hier war es still und einsam, man konnte die „historischen" Zeiten vergessen, nur die völlige Ungewißheit und Unsicherheit störte uns. Am Abend kam schwerer Nebel auf, und die untergehende Sonne war eine rote verschwommene Kugel geworden, die überdies immer größer wurde. Irgend jemand sagte: „Hoffentlich wird jetzt die Erde nicht rot", worauf mein Vater antwortete: „Jetzt geht die rote Kugel unter, und morgen ist ein anderer Tag." In dieser Nacht schliefen wir tief und traumlos.

Als wir erwachten, war hellichter Tag, und die Vögel sangen ihre Frühlingssymphonie. Wir fühlten uns wie in Friedenszeiten, zur Auerhahnbalz unseren Urlaub verbringend. Kein Laut drang hier herauf, ab und zu krächzten balzlustige Kolkraben. In der Hütte fanden wir Tee, und meine Mutter servierte ein ausgiebiges Frühstück. Leider verbrauchten wir dabei unser letztes Brot. Gleich nachher versteckten wir unweit der Hütte, in einem hohlen Baum, den Familienschmuck, der uns über alle Wirrnisse der Flucht bis hierher begleitet hatte. Einem Instinkt folgend, legten wir auch unsere Brieftaschen dazu. Dann saßen wir zusammen in der Morgensonne vor der Hütte, nur der emsige Hansl spaltete Holz für die Küche. Da zerriß plötzlich eine fürchterliche Detonation die Waldesstille. Eine zweite folgte schon etwas näher, gleich darauf ratterte eine Maschinenpistole. Rechtsseitig über dem Kamm erschienen in Schwarmlinie etwa zwanzig Russen, andere kamen von links und alle gingen konzentrisch auf unsere Hütte zu, aus deren Kamin blauer Rauch aufstieg. Wieder krachte es. Wir flüchteten in die Hütte und schauten beim Fenster hinaus. Die Russen warfen Handgranaten vor sich auf die Almwiese. Na, das konnte ja heiter werden! Kommandorufe ertönten, kehlige Schreie folgten, und abermals detonierte eine Granate, diesmal unweit der Hütte. Mein Vater lief hinaus und schrie den Russen zu: „Nicht schießen, hier sind Menschen!" Die Russen rotteten sich nun zusammen, und langsam und vorsichtig, die Maschinenpistolen im Anschlag, kamen zehn von ihnen auf uns zu und drangen in die Hütte ein. Die anderen umstellten das Gebäude. „Du Nazi?" fragten sie meinen Vater, der heftig verneinte. Es waren durchwegs junge Kerle mit Schiffchen und wattierten Jacken. Sie rochen penetrant. Maxi wurde wegen seinem Gips als „Soldat" verdächtigt, Hansl und ich mußten alle Taschen entleeren, dann die Arme heben, und wir wurden gefragt, ob wir nicht zur SS gehörten. Unser altes, verrostetes Schrotgewehr, äußerlich museal anmutend, wurde wortlos weggenommen. Dann nahmen uns die Soldaten in die Mitte und führten uns den langen Weg hinunter zum Brandhof. Der Abstieg, während dem wir nicht miteinander reden durften, dauerte zwei Stunden. Endlich erreichten wir den Ausgang des Krampelgrabens und das Brandhofer Schloß kam in Sicht.

Der Anblick war überwältigend. Auf dem Turm der Schloßkapelle wehte die rote Fahne. Überall rund um das Schloß bis hinauf zu den Rändern der Wiesen biwakierten Rotarmisten. Die Fenster des Schlosses waren offen, aus jedem Fenster sahen Russen heraus. Und Pferde, Pferde überall. Zwischen lagernden Soldaten, die an offenen Feuerstellen Fleisch brieten, zwängte man uns buchstäblich bis zum linken Eingang durch. Dort stand ein Doppelposten mit aufgepflanztem Bajonett. Zwei Russen führten uns die Holzstiege hinauf. Im ersten Zimmer des ersten Stockes, im sogenannten Balkonzimmer, saß der Kommandant. Aber wie hatte sich das Zimmer verändert. Es glich eher einem orientalischen Harem als dem einfachen Gästezimmer, das es früher war. An den Wänden ringsum waren Teppiche angebracht. Der Boden war mit damastenen Steppdecken ausgelegt, und als einziges Mobilar waren an allen vier Wänden Betteinsätze und Couchen aufgestellt, die ebenfalls wieder mit Teppichen bedeckt waren. In der Mitte einer dieser Liegestätten saß im blumigen Morgenmantel meines Großvaters ein dicker Major, die Tellerkappe als Zeichen seiner Würde auf dem kahlen Schädel und Leibjäger Emils Servierhandschuhe mit dem Monogramm meiner Großmutter an den Händen. Neben ihm saß in voller Uniform eine dralle und hübsche Genossin Leutnant (es waren andere Russen als die gestrigen). Zwischen den eigenartigen Liegestätten standen, armen Sündern gleich, die Vertreter der abgedankten, reaktionären Zeit, die fünf „Burschujs", in mehr als zerknitterten und abgetragenen Kleidern. Das Verhör indes war kurz. Nachdem mit Hilfe der parfümierten „Dolmetscherin" geklärt worden war, daß wir keine Nazis und auch keine Deutschen, sondern (noch) Ungarn waren (Hansl Hoyos rechneten wir vorsichtshalber zu uns), wurden wir angewiesen, irgendwo außerhalb des Schlosses ein Quartier zu suchen, bis unsere Heimkehr nach Ungarn möglich war. Beim Hinausgehen merkte ich noch, daß die proletarische Dolmetscherin den großen Rosenkranz meiner Großmutter um den Hals hängen hatte. Im Gürtel des Majors indessen stak der alte Hirschfänger meines Urgroßvaters, der, weil er nicht viel Wert besaß, im Museum gelassen wurde. Im Vorübergehen sahen wir, daß die Besatzer innerhalb weniger Stunden die Einrichtung des schönen Schlosses völlig demoliert hatten. Überall zerstörte Möbel, zerschlagene Bilder, eingeschlagene Türen und aus Kästen und Truhen geworfener Hausrat. Bücher ebenso wie die schönsten Möbel wurden einfach eingeheizt. Es war die Vorstufe einer systematischen „Schloßbehandlung", wie wir sie im Feber bereits in Csákberény erlebt hatten. Ein alter, gutmütiger Russe erlaubte uns, in Emil Holubárs Schlafzimmer, in einem Nebengebäude, „einzuziehen". Dieser alte Mann erweckte den Eindruck eines Großfürsten der Jahrhundertwende. Wallender Bart, gütige blaue Augen, aufmunterndes Lächeln. Er schien Unteroffizier zu sein. Ihm verdankten wir es, daß wir die nächsten drei Tage, so lange diese Einheit im Brandhof verblieb, aus der „Gulaschkanone" der Soldaten verköstigt wurden.

Mit Rücksicht auf meine Mutter verließen wir unser Zimmerchen nicht. Schon im Vorraum lagerten Rotarmisten; und am zweiten Tag, als es draußen zu regnen anfing, zwängten sich zwanzig Mann zu uns herein. Dann holte man uns plötzlich ab. Oberhalb des Schlosses waren Erdarbeiten notwendig geworden, um einen kleinen Bach umzuleiten. Hier setzte man uns das erste Mal als „Zwangsarbeiter" ein, und wir widerstanden allen Versuchen, unsere Gruppe auseinanderzureißen. Aus nächster Nähe erlebte ich die Erschießung eines alten Stieres, der eine ganze Salve aus einer Maschinenpistole benötigte, um umzufallen. Vorher hatte er nämlich einen der Helden ein wenig in den Hintern gespießt. Ein heiterer Moment in einer düsteren Zeit.

Am dritten Tag waren plötzlich über Nacht die vielen Russen vom Brandhof verschwunden. Kaum hatten wir dies bemerkt, eilten wir in das Schloß, um uns — geschehe was wolle — dort wieder einzuquartieren und zu retten, was noch zu retten war. Wir waren auf vieles gefaßt, aber die Wirklichkeit übertraf noch alles. Keine Phantasie kann es sich heute vorstellen, wie vollendet das in nur drei Tagen angerichtete Chaos war. Kästen lagen auf dem Boden, keine einzige Lade im ganzen Haus war auf ihrem Platz, der Inhalt überall verstreut, dazwischen Scherben, Splitter von gebrochenen Fenstergläsern, zerbrochene Geweihe, aufgerissene und völlig verdreckte Fußböden, kein Bild hing mehr an der Wand. Die Orgelpfeifen der Schloßkapelle waren einzeln herausgerissen und plattgedrückt worden. Sehr viele Möbel lagen im Hof, ohne Füße, aufgeschlitzt und verdreckt von oben bis unten. Hinter jeder Türe, mitten in den Zimmern Haufen von menschlichen Exkrementen, nur die englischen Clomuscheln waren auch weiterhin zum Abkühlen von Flaschen und Fleisch verwendet worden; — Eindrücke, die sich tief in meine Seele einprägten.

Unser erster Blick galt dem schweren Kasten, der vor dem zugemauerten Versteck stand. Er war noch da! Alle Zeitschriften und aller sonstiger Kitsch, den wir hineingetan hatten, lag am Boden verstreut. Eine Türe war zwar rausgerissen, aber auf unser Versteck waren sie nicht gekommen. Vorläufig noch nicht. Während wir noch drei Zimmer des Erdgeschoßes wieder notdürftig einrichteten, um in der Nähe des Versteckes „hausen" zu können, begehrten schon wieder neu angekommene Russen Einlaß. Die eisenbeschlagenen Eingangstüren waren intakt und trotz Verlust der Schlüssel von innen gut zu verriegeln. Überdies waren alle Parterrefenster vergittert.

Als wir nicht gleich öffneten, schossen die Russen kurzerhand auf die Türe. Nun öffnete mein Vater, und die Russen „besichtigten" das ganze Schloß. Wir wurden wüst beschimpft, daß überall so eine Unordnung herrschte. „Ihr seid Saboteure, wie wagt ihr es der siegreichen Roten Armee solches Quartier anzubieten?" Als wir zaghaft flüsterten, die Rote Armee hätte ja diese Unordnung verursacht, schoß der Anführer ein gerade erst aufgehängtes Bild herunter und nannte uns Verleumder. Die deutschen Faschisten hätten hier gehaust. — So ging es von nun an Tag für Tag.

Keine Gruppe blieb länger als höchstens vierundzwanzig Stunden, und sie verlangten von uns aufgeräumte Zimmer, hinterließen jedoch in fast allen Fällen das gleiche Chaos. Sie verlangten von uns Beleuchtung, die aber nicht vorhanden war, weil alle Petroleumlampen von den Russen zerschlagen worden waren. Sie verlangten von uns Schlüssel für die Zimmer, um sich — mißtrauisch wie sie waren — einzuschließen und brüllten, mit der Waffe fuchtelnd, nach Wäsche, wenn wir keine hervorzaubern konnten. Dabei kam der Hunger wie eine große unbarmherzige Spinne, um uns zu vernichten. Keine Lebensmittel rundherum, außer Abfällen von der ersten „Einquartierung", die aber nur kurz anhielten. Kein Mehl, kein Brot, keine Kartoffeln. Nach einigen Tagen gelang es Vater und mir, aus dem ausgeplünderten und verlassenen Häuschen des Wegmachers die angehängten und fast verhungerten zwei Ziegen zu befreien und in den Hof zu führen. Von da an gab es etwas Ziegenmilch. Ausflüge in die Gemeinde brachten uns nur humane Ratschläge ein, als unerwünschte Ausländer nach Ungarn zurückzukehren. Lebensmittelkarten hätten wir nicht zu erhoffen. Die Bevölkerung, selbst völlig ausgeraubt, konnte uns in der ersten Zeit nicht helfen, die „Belegschaft" war noch immer irgendwo im Wald versteckt. Nur eine alte Frau, zwei flüchtige Männer sowie eine ungarische Familie quartierten sich später im Brandhof ein. Maxi fand dann endlich etwas, was uns vom Hungertod retten sollte. Mitten in einer Wiese, wo wir in unserer Not nach Sauerampfer suchten, entdeckte er einige Kartoffelstauden und erkannte, daß diese Wiese vor einem Jahr noch ein Kartoffelfeld gewesen sein mußte. Diese Stauden blühten bereits im Juni, im Gegensatz zu jenen, die frisch gesetzt werden, und in dieser Höhe erst im September reifen. So konnten wir uns einige kleine, aber herrliche Erdäpfel ausbuddeln.

Als wir bemerkten, wie stark der Hunger an uns zehrte, verlegte ich mich aufs „Wildern", und ich erlegte später, trotz angedrohter und überall plakatierter Todesstrafe, nacheinander zwei Rehböcke. Inzwischen kamen auch die Bewohner des Nebengebäudes aus dem Wald zurück, und dann und wann zeigte sich auch ein netter Gendarm, Herr Gunegger, mit rotweißroter Armbinde, um uns beizustehen. Aber gegen die Besatzer konnte er nichts ausrichten, und diese kamen Tag für Tag, immer neue, immer andere. Eines Tages trieb man am Brandhof Hunderte von zerlumpten Wlassow-Soldaten vorbei, die wunderschöne Volkslieder sangen. Sie marschierten dem sicheren Tod entgegen. Über die politische Lage wußten wir nichts Genaues. Keine Post, kein Brief, keine Zeitung! Eines Tages kam in einer schwarz blitzenden Limousine ein sowjetischer Oberst angefahren, um den Brandhof zu besichtigen. Dieser russische Offizier war höflich, kultiviert, nett, und freundlich zu uns. Er gab jedem von uns die Hand, nahm zu diesem Zweck seine Wildlederhandschuhe ab und ließ sich durch das Museum und das Zimmer Erzherzog Johanns führen, wobei er sehr intelligente Fragen stellte. Als er die Kapelle besichtigte, nahm er seine Tellerkappe ab. Tagtäglich richteten wir zusammen mit dem Ungarn ein Zimmer nach dem anderen ein, während Harro, einer der Soldatenflüchtlinge, die Türschlösser reparierte. Der Ungar schlug vor, aus den vielen Autowracks, die in den Bächen und Gräben lagen, ein Fahrzeug zusammenzustellen. Später „erbeuteten" wir dann einen Schimmel und eine alte Kalesche. Ich wollte die wertvollen Kugellager aus dem großen Lastwagen bergen, aber Vater verbot es, sich an fremdem Gut zu vergreifen.

Eines Tages kamen siebzig russische Flintenweiber ins Haus. Sie waren streng, fuchtelten mit den Waffen herum, stellten Posten auf und begehrten Bedienung. Ich habe in meinem ersten Buch geschrieben, wie es mir gelang, den Russinnen einen Militärkarabiner abzuluchsen. Jetzt will ich eine andere Episode erzählen, die nicht nur mir, auch anderen männlichen Bewohnern des Hauses passierte und alles andere als erfunden ist. Ich hatte von einem russischen Lastauto, das am Seeberg steckengeblieben war, eine ganze Menge türkischen Zigarettentabaks „organisiert". Da es geregnet hatte und der Tabak naß geworden war, trocknete ich ihn neben dem Ofen in meinem Zimmer auf ausgebreiteten alten Zeitungen. Etwa um zehn Uhr abends klopfte es an der Tür. Ich lag noch wach im Bett und las beim Schein einer Kerze die Jagdtagebücher Großpapas, die ich hierher gerettet hatte. Vor der Tür murmelte es und scharrte es. Ich machte auf. Etwa zehn Russinnen standen schweigend in einer Schlange mehr oder minder im Négligé und kamen langsam und kichernd näher. Über ihre Absichten konnte kein Zweifel herrschen, ihre Gesten waren zu eindeutig. Eine Flucht, an die ich sofort dachte, war unmöglich. Da rief ich meinen Schutzengel an. Fast gleichzeitig fiel mein Blick auf den Tabak. Nun wurde ich geschäftig und eiskalt. Aus Zeitungen formte ich wie ein Krämer vollendete Tüten, füllte diese mit duftenden Tabak, und überreichte die erste Tüte der vollschlanken, nach Schweiß duftenden „Anführerin". Ein Gemurmel wurde laut, andere drängten vor, wollten besser sehen, wurden zurückgepfiffen, und die Schlange schob sich ordnungsgemäß vor, wie zu Hause vor dem Genossenschaftsladen.

Bevor alle bedient waren, ging mir der Tabak aus. Ich erklärte nun der letzten Russin, ich würde einen holen, und da ich ruhig war und freundlich, ich verhandelte schließlich mit Frauen, ließ man mich durch die Schlange bei der Tür heraus, und schon war ich weg. Vor dem Tor stand aber ein weiblicher Posten, mit dem nicht zu spaßen war. Auf gut Glück rief ich ihr zu: „Dawai Domu, Wodka jest" ..., und schon war sie im Haus, ich zeigte zu den anderen Russinnen, die noch immer vor meinem Zimmer warteten, und floh in den Wald. Am nächsten Tag wartete ich die ersten durchziehenden (männlichen) Russen ab, und mit denen betrat ich dann das Haus, in dem aber Gott sei Dank keine Russinnen mehr anzutreffen waren. Auch die anderen Männer wurden in dieser Nacht belästigt, aber nur bei den zwei ehemaligen Soldaten schienen einige Glück gehabt zu haben.

In dieser Zeit kamen wir darauf, daß die Russen großes Interesse an Museen hatten. Es dürften sich auch die derberen Fronttruppen nach Hause zurückgezogen haben und „kultiviertere" Einheiten die Besatzungspflichten übernommen haben. Jedenfalls entwickelten wir von nun an eine eigene Taktik. Wenn grob an der Eingangstüre gepocht wurde, öffnete einer von uns die Türe und komplementierte die schon ungeduldig schimpfenden Russen höflich, „Musée, Musée" rufend, in das Haus. Wir hatten Dienstmäntel der früheren Diener angezogen und weiße Armbinden, auf denen in zyrillischen Buchstaben „Museum" stand. Diese List erwies sich als erfolgreich. Die Russen ließen sich gerne als Gäste herumführen und verabschiedeten sich meistens höflich, ohne etwas anderes zu begehren. Überhaupt waren von Ende Juni an nur mehr kleinere Truppen gefährlich, die offensichtlich mit Plünderungsabsichten, aber auch mit sehr ungutem Gewissen in das Schloß kamen. Über Nacht blieben sie kaum, da wir nun auch keine Kerzen mehr hatten. Aus dem Talg einer eingegangenen Ziege wurden steinzeitliche Fackeln angefertigt. Wenn wir irgendwo Benzin erbetteln konnten, füllten wir es in die einzige verbliebene Petroleumlampe und salzten es stark, dann war zu erhoffen, daß die Lampe nicht explodierte. Aber sehr bald ging uns auch das erbeutete Russensalz aus.

Eines Tages kam eine Militär-NKWD-Gruppe und verhörte uns der Reihe nach. Ich arbeitete gerade auf dem Feld, um einige Kartoffeln auszubuddeln, und man rief mich ins Haus. Ein junger, gepflegter und kultivierter Offizier mit grüner Tellerkappe stand vor meinem Zimmer, dem blauen Gastzimmer im Parterre und begehrte Einlaß. Ich hatte das Zimmer abgesperrt, und man fand den Schlüssel nicht. Ich durchsuchte meine Taschen, eine nach der anderen, aber der Schlüssel fand sich nicht. Nun entsicherte der Offizier seine Pistole und hielt sie mir vor die Brust: „Machen Sie die Türe auf, oder ich erschieße Sie". Schweiß trat auf meine Stirn, gleichzeitig aber faßte mich wegen dieses Mißgeschickes jugendlicher Jähzorn. Ich blickte verzweifelt hoch, meine Mutter betete hinter mir, und plötzlich sah ich den Schlüssel an einem Hirschgeweih baumeln.

Nach dieser nervenaufreibenden Einleitung wurde ich verhört. Ich kannte die Methoden der Verhöre zu jener Zeit noch nicht und war nicht wenig erstaunt, als er mir eine Anklage nach der anderen an den Kopf warf. „Sie haben Ihre ungarischen Angestellten mißhandelt (ich mußte innerlich lachen, wenn ich mir die Reaktionen von Ferenc oder Antal bei einem derartigen Versuch auch nur vorstellte), und Sie haben Geld unterschlagen. Wo haben Sie den Schmuck versteckt? Sie waren bei der SS. Wieviel Russen haben Sie erschossen?"

Ich beteuerte verzweifelt meine Unschuld, was aber keine Wirkung zeigte. „Wir werden Sie erschießen", erklärte der leicht parfümierte Offizier und lümmelte sich mit seinen Stiefeln auf mein Bett. „Nehmen Sie mir die Stiefel ab, und putzen Sie sie." — „Aber sie sind doch sehr schön geputzt", wagte ich einzuwenden. „Außerdem haben wir keine Schuhcreme." — Ich versuchte nun den einen „Russenfuß" aufzuheben, um den Stiefel entfernen zu können. Ich bekam aber einen Fußtritt. In diesem Augenblick kam der Bursche ins Zimmer und brachte auf einem Tablett aus Silber (ich glaube, es war das Hohenlohe-Wappen darauf) ein herrliches Essen. Mit einem Sprung war mein Peiniger auf den Füßen und fing zu essen an. Mich beachtete er nicht mehr. Ich versuchte aus dem Zimmer zu gehen. „Bleiben Sie!" Ich erstarrte. „Sagen Sie hundertmal: ‚Die Rote Armee brachte uns die Freiheit'". Ich fing gehorsam zu leiern an. Dabei lief mir das Wasser im Mund zusammen. Das Menü des Geheimdienstlers bestand aus Kaviar, Beefsteak, Pommes frites, Sachertorte, und dazu trank er Rotwein aus Frankreich, den gleichen übrigens, den die deutschen Transportflieger in Csákberény getrunken hatten. Mein Murmeln wurde immer leiser, dann hörte ich auf. „Sind Sie schon fertig?" — „Ja" — „Dann sagen Sie jetzt hundertmal: ‚Ich bin ein Burschuj.'" Noch keine zehnmal hatte ich diesen Satz gesprochen, da stand der Offizier auf, wischte sich seinen Mund in den Vorhang (der Fleck ist noch heute zu sehen), lachte plötzlich schallend und wies auf die Tür. Ich war entlassen. Heute, nach so vielen Jahren, erzählt sich dies natürlich leicht. Aber damals, in der quälenden Ungewißheit, völlig durch Hunger

Bild rechts:
Fuchsfehe trägt ihre Jungen in Sicherheit
Bild umseitig:
Luchse sind äußerst reinlich

herabgekommen, durch das Benehmen der Besatzer entnervt, war dies natürlich etwas anderes, und ich stand Todesängste aus.

Unser guter Hansl Hoyos war schon am 15. Juni, als es vorübergehend ruhiger war, zu Fuß weggegangen und hat auch, wie wir später erfuhren, sein Heim und seine Familie wohlbehalten erreicht. Uns fehlte er natürlich sehr. Und immer wieder kommen Russen, Russen, es nimmt kein Ende. Anfang Juli kommt ein Offizier mit einem einfachen Soldaten und sieht sich im Hofe um. Sie haben eine Panne und arbeiten längere Zeit wortlos. Dann klopft es am Eingangstor. Der Russe ist böse und schreit etwas auf Russisch, was ich nicht verstehe. Nun fuchtelt er mit dem Revolver vor meiner Nase herum — zum wievielten Mal passiert mir das nun wohl — und deutet, ich solle vorgehen. Er geht mit mir zum Badezimmer. Ach so, denke ich, jetzt werde ich umgebracht, und mein Blut sollte durch die Badewanne abfließen. Aber der Russe zeigt auf das Waschbecken (eine altartige Bassena) und brüllt wieder. Endlich verstehe ich: er ist empört, daß keine Seife da ist. Nun werde ich wütend, meine Nerven sind am Ende: langsam und deutlich sage ich: „Die Russen haben schon lange alle Seifen gestohlen, ja die Russen, Seife kaputt!" Plötzlich ist es still. Dann sieht er mich mit strahlendem Lachen an und drückt mir die Hand. Wer kennt sich aus? Doch meine Freude ist von keiner langen Dauer. Wir müssen anschließend den Wagen noch bis zur Seebergalm hinaufschieben. Wir sind allerdings neun Mann, aber wer die Steigung kennt, wird ermessen, wie fertig wir nachher waren. Man gibt uns zum Dank Wodka zu trinken. Nun sind auch alle Mitglieder der Belegschaft zurückgekommen, auch einige Jäger kommen vom Militärdienst zurück. Eines Tages gelingt es dem Betriebsführer R. irgendwie, zwei Pferde und einen Wagen zu beschaffen. Sie werden gleich in der Landwirtschaft eingesetzt. Eines Morgens erscheint nun ein russischer Major, der interessanterweise einen steirischen Dialekt spricht. Er requiriert kurzerhand unsere zwei Pferde. Drei Tage später wird er von der österreichischen Gendarmerie, die jetzt in Wegscheid ein Revier eingerichtet hat, als Schwindler verhaftet. Da er durch Anziehen einer russischen Uniform das Ansehen der Roten Armee schwer geschädigt hat (man fand bei ihm ein Zimmer voller Diebsgut), verschleppen ihn die Russen.

Die erste Zeitung erreicht uns Ende Juni. Es ist das Organ der Besatzungsmacht: Die dargebrachten Parolen „riechen" nach „Mottenpulver". Aus der Zeitung erfahren wir zu unserer großen Freude, daß die Steiermark zum britischen Einflußgebiet gehört und von der Roten Armee nur provisorisch bis August 1945 besetzt werde. Also daher die Hast und die „komprimierte" Besatzungstätigkeit! Und die Tage gehen nun nicht mehr so hoffnungslos und

Bild links:
Seltenes „Familienbild"
Bild umseitig:
Welches ist das Bockkitz?

unsicher dahin. Wir haben einen Lichtblick, an den wir Tag und Nacht denken. Mitte Juli erreicht uns die erste Nachricht aus Salzburg, daß die Familie wohlauf sei, jedoch keine Nachricht von uns habe. Die Post funktioniert praktisch noch immer nicht. Wir hungern, und die Lebensmittelkarten werden uns weiterhin verweigert. Was haben wir getan, daß die Behörden uns Altösterreichern mit so viel Ungerechtigkeit entgegentreten? Dieses inhumane Verhalten habe ich niemals vergessen, es hat uns fast das Leben gekostet und meinem Vater eine schwere Krankheit eingebracht, von der er sich nie mehr erholen konnte. Solches wäre in Ungarn völlig undenkbar gewesen. Während der russischen Besatzung kannten manche Behörden des Bezirkes Bruck jedoch wenig Menschlichkeit.

Und der langersehnte Tag brach an. Am 24. Juli sind wir alle im Hof und putzen den Pferdemist fort, den Hunderte Rotarmisten am Vortag durch ihre Gäule verstreut haben. Plötzlich höre ich mit meinen scharfen Ohren, die jedes Motorengeräusch schon aus Selbsterhaltungstrieb auf weite Entfernung analysieren, ein bisher unbekanntes Geräusch. Vom Seeberg her kommen langsam und vorsichtig drei nie gesehene Fahrzeuge. Ein Mittelding zwischen Geländewagen und Panzerspähwagen. Mein Hirn schaltet langsam, ich schaue nur. Als sie vor dem oberen Tor des Brandhofes halten und mich zu sich winken, merke ich, erfasse ich, daß es Engländer sind, die gerade einmarschieren. Meine schrillen Schreie, mein hysterisches Gebrüll locken in Windeseile alle Bewohner des Hofes herbei. Wir umarmen die Tommys und einander und weinen Freudenstränen. Die Engländer sind anfangs reserviert und lassen kein böses Wort über ihre Verbündeten fallen. Aber da sie objektive, an Freiheit gewöhnte Menschen sind, macht dieser Empfang sichtlich großen Eindruck auf sie. Uns kann nichts und niemand mehr halten. Laut und ungehemmt weinen die einfachen Menschen, Arbeiter, Bauern wie kleine Kinder vor Freude. Noch einmal fährt uns der Schreck in die Glieder. Vom Seeberg her erscheint eine Beiwagenmaschine mit zwei Russen. Sie haben es eilig. Sie werden bis zur niederösterreichischen Grenze ein wahres Spießrutenlaufen erleben. Dabei ist es nur der letzte Verbindungsoffizier, der die Steiermark verläßt. Man wirft mit Steinen nach ihnen, drohende Rufe werden laut. Die Engländer müssen sie schützen.

Die Häuser werden nun beflaggt. Überall werden Freudenfeuer entzündet, Transparente und Triumphbogen aufgestellt sowie Dankgottesdienste abgehalten. Als wir in der kleinen Gollrader Kirche aus voller Kehle das „Te deum laudamus" und „Großer Gott wir loben dich" singen, wissen wir alle, was wahres Glück ist. Das anschließende, improvisierte Volksfest dauert bis in den Morgen. Oft und oft habe ich seither an diesen Tag denken müssen; eine echtere Spontaneität habe ich seither nie mehr erlebt. Das Glücksgefühl von damals nach der wahren Befreiung von den Russen kann sich heute kaum einer mehr vorstellen.

Mein kleiner Radiergummi

Anfang des Jahres 1944 herrschte in Ungarn nach außen hin völliger Frieden. Besonders auf dem Lande konnte man vom Zweiten Weltkrieg wenig wahrnehmen, es sei denn in jenen Familien, deren Väter und Söhne beim großen Rückzug der zweiten ungarischen Armee an der Ostfront gefallen waren. Erst mit dem Einmarsch der Deutschen Wehrmacht am 19. März änderte sich die Lage. Von Operationsbasen aus dem besetzten Süditalien bombardierten nun alliierte Fernbomber Budapest, einige Verkehrsknotenpunkte sowie Rüstungswerke.

Auf dem Land selbst ging das Leben seinen gewohnten Gang. Weder war die männliche Bevölkerung zu den Waffen gerufen worden, noch waren — zumindest bis jetzt — Lebensmittelkarten oder sonstige Beschränkungen in der Versorgung zu merken. Wohlgemerkt: Anfang des Jahres 1944! Und Ende März, nachdem wir plötzlich, wie aus heiterem Himmel, von den Deutschen besetzt worden waren, mußte auch das Schuljahr frühzeitig beendet werden, und Maxi und ich konnten von Pécs nach Hause fahren. Bruder Feri allerdings war als einjährig Freiwilliger schon in der Garnisonsstadt Hajmáskér. Nun, wir kamen in Csákberény an und fanden hier bereits Flüchtlinge aus dem Banat, nämlich die Familie Pallavicino, vor, die denn auch bei uns Asyl gefunden hatten. Zwei Töchter, Gaby und Marie Louise, hatten ungefähr das Alter von Feri und mir. Sie waren hübsch und lebenslustig, und ich befreundete mich sehr bald mit ihnen. Nach der mönchischen Abgeschlossenheit und lebensfremden Erziehung im Internat war es für mich ein großes Erlebnis, Jugend des anderen Geschlechtes im selben Hause zu haben. Sie wohnten im großen Eck-Gastzimmer des ersten Stockes und hatten einen riesengroßen Telefunken-Radioapparat mitgebracht, der gleichzeitig als Plattenspieler fungierte. Hier veranstalteten wir fast jeden Abend improvisierte Partys, tranken Wein, der überall im Hause umherstand, tanzten und freuten uns des Lebens. Dies alles natürlich nur dann, wenn unsere Arbeit im Betrieb und im Revier es zuließ. Vater hatte uns nämlich sofort mit Aufgaben betraut, um ihn, den „Vielarbeiter", etwas zu entlasten. Irgend etwas mußten wir auch tun, waren wir ja in Pécs allerstrengste Zucht und minutiöseste Tageseinteilung gewöhnt, was ja sicher von Vorteil war.

Eines Tages hatte ich auf ein fertiges Elaborat in der Kanzlei einen Fleck mit Stempelkissentinte gekleckst. Damit ich nicht alles noch einmal machen mußte, versuchte ich mit einem Radiergummi den Fleck radikal zu entfernen. Dabei fiel mir aber dieser in ein Abflußrohr und war nicht mehr herauszubekommen. Marie Louise schenkte mir nun einen fast neuen Radierer als Ersatz. Es war ein halbharter rosa „Elephant", den ich gut aufbewahrte. Heute, nach fünfunddreißig Jahren, liegt er auf meinem Schreibtisch in Graz und ist noch „gebrauchsfähig"!

Wie konnte dieser unscheinbare Gegenstand all die Jahre überdauern? In meinem Zimmer, das im Südflügel des Schlosses lag, war alles vorhanden, nur ein Schreibtisch fehlte. Tischler Bruno fertigte im Auftrag meiner Mutter einen wunderschönen seiner Art aus Kirschenholz an, den ich zu meinem Namenstag im Mai erhielt. Hier nun ruhte in einer Ablage der Radiergummi unter zahlreichen Stiften und Federn und wartete wie ich der Dinge, die da kommen sollten. Meine Erwartungen an das Leben waren nicht besonders hochgeschraubt, aber sie waren von Optimismus und großer Neugierde durchtränkt. Was aber dann wirklich kam, hätte ich mir nicht einmal in meinen bösesten Träumen ausmalen können.

Der Herbst zog ins Land und mit ihm unsere letzte Hirschbrunft in Csákberény. Wir versteckten schon einen Teil unserer wertvollen Dinge, darunter auch die Gewehre, im Walde, denn „man konnte nicht wissen"! Sonst aber ging das Schloßleben seinen gewohnten Gang. Wir hatten wohl einige nette Fliegeroffiziere einquartiert, doch waren es ihrer weniger, als etwa bei den Saujagden an Gästen zu kommen pflegten. Erst ab November änderte sich dies; aber auch jetzt konnten wir die meisten unserer Zimmer behalten. Ende November dann hieß es, daß die Russen irgendeine Margarethenlinie durchbrochen hätten und daß man sich vorbereiten müßte. Auf was, war uns allen noch nicht klar. Ich hatte nun vor, einen Teil meiner Schätze, ohne andere zu informieren, zu verstecken. In einer Holzkiste für Werkzeuge, die ich „organisiert" hatte, versteckte ich meine Tagebücher, Jagdbücher, Photoalben, einige Trophäen und — viel hatte ich ja nicht — aus unerklärlichen Gründen auch den Radiergummi. Diese Kiste versteckte ich kunstvoll unter dem breitesten Absatz der hölzernen Dachbodenstiege, die neben meinem Zimmer ihren Anfang hatte. Zur Sicherheit machte ich mit einem Bleistift ein unauffälliges Kreuz auf dem Platz des Verstecks. Dann wurde fast täglich Abschied gefeiert, man hatte zu nichts mehr Zeit, und wir flüchteten von Csákberény nach Ikrény, dem westlicheren Schloß bei Györ. Von dort ging die Flucht im März nach Brandhof, der Krieg nahm sein Ende, und Mitte Dezember 1945 waren Feri und ich wieder in Csákberény, als Bettler zwar, aber voller Pläne und Hoffnungen.

Das Schloß war ein Trümmerhaufen. Oft schon habe ich es beschrieben, aber jedesmal, auch nach so vielen Jahren, rege ich mich von neuem auf, wenn ich darüber berichten soll. Man hatte alles, alles entfernt, was zu entfernen war: die Steinplatten des großen Ganges, die Fußböden aller dreißig Zimmer, alle Fensterrahmen, auch die eingemauerten, die Stukkatur der Plafonds. Dies war die Denkmalpflege der damaligen Zeit und bei Gott kein Einzelfall. Mein erster Weg führte zum Versteck. Ein freudiger, kaum zu beschreibender Schreck durchzuckte mich: Die Dachbodenstiege war unversehrt! Man hatte sie stehengelassen, um überhaupt den Dachboden betreten zu können, denn die große, die steinerne war von einem Artilleriegeschoß zerschmettert worden. Und unter der breiten Stufe der Stiegenkehre lag unversehrt meine Holzkiste. In der Nacht holte ich sie unbemerkt von all den beobachtenden Augen in unser Zimmerchen beim Pfarrer, und mit Tränen in den Augen kramte ich alle meine Schätze hervor. — Wir hatten zwar zu dieser Zeit im Zimmer kaum Möbel und nur einen Tisch, aber der rosa Radiergummi leistete trotzdem gute Dienste. Mein hochtalentierter Bruder Feri zeichnete gegen Entgelt oder Lebensmittel einige der neureichen Dorfgrößen, darunter natürlich auch den Parteisekretär, den Dorfpolizisten und einen russischen Leutnant. Ersterer verlangte die Enfernung des schon naturgetreu gezeichneten Parteiabzeichens, letzterer wollte einen Stern mehr auf seiner Schulterklappe haben, mit dem Hinweis, daß er sowieso bald befördert werde. Dies waren alles Wünsche, die ohne Radiergummi niemals erfüllt werden hätten können.

Ja, ich muß den wertvollen Gegenstand sogar der Gemeindestube ausleihen; hier wurden, wie man hörte, einige Akten und Dokumente, Listen und Ausweise mit seiner Hilfe „behandelt". Es war ja die Zeit der großen Umwälzungen, und mancher Funktionär wünschte nach seiner „Häutung" die Vernichtung aller Reste seiner „früheren Haut". Interessanterweise gab es damals, 1945, noch keine Radiergummis zu kaufen.

Dann verwendete ich den alten, hilfreichen Freund selbst bei der Korrektur meiner Manuskripte für die Jagdzeitung „Nimrod". Er ist ja ein „Halbharter", der auch „Getipptes" entfernen kann, ohne den Papierbogen zu beschädigen.

Bevor die Russen die Kontrolle der Bibliotheken durchführten, und sie fahndeten vor allem nach Resten ehemaliger Schloßbibliotheken, konnte ich die Bleistifteintragungen meines Vaters in einigen der wenigen geretteten politischen Bücher entfernen. Der gute Radierer hatte in diesem Jahr nicht wenig zu tun.

Dann kam die dritte Flucht. Sie erlaubte uns, nur das Wenigste, das Allernotwendigste mitzunehmen. Unsere neue Behausung, für damalige Verhältnisse gut eingerichtet, mußte mit allen in ihr zusammengetragenen Gegenständen zurückgelassen werden. Schon an der Grenze in „Wartestellung", fiel mir ein, daß ich meine Zeugnisse zurückgelassen hatte. Ich fuhr daher mit dem Zug wieder nach Bodajk, unsere Bahnstation, ging in der Nacht zu Fuß nach Hause, und weil ich schon da war, packte ich alle Bilder und Stiche, die wir noch hatten, in kleine Pakete ein, um sie am nächsten Tag in einem anderen Ort auf dem Postwege nach Österreich zu schicken. Bei dieser Arbeit benötigte ich viel Papier, und weil dieses schwer zu haben war und ich nur beschriebenes hatte, mußte ich den zurückgelassenen Radiergummi abermals verwenden. Mehr aus Zerstreutheit landete er nun in meiner Hosentasche, und drei Tage später überschritten „wir gemeinsam" illegal die österreichische Grenze.

Erst in Stainz merkte ich, daß der Radiergummi mitgekommen war, und ich benützte ihn in den ersten Tagen unserer Staatenlosigkeit — die übrigens trotz unseres Namens bis 1951 dauern sollte —, um einen alliierten Viersprachen-Ausweis, der mir gar nicht zustand, so kurzfristig zu „frisieren", daß ich nun ohne viel Gefahr die Grenze zu anderen Besatzungszonen überschreiten konnte. Dabei war für mich vor allem Wien, wo ein großes Gesellschaftsleben herrschte und wo damals noch weniger nach Herkunft, Geld oder Einfluß beurteilt wurde als heutzutage, interessant. Ich war der erste meiner Familie, der nach dem Krieg von den Westzonen aus nach

Wien fuhr. Dann bekamen wir endlich unsere Staatsbürgerschaft, wenn auch nicht ohne Schikanen.

Wir hatten in den Jahren zwischen 1948 und 1951 auch keine Reisepässe und durften nicht ins Ausland reisen. Denn DP's (Displaced Persons) aus dem Osten waren für die ehemaligen Feinde, offiziell „Befreier" genannt, rechtlose Menschen, wenn auch „offiziell" Gleichheit und Freiheit herrschten.

Zunächst erlebte man die „Gleichheit" bei der Besoldung, die bei den Hilfskräften und Angestellten der Alliierten erträglich, bei den Anfängern im öffentlichen Dienst allerdings unter dem Niveau eines Mindestrentners, also unter der Marke lag, die zum Füllen des Magens notwendig war. Ich bezog als Anfangsgehalt zweihundertfünfzig Schilling im Monat; eine Zeitung kostete immerhin fünfzig Groschen!

Der Radiergummi hatte bereits ein wenig von seiner ursprünglichen Form eingebüßt, die Ecken verloren und war fast ganz rund. Bei meiner ersten Auslandsreise nach Italien hatten wir mit Bekannten in Positano, hoch oben am Berg, eine ganz billige Pension, die sogar ich mir leisten konnte. Hier war zwar eine alte Badewanne, aber kein Abflußstöpsel. Nach langem Hin und Her fand sich in einer meiner Taschen der alte Radiergummi, und siehe da, er paßte wunderbar in das Abflußrohr.

Irgendwann Mitte der fünfziger Jahre merkte ich, daß in meinem Zimmer in Graz ein alter Kasten unerträglich wackelte, ich suchte nach einer Unterlage oder einem Keil, und dabei fiel mein Blick auf den alten Gummi, der auf meinem Schreibtisch lag, als wäre nie etwas mit ihm geschehen. Ich zwängte ihn unter den Kasten, und dieser wackelte nicht mehr. Es vergingen fünfzehn Jahre, und ich hatte den Radiergummi völlig vergessen. Endich konnte ich mir einmal neue Möbel leisten, und bei den Umräumungsarbeiten fiel mir der Radiergummi plötzlich wieder in die Hände. Ich erinnerte mich seiner, und seit dieser Zeit liegt er, rund, gebrauchsfähig und immer wieder gebraucht auf meinem Schreibtisch. Und weil ich viel schreibe, benütze ich ihn hin und wieder, aber ich schone ihn trotzdem sehr, denn er ist mir nicht nur ein Talisman und Glücksbringer, sondern ein guter Freund geworden.

Durch fünfunddreißig Jahre — und welche Jahre! — hatte er sich erhalten. Eine kleine alltägliche Geschichte, ein unwichtiger Gegenstand? Mitnichten! — Ein stummer Zeuge meines Lebens. Ein Beweis dafür, wie kurz das Leben ist und wie schnell die Zeit verrinnt.

Von nun an benütze ich ihn nur an ganz wenigen, festlichen Tagen, um zu beweisen, daß er und ich, wir beide noch immer in Form sind.

Die Jause von Eberau

Es war ein schöner Herbsttag des Jahres 1947. Wieder einmal hatten Feri und ich unsere Eltern in Österreich besucht. Für die heutige Zeit ein alltäglicher Satz. Nicht jedoch für die Nachkriegszeit mit all ihren unverständlichen Schikanen, unter denen die Trennung von Familienmitgliedern und die Schließung von Grenzen noch die humanste war.

Zwischen Ungarn und Österreich baute man schon emsig an jenem „Eisernen Vorhang", der in den fünfziger Jahren fast völlig undurchdringlich werden sollte. Jetzt aber, im Jahre 1947, gab es zwar noch keine Minenfelder, dafür war aber die Ausreise für „volksfremde Elemente" verboten. Solche bekamen einfach keinen Reisepaß, und wenn sie ihre Eltern besuchen wollten, mußten sie dies illegal, also ohne den Segen der Behörden, tun.

Ganze Völkerschaften zogen damals „unerlaubt" über die „grüne Grenze" hin und her. Viele schlugen sich gegen Osten durch, weil sie im Westen keine Existenz fanden, so die Flüchtlinge des Jahres 1944 bis 1945, die nach Hause wollten, und sehr viele Soldaten, die aus der Gefangenschaft kamen. Gleichzeitg suchten wieder zahllose Menschen den Westen auf, weil man ihnen in ihrer Heimat alles weggenommen hatte. Nur wenige frühere „Herren" waren in der Lage, wie wir zu Hause (als „Gäste" und Geduldete) zu leben, während unsere Eltern im Westen waren. Wenn wir sie besuchen wollten, und wer will das mit neunzehn Jahren nicht, mußten wir illegal die österreichisch-ungarische Grenze und dann noch die ganze Russenzone, das Burgenland, durchqueren. Auch dieses Mal waren wir in Stainz gewesen, wo meine Eltern wohnten, und durften zwei Tage an der Brandhofer Gamsjagd teilnehmen.

Voll der unterschiedlichsten Eindrücke kamen wir in unserer letzten steirischen Station, in Neudau, an. Die damaligen Zeiten waren voller Gefahren und voller Entbehrungen. Zu dieser Zeit wurde Weltgeschichte „gemacht" und nicht nur nachempfunden. Völker wurden ausgetrieben, Familien zerrissen. Aber über all diesen Tagen und Jahren schwebte eine Wolke von Humor und Toleranz. Es gab keine allwissenden Jungrevoluzzer und tierisch ernste Klassenkämpfer. Die Wirklichkeit hätte sie schnell bekehrt. Undenkbar waren nach all den Jahren des Krieges und vor allem nach der umwälzenden Nachkriegszeit verwöhnte Intellektuelle heutigen Stils, denen es einfach zu fade ist, wie manchen heutigen, ach so modernen „Hassern". Wenn es im Jahre 1947 im Volk etwas nicht gab, so war es der Haß. Zu lange hatten dem Volk stiernackige Funktionäre einen solchen einzutrichtern versucht. Wenn es ums Leben ging, half in dieser lebensgefährlichen Zeit der eine dem anderen, und der Haß verzog sich in die letzten Winkel der Theorie und natürlich auch in die Keller irgendeiner Geheimpolizei. Im Volk begegnete man keinem Haß, dafür jedoch der Hilfe, Güte und strahlenden Laune. Man hatte gesehen und erlebt, man hatte gefühlt und verloren, was konnte einem noch passieren? Die Russen? Freilich sie benahmen sich noch immer nicht, wie es „Befreiern" zustand, aber auch unter ihnen gab es gute Menschen. Die Behörden? Man hatte sich nach der nationalsozialistischen Zeit noch nicht angewöhnt, ihnen blind zu vertrauen, und freute sich darüber, daß sie noch leicht zu überlisten waren. Überall waren Uniformierte, überall hingen Verbotstafeln und Todesdrohungen, und trotzdem riskierte man bedenkenlos das illegale Überschreiten der Grenzen, ganz einfach deswegen, weil man von solchen Verboten genug hatte, sie nicht anerkannte und weil man es endlich begriffen hatte, dem eigenen Gewissen zu folgen und nicht nur den Machthabern. Aber gerade in diesem Jahr 1947 begann sich die Staatsmacht überall zu konsolidieren, ich sage: „begann", und bevor sie sich konsolidiert hatte, schöpften die Menschen aus den Quellen der Möglichkeiten, die der gigantische Zusammenbruch gleichsam aus einem Chaos sprießen ließ.

Und so ergab es sich, daß wir, mit allen guten Wünschen unseres Vetters Hans versehen, mit einem Kutschierwagen und nicht ganz korrekten Identitätsausweisen bei Burgau über die Brücke der Lafnitz fuhren und der russische Posten uns freundlich grüßte —, denn wer wird mit einem Pferdewagen in den Osten emigrieren wollen? In Stegersbach, beim gastlichen Wirtshaus des Johann Wagner, stiegen wir aus dem Wagen und warteten dort, freundlich bewirtet von den Hausleuten und der schönen Mädy, auf den Autobus. Mit uns führten wir einen kleinen Vorstehrüden mit, der aus dem Zwinger des Forstmeisters Ruby in Deutschlandsberg stammte, sozusagen im Tausch für den kleinen Dackel Tommy, den wir den Eltern zur Silberhochzeit im Vorjahr aus Ungarn mitgebracht hatten. Er hatte den für die Zeit bezeichnenden Namen „Dipi" bekommen, was für D. P. (Displaced Persons) stand, und er sorgte im Autobus, daß wir nicht unbemerkt blieben. Aber wer hätte sich damals zur Annahme verstiegen, daß diese netten jungen Leute mit Steirerhüten ausgerechnet diesen kleinen Hund illegal über die Grenze nach Ungarn nehmen wollten? In Güssing, das völlig von Russen besetzt war, die natürlich, wie konnte es anders sein, im Schloß hausten, mußten wir umsteigen. Unser Ziel war der Grenzort Eberau, wo wir am Nachmittag eintrafen.

Hier, im alten Schloß, wurden wir zum Tee erwartet. Die Gesellschaft war bunt, und ihre Ziele waren nicht alltäglich. Von Budapest aus war P. J. mit einem Taxi bis zur ungarischen Grenze gefahren und hatte am hellichten Tag die schöne J. A. über die Grenze geleitet. Das Taxi wartete indes in der ungarischen Ortschaft Szentpéterfa auf seine Rückkehr. Eine andere junge Dame hoffte wiederum von uns „hinübergeführt" zu werden, sie wollte ihre Verwandten in

Bild rechts:
Keiler in der Suhle

Bild umseitig:
Ein sicherer Frühlingsbote (Ringeltaube)

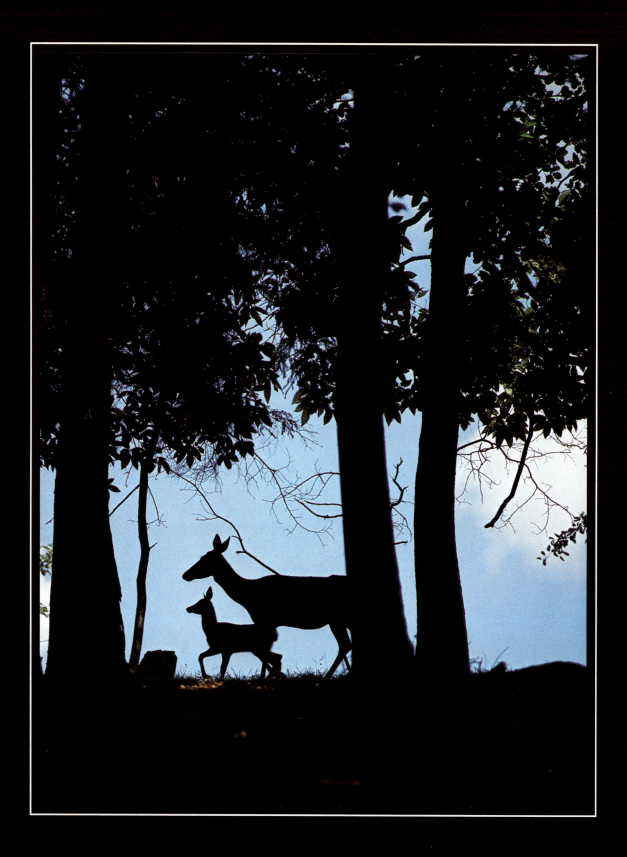

Ungarn besuchen. Und dann waren noch zwei Brüder B., die einen „Ausflug" zu ihrem Rechtsanwalt in Steinamanger planten. Vorerst aber genossen wir den „echten" russischen Tee, den man aus englischen Armeebeständen bekommen hatte.

Das Schloß, eine halbe Ruine, zeigte sichtbare Zeichen des Krieges und der Nachkriegsbehandlung, aber man übersah diese „Alltäglichkeiten" und benahm sich gesittet und normal, wie es die Kinderstube vorschrieb und wie es in diesen unnormalen Zeiten nur möglich war. Man redete von Abwesenden, Familientratsch florierte wie immer, Gamsjagden und Rehbrunft waren bevorzugte Themen, vom bevorstehenden Übergang sprach man nicht. Nur mit einem Satz erwähnte der Hausherr so nebenbei, daß für die „Überfahrt" der alte P. einen Bauernwagen organisiert hatte. Wir hatten eine Stunde Zeit, unseren Tee zu schlürfen und die Rationen des Hausherren zu dezimieren. Daß die Türe des „Salons" zu dieser Zeit nicht vorhanden war, störte niemanden, viel mehr regte man sich darüber auf, daß eine Gräfin sowieso in Wien mit einem russischen General im Theater gesehen wurde und daß man in Salzburg wieder anfing „Negertänze" in kurzen Röcken zu tanzen. Daß drei Viertel der Anwesenden aus gesicherter Existenz zu Bettlern „degradiert" worden waren, darüber verlor man nicht ein einziges Wort. Dipi hatte sein unvermeidliches Lackerl ausgerechnet auf den Vorhang verspritzt, doch niemand bemerkte es; in jener Zeit war man im Burgenland anderes gewöhnt.

Dann kam der alte P. und meldete, daß der Bauernwagen „vorgefahren" wäre. Im Hof stand ein Leiterwagen, der hochauf mit Heu beladen war. In dieses Heu krochen wir nun mit unseren Rucksäcken, nicht ohne vorher die Steirerhüte verstaut und alte Mützen aufgesetzt zu haben. P. J. blieb noch eine Weile, während die Brüder B. einen anderen Weg wählten. Der Treffpunkt war die Autobushaltestelle in Szentpéterfa. Der Bauer hatte durch verspreizte Holzleisten einen leidlich großen Hohlraum im Heu geschaffen, wo wir zwei Brüder und die schöne K. S. Platz fanden. Der Hund lief neben dem Wagen her, damit er niemanden durch Winseln oder Bellen auf unser Versteck aufmerksam machte. Der Bauer, ein „Doppelbesitzer", fuhr offen und friedlich über die damals noch kaum bewachten Feldwege, von seinem in Österreich befindlichen Feld in seine Heimatgemeinde. Durch eine Art Röhre war es uns möglich, hinauszuschauen. Wir sahen Rehe, Hasen, viele Fasanen und auch einen Bussard. „Jó estét Miska bácsi", ertönte plötzlich eine tiefe ungarische Stimme. „Hast du dir einen neuen Hund zugelegt?" — „Ach ja, Herr Wachtmeister, der ist mir zugelaufen, ich würde ihn gerne behalten."

Eine Patrouille war direkt neben dem Heuwagen! Wir erspähten einen Teil ihrer Uniformen.

Bild links:
Im Schutze der Mutter

Bild umseitig:
Kindliche Neugier

Gott sei Dank hatten die Grenzsoldaten keinen Hund mit, denn in diesem Fall wären wir unweigerlich aufgespürt worden. Doch der Krieg und die schießfreudigen Besatzungstruppen hatten die Hunde fast völlig ausgerottet.

„Es kommt ein Gewitter, schau daß du bald nach Hause kommst, also dann guten Abend!" Die Soldaten gingen weiter. Langsam, sehr langsam, wackelte der Heuwagen die holprigen Wege entlang. Bald hörten wir Stimmen, schreiende Kinder, und auch einige Hunde bellten. Die Abendvesper wurde gerade geläutet, als wir bei Blitz und Regen in den Hof des Bauern einfuhren. Mit einem Ruck hielt der Wagen, und der Bauer verkündete seelenruhig: „Der Autobus ist schon weg. Sie müssen bis morgen früh hier bleiben." Das auch noch! Unserer Begleiterin wurde das „gute Zimmer" zugewiesen, während wir beide in der Küche eine Matratze erhielten. Doch vorher wurde noch ein opulentes Mahl aufgetragen, Paprikahuhn und Haluschka. Dazu ein milder, würziger Wein. Wir ließen es uns gutgehen, und noch vor neun Uhr legte sich alles schlafen. — Der Frühautobus war um fünf Uhr fällig.

Bald nachdem ich eingeschlafen war, weckte mich intensives Jucken am ganzen Körper. Da wir kein Licht machen konnten, versuchte ich im Dunkeln aus dem Rucksack die kleine runde DDT-Schachtel herauszufischen, was mir aber nur gelang, indem ich einen Blechtopf mit großem Getöse zu Boden warf. Der Bauer wachte auf, ein Hund bellte, Dipi machte aus Angst ein Lackerl. Als der Bauer mit einer Kerze nachsehen kam, entdeckten wir riesige Flöhe, die auf uns herumsprangen. Über Feris Beine, der nicht einmal aufgewacht war, reisten im „Gänsemarsch" schwarze Schabenkäfer. Der Bauer, wie alle Ungarn gastfreundlich und um das Wohl seiner Gäste besorgt, war bestürzt und empfahl uns, seinen Treberschnaps zu verkosten, dies wäre das beste Schlafmittel. Bald saßen wir beim Kerzenschein in der Küche, in einer Hand die DDT-Schachtel, in der anderen das Schnapsglas. Es läutete elf Uhr vom Kirchenturm, als wir endlich die Kerze löschten.

Unser Schlaf war kurz und tief. Gut erholt erhoben wir uns, als die Bäuerin uns den Kaffee kredenzte. Dazu bekamen wir eine große Scheibe Speck und ein Gläschen Schnaps, damit er besser herunterrutschen kann. Punkt fünf Uhr tauchte der klapprige Autobus an der Haltestelle auf. Wir stiegen ein, und ein warmer Mief von Knoblauch, Schnaps und Menschenschweiß umfing uns heimatlich-freundlich. Vorne, hinter dem Fahrer, saßen, nicht zu übersehen mit Tirolerhüten und in Hubertusmänteln, die Brüder B. Sie hatten also Ähnliches erlebt und den Abendautobus versäumt. Wir sahen sie nicht an und sprachen nicht mit ihnen. Das war nicht nur abgemacht, es war eine selbstverständliche Schutzmaßnahme, denn ihre Hüte waren nicht nur voller österreichischer Jagdabzeichen, auch die Grafenkrone der B. war unverkennbar, ebenso ein kleines Abzeichen mit „St. Anton". Wenn das nur gut geht, flüsterten wir uns zu.

In einer der Stationen, ungefähr zwischen der Grenze und Steinamanger, stieg ein hagerer Mann aus dem Autobus und eilte schnellen Schrittes zum Gemeindehaus. Uns schwante Schlimmes. Gott sei Dank schlief der kleine Dipi unter unseren Sitzen friedlich. Endlich sahen wir die ersten Häuser von Steinamanger. Der Autobus aber stoppte bis in die Innenstadt nicht mehr. Erst vor einem schönen Gebäude hielt der alte Klapperkasten mit einem Ruck an. Alles drängte sich hinaus, als erste die Brüder mit ihren Trachtenhüten. Kaum waren sie ausgestiegen, empfing sie ein russisches Kommando und verhaftete sie; und wir waren noch nicht draußen, als sie in einem offenen Jeep, eskortiert von vier Russen, abgeführt wurden. Nie werde ich die beiden Tirolerhüte zwischen den Tellerkappen der Russen vergessen. Der sie erwartende Rechtsanwalt aber konnte seinen Mund nicht halten. Er setzte sich auf sein Fahrrad (Tempi passati) und fuhr ihnen einfach nach. Das Weitere aber konnten wir nicht mehr verfolgen, denn langsam und ungarisch sprechend schlenderten wir, den Hund an einem Spagat führend, in unseren Schiebermützen mit der schönen K. dem Bahnhof zu.

Als wir dort den Fahrplan studierten, erblickten wir plötzlich zwei Männer, die bleich und nervös auf uns zukamen. Auch sie wollten den Zug besteigen. Es war P. I. und sein Taxifahrer. Die Russen hatten ihnen unterwegs einfach den Wagen weggenommen. Nach „Wohin" und „Woher" wurden sie nicht gefragt. Und so lächelten sie bald wieder, auch der brotlos gewordene Taxichauffeur. Unangefochten trafen wir dann in Csákberény ein, wo man unsere Abwesenheit nicht bemerkt hatte.

Militärisches Intermezzo

Am Ende des Zweiten Weltkrieges, als von Ungarn nur noch ein Teil Transdanubiens übriggeblieben war, genauer gesagt, am Tage unserer ersten Flucht aus Csákberény, war ich achtzehn Jahre alt und damit militärpflichtig geworden. Schon die letzten vier Jahre waren wir im Pensionat neben unserem Studium systematisch in den meisten militärischen Belangen ausgebildet worden, da wir nach unserem vierzehnten Lebensjahr der „Levente" (der offiziellen Jugendorganisation der Horthy-Zeit) angehörten. Zumeist waren Turnlehrer oder Patres des Jesuitenordens nach ausgiebigen Kursen unsere Ausbilder, und wir hatten dreimal in der Woche (in unserer Freizeit natürlich) Exerzier- und Waffenübungen auf dem Programm. Die jüngeren Jesuiten trugen die Militärkappe, was angesichts ihrer strengen Tracht mit Kutte, Zingulum und Priesterkragen originell aussah. Auch mußten wir sie salutierend und immer mit steifem Paradeschritt (an ihnen vorbeigehend) grüßen, was sie offensichtlich genossen, wir aber lächerlich und überflüssig fanden. Als wir nun am 11. Dezember 1944 Csákberény verließen, und die Russen bald hinter uns die zuständige Komitatshauptstadt eroberten, waren Archive und Einberufungszentren vorerst in Feindeshand und für mich unwirksam.

Doch schon Anfang März 1945 hatte mich eine Dienststelle in Györ als künftigen Soldaten erfaßt, und eines Tages wurde ich kurzfristig einberufen. Zu meinem Glück hatte ich mich persönlich in Ikrény beim zuständigen Kommandanten, einem Fähnrich, zu melden, der mir, wie schon berichtet (Siehe „Zwischen Weckruf und Strecke", S. 99, Kap. „Entenstrich bei Kanonendonner"), die Verpflegung der unter seinem Kommando an der Raab postierten Sicherheitstruppen mit Wild zur Pflicht machte. Über Nacht konnte ich nach Hause gehen, und während des Tages und am Abend hatte ich die nicht unangenehme Pflicht, Enten für die Militärküche zu schießen. Unsere am 25. März — lange nach den bereits früher abgezogenen ungarischen Truppen — erfolgte Flucht aus Ikrény machte meiner zweiwöchigen militärischen Tätigkeit im Zweiten Weltkrieg ein Ende. Schon vorher und bis in die letzten Tage des „Dritten Reiches" mußte ich die unangenehme Frage viele viele Dutzendmal beantworten, warum ich nicht eingerückt, warum ich nicht an der Front war. Als dann der Krieg zu Ende ging und entgegen der heimlich abgehörten Meldungen des britischen Senders plötzlich die Sowjetrussen in der Steiermark als Besatzer erschienen, gingen die Fragen weiter: „Du Soldat?"

Da ich wegen starken Bartwuchses weit älter aussah als achtzehnjährig, konnte ich nur mit Müh' und Not in der ersten unsicheren Zeit eine Einweisung in ein Kriegsgefangenenlager verhindern. Und die Lager der damaligen Zeit waren verdammt „mobil". Sie bewegten sich mit mathematischer Sicherheit früher oder später in Richtung Osten, wohin dann auch viele meiner Altersgenossen, die im letzten Jahr noch innerhalb deutschen Bereiches eingezogen worden waren, gelangten.

Aber auch diese Zeit ging glücklich vorüber, und noch im Jahre 1945 waren wir, wie meine Leser ja wissen, nach Csákberény zurückgekehrt. Dort waren die ersten Monate so voller turbulenter und einschneidender Ereignisse, daß ich an alles, nur nicht an eine weitere Einberufung dachte. Und eines Morgens prangte am großen Akazienbaum vor dem Rathaus — der einzigen Litfas-Säule von Csákberény — das Plakat mit der Kundmachung, daß sich die Jahrgänge 1926 und 1927 am 10. Oktober in der Bezirkshauptmannschaft Mór zwecks Assentierung zu melden hatten. Ich sollte also, wenn alles glatt ging, ein Mitglied der demokratischen Armee werden. Nach all dem „glücklich Überstandenen" war es nicht gerade mein Wunsch, zwei oder drei Jahre unter dem roten Stern zu dienen. Die Zeit verflog bei der Arbeit und Sorge um das tägliche Brot verhältnismäßig schnell. Am 10. Oktober, einem Samstag, fand ich meinen und den 27er Jahrgang vollzählig vor dem Gemeindehaus versammelt.

Wir waren dreiundzwanzig Burschen, darunter der Junglehrer, der Schustersohn, ein Flüchtling aus Polen, der Sohn des Forstmeisters, der Dorftrottel und viele Bauernsöhne. Nach alter ungarischer Sitte hatten uns unsere Mädchen zum Versammlungsort begleitet und unsere Hüte mit allerlei bunten Bändern und Blumen geschmückt. Vier Wägen waren vorgefahren, einfache Bauern- und Leiterwägen mit losen Brettern zum Sitzen. Ebenfalls nach alter Sitte hatten wir Weinflaschen mitgenommen und sangen wehmütige und lustige Soldatenlieder alter Provenienz, da man hierzulande die neuen, aus dem Russischen übersetzten, noch nicht kannte.

Ab ging es in rasendem Tempo durch das Dorf der westlichen Ausfahrt in Richtung Csóka zu. Unter uns waren auch einige Jahrgangsgenossen, die als Freiwillige die letzten Monate des Zweiten Weltkrieges schon mitgemacht hatten, auch ein Bursche war dabei, der bei der SS-Division St. Ladislaus gekämpft hatte. Der Großteil meines Jahrganges war aber noch nie im Einsatz gewesen, wenn er den Krieg und die Nachkriegszeit auch in „vollen Zügen" miterleben durfte. Rechts und links von der Straße, die so staubte, daß unsere singenden Kehlen, trotz Spülung, bald völlig heiser waren, sah man noch zerschossene Panzer, meist Shermann's mit dem roten Stern, verrostete Lastautowracks und anderes Kriegsgerät. Abschreckende Relikte des blutigsten aller Kriege, nach dem, so sagte man uns täglich, ewiger Friede herrschen würde. Hie und da überholten uns Militär- und Besatzungskolonnen mit bis zu den Zähnen bewaffneten Soldaten, ein Zeichen dafür, daß der ewige Friede verteidigt werden mußte.

Wir sangen die Lieder, die man uns während unserer „Levente-Zeit" gelehrt hatte und die meistens alter Herkunft waren, so daß man den Namen des alten Kaisers „Ferenc Jóska" in „Horthy Miklós" umgewandelt hatte. Die durchwegs militärischen, aber reaktionären Texte behielten wir bei, doch ersetzten wir den Namen Horthy Miklós — wie hätten wir es anders gekonnt — durch den Namen unseres Regierungschefs „Tildy Zoltán", um dem gewandelten Zeitgeist Rechnung zu tragen. Große rote Plakate zierten die Kirchenmauer von Csókakö, auf denen wir werdenden Soldaten lasen: „Die Rote Armee brachte uns den Frieden!" — „Es lebe die Herrschaft des Volkes" und „Reaktionäre an den Galgen!" Die auf solche Weise verzierten Zäune und Hauswände passierte unser brüllender, singender, zechender und lachender Konvoi, der aus jungen, früh gereiften und durch Leid wissend gewordenen Menschen bestand, die gegen Parolen und Aufrufe schon längst unempfindlich und gleichgültig geworden waren. Uralte Sitten des tausendjährigen Ungarn, aus der Söldner- und Soldatengeschichte dieses viel geplagten und ausgebluteten Volkes — Sitten, die man im Burgenland auch heute noch kennt —, echte, Volksbräuche eines ewig „unmündigen" Volkes, erhielten sich in Form von Tracht und Lied mächtiger und verwurzelter als etwa die hilflos anmutenden Radikalismen fremdartiger Plakate. Übrigens fiel mir auf, daß fast alle diese Plakate besudelt oder mit Schmähschriften versehen waren (nicht erst jetzt, schon vor geraumer Zeit) und trotzdem hängen gelassen worden waren. Es war eine seltsame Zeit, das kann man wohl sagen. Japan hatte nach Zündung zweier Atombomben durch die Amerikaner kapituliert und wurde auch noch von seinem asiatischen Nachbarn überfallen, ein etwas unerwarteter Dank für die seinerzeitige Nichteinmischung. Große Spannungen waren zwischen den ehemaligen Alliierten ausgebrochen, man beschimpfte sich gegenseitig. In vielen Ländern Europas herrschte Hungersnot, was bei uns nicht der Fall war. Dafür tauchte da und dort militanter Antiamerikanismus auf.

Dies und ähnlich unerfreuliche Sachen erfuhren wir aus der Zeitung, die wir mit einigen Packungen „Kossuth"-Zigaretten in der Trafik der Nachbarortschaft gekauft hatten.

Mit Hallo und Gesang ging es weiter. Unweit des Bahnhofes kam uns plötzlich aus einer Kurve eine russische Lastwagenkolonne entgegen. Durch das Geratter der Räder und unser lautes Gebrüll hatten wir den Motorenlärm nicht vernommen. Die Pferde scheuten, die Kutscher wollten ausweichen, der erste Karren fuhr in den Graben und leerte seine Insassen aus, der zweite wurde fast gerammt und rettete sich ebenfalls in den Graben. Die zwei letzten Wägen konnten auf einem zufällig gerade dort einmündenden Feldweg zum Halten gebracht werden. Auch die Russen hielten. Unser „Reiseleiter", der Dorfgendarm, erstmals in neuer Uniform, wollte etwas melden, wurde aber zur Seite gestoßen. Ein kleiner dicker Offizier fuchtelte mit einer Pistole, brüllte unverständliches Russisch, und mit ohrenbetäubendem Getöse brauste der Verband weiter. Nun mußten wir Inventur machen. Der erste Wagen war unbrauchbar geworden, ein Pferd blutete aus einer tiefen Fleischwunde. Die Insassen dieses Wagens übersiedelten auf die anderen Wägen, und weiter ging die Fahrt, merklich ruhiger und gesitteter. Der kleine Zwischenfall — in der damaligen Zeit alltäglich — war uns aber allen in die Knochen gefahren. Ausgesprochen beleidigt zeigte sich unser Gendarm, da seine neue Uniform bei den Befreiern überhaupt keinen Eindruck gemacht hatte. Wir mußten ihn mit Rotwein trösten, dem der in seiner Würde Gekränkte auch eifrig zusprach. Bald tauchten die ersten Häuser von Mór auf. Das große Schwabendorf, durch seinen guten Weißwein berühmt, lag still und friedlich in der Morgensonne. Ich empfand es wie die Ruhe vor dem Sturme, denn morgen würde der „Bornap" abgehalten werden, das alljährliche Weinlesefest von Mór. Auf dem Hauptplatz standen schon Wägen aus anderen Ortschaften, und vor dem Portal des Amtes drängten sich zahlreiche mehr oder minder gut gelaunte „Jungmänner". Auch wir wurden von einem Korporal in Empfang genommen und trotteten, durch seine forschen Kommandos belämmert, hinter ihm her. Im großen Gebäude waren mehrere Kommissionen untergebracht. Unsere tagte im zweiten Stock. Hier mußten wir vorerst in einem übel riechenden Büroraum warten. Es stank nach ausgekühltem Tabakrauch, nach aufgestoßenem Weindunst und nach Schweiß. Zusammengedrängt wie Räucherheringe, harrten wir in unseren dunklen Sonntagsanzügen, die teils nach Dorfschule, teils nach Naphtalin rochen, der Dinge, die da kommen mußten. Kurz darauf hieß uns ein grimmiger Zerberus die Kleider abzulegen. Man hielt sich in dieser Übergangszeit noch an die alte Methode, Jungmänner völlig nackt vor der Kommission erscheinen zu lassen. Mir gelang es, meine Kleider in die Lade eines zerlemperten Schreibtisches zu stopfen, da war ich sicher, sie wiederzufinden. Der Anblick um mich herum war nicht besonders ästhetisch. Man sagt zwar, daß die Jugend von Natur aus schön sei, doch ich merkte nicht viel davon. Neben mir stand ja auch der nackte Dorftrottel, dessen Korpus in das Raritätenkabinett eines Sexologen gepaßt hätte, gleich daneben der Kulakensohn, der rosig und blond und nicht ohne Fettpölster einem Rubensbild hätte entstammen können. Hin und wieder rülpste einer, viele schwitzten trotz ihrer Nacktheit, was zarte Nasen irritieren mochte. Man sah züchtig an seinen nackten Kommilitonen vorbei und unterhielt sich, als wäre man gerade bei einem Cocktail im Palais Schwarzenberg. Die Unterschiede im Körperbau waren wahrhaftig eklatant. Die Gleichheit der Menschen schien hier zur Farce zu werden. Nicht lange war es her, daß man durch das kaum erst erfundene DDT entlaust und entfloht worden war. Die Zeiten schienen aber weit zurückzuliegen, was originelle Kratz- und Zwickbewegungen mancher Finger beweisen sollten. Und die Plagegeister erwiesen sich auch noch treulos gegenüber ihren „Wirtsmenschen". Manch „Saubermann" mußte alsbald in ohnmächtiger Wut das Beißen und Jucken zugewanderter Blutsauger registrieren. Es war eine wahre Läuseparty, ein echter Flohzirkus. Und wir mußten mindestens anderthalb Stunden warten, wodurch Plattfüße noch platter, Hängebäuche noch tiefer und Hohlkreuze noch sichtbarer wurden. Dann wurden wir endlich aufgerufen. In Gruppen zu je zehn Mann wurden wir in den großen Raum, wo die Kommission saß, hineinbugsiert. Behutsam tappte auch meine Gruppe in das hell erleuchtete Zimmer hinüber, denn der Fußboden war voller Splitter und unsere Sohlen nicht alle dick. Bald kam die Reihe an mich: „Haben Sie irgendwelche Krankheiten?" fragte der Arzt, bevor er mich überhaupt anschaute. „Ja, in der Nacht kann ich oft nicht schlafen,

Bild rechts:
Vaterliebe

Bilder umseitig:
In der Hochbrunft (oben)
Standortkämpfe (unten)

ich schwitze oft, und ich habe Plattfüße!" schnarrte ich, gut vorbereitet, herunter. Der Mann im weißen Kittel drehte sich um, sah mich an und . . . ich erkannte ihn zur selben Zeit wie er mich, es war der frühere herrschaftliche Arzt von Zámoly, ein alter Freund der Familie. Nur ein Zucken in seinen dunkelbraunen Augen hinter der randlosen Brille verriet mir, daß er mich erkannt hatte. „Nun, lassen Sie sehen!" Während er mich abklopfte und abhorchte, konnte ich mich im Raum in aller Ruhe umsehen. Da saßen drei Offiziere in der neuen Uniform, zwei Zivilisten und last not least ein Russe. Ich bemerkte, daß sich die Zivilisten zueinander beugten und flüsterten. Man sprach offensichtlich über mich. Auch der Leiter der Kommission, ein älterer Major, ließ sich die Liste reichen und sah mich nachdenklich an, was mir in meiner Nacktheit eher peinlich war.

„Haben Sie das oft?" — Die schwarzen Augen flehten fast. „Ja, seit dem letzten Kriegsjahr und der großen Hungersnot in Österreich", log ich geistesgegenwärtig. Die schlanke Gestalt straffte sich: für den militärischen Dienst „untauglich", erklärte er mit Nachdruck. „Untauglich", sagte auch der Schriftführer und klopfte mit großem Schwung den Stempel auf ein Papier. Als ich den Zettel übernahm, sah ich in die verkniffenen Augen des Russen. Ich konnte gehen, ich war entlassen. Der hinter mir einhertrottende Dorftrottel, ein „leicht debiler" Bursche, dessen Körper das offensichtliche Interesse der Kommissionsmitglieder hervorrief, dieser Kerl, wurde aber als tauglich befunden.

Wir hatten besprochen, nach der Assentierung im großen Gasthaus an der Hauptstraße zusammenzukommen. Da ich untauglich war, hätte ich nach altem Brauch die Bänder und Blumen aus meinem Hut entfernen sollen. In meiner Freude aber vergaß ich vollends darauf.

Wir tranken und sangen bis in den späten Abend, und als wir endlich nach Hause fahren wollten, waren die Kutscher so besoffen, daß an eine Heimkehr nicht zu denken war. Ich aber hatte genug und empfahl mich sang- und klanglos. Zu Fuß durch den Wald nach Hause gehend, verlor ich in der kühlen Oktoberluft langsam meinen Rausch; oben am Cser röhrten zwei Hirsche. Meine Kameraden aber hatten das Weinlesefest noch mitgemacht und kamen erst am übernächsten Tag nach Hause. Auch diese Heimkehr war nur auf Schusters Rappen möglich, denn die Besatzungsmacht hatte die Pferde „vorübergehend" in Anspruch genommen. Im Vértesgebirge „tobte" nämlich ein Manöver. Man mußte sich ja auf die „ewigen Friedenszeiten" rechtzeitig vorbereiten.

Bild links:
Spiegelbild

Bild umseitig:
Silhouette

Bewaffnet für einen Tag

Anfang 1947 wurde unser altes Revier vom Staat an eine Budapester Jagdgesellschaft verpachtet. Diese bestand aus Mitgliedern der damals noch tolerierten Mittelklasse, also aus Rechtsanwälten, Geschäftsleuten, Ärzten, Offizieren, hohen Beamten und dergleichen. Unter ihnen gab es nette Menschen und, wie eben in jeder Gemeinschaft, auch das Gegenteil. Zwei unserer ehemaligen Jäger wurden von dieser Jagdgesellschaft weiterverpflichtet, und sie versahen ihren Dienst genauso wie früher, nur mußten sie weit größere Revierteile betreuen. An Wochenenden kamen dann die Budapester Herren und frönten dem edelsten Sport, wie sie sagten: der Jagd.

Da der Wildbestand ähnlich wie 1918/19 durch die Front (Csákberénys Umgebung war drei Monate lang Hauptkampflinie!) und auch danach sehr stark gelitten hatte, ja annähernd zu neunzig Prozent vernichtet worden war, ausgenommen das Schwarzwild, mußten sich die neuen Nimrode mit der Bejagung von Sauen und Hasen zufriedengeben. Die Jagdgesetze Ungarns waren damals schon gut und streng. Verboten war in den ersten Jahren ohnehin der Abschuß von Rot- und Rehwild. Zu meiner großen Überraschung befand sich in dieser Jagdgruppe ein Freund meines Onkels, der mich gleich nach der Pachtung von Csákberény in meinem Häuschen aufsuchte.

Lange saßen wir bei Wein und Zigarren in der guten Stube und hatten uns allerhand zu erzählen.

Für das „alte" Ungarn brach die letzte Stunde an. Die ehemaligen Herren waren außer Landes, zu Bettlern geworden oder eingesperrt. Für die nächstfolgenden „Klassen" gab es damals noch eine Schonfrist. Mein Freund war optimistisch und glaubte, daß sich alles zum besten wenden würde. In Budapest war die Versorgung optimal, die Geschäfte waren voll, für das Frühjahr war die große internationale Messe geplant. Es gab Privatgeschäfte, annehmbare Beamtengehälter, die Ärzte und Rechtsanwälte waren reich wie noch nie. Alle Leute sprachen von Demokratie, und viele nahmen dies für bare Münze. Nach diesem mörderischen Krieg mußte man einfach optimistisch sein, besonders wenn man vom Schaufenster der Nation, von Budapest, kam. Auf dem Lande allerdings und besonders dort, wo die Front länger haltgemacht hatte, war die Lage anders. Ich mußte meinem Freund daher widersprechen.

Nach der dritten Flasche „Müller-Perle" lud mich Laci für nächste Woche auf die „Csókaberg-Jagd" als Schütze ein! Er versprach, eine Sauer-Flinte mitzubringen, und brauchte keinerlei Bedenken meinerseits wegen dem Nichtvorhandensein von Dokumenten zu zerstreuen. Ich war gerade zwanzig Jahre alt geworden. Und schließlich war es unser Revier!

Nun war meine seit 1945 ein wenig eingeschläferte Jagdpassion wieder voll erwacht. Prickelnde Vorfreude erfüllte mich die ganze Woche hindurch, und meine Arbeitgeber staunten über meine gute Laune und meinen Arbeitseifer. Der denkwürdige Samstag kam. Es war der 28. Jänner, ein kalter Wintertag. Die Äste der Akazienbäume waren von dickem, in der Sonne glänzendem Rauhreif überzogen, darauf plusterten sich, blauschwarzen Kugeln gleich, unzählige Saatkrähen in der Morgenkälte. Die Jagdgesellschaft, von Stuhlweißenburg kommend, traf in drei „altscheppernden" Autos pünktlich um acht Uhr ein. Man traf sich im Hof des Försters Müller, wo schon ungeduldig schnaubende Pferde vor Schlitten gespannt warteten. Doch so schnell kam die Sache nicht in Bewegung. Zuerst wurde auf dem Hof pro Person ein Achtelliter brauner Treberschnaps ausgeschenkt und gekippt. Manche brachten es sogar auf zwei „Achterln". Die vom Krieg irgendwie übriggebliebenen mageren Klepper wurden zwar mit Militärdecken ein wenig vor der Kälte geschützt, doch zitterten sie unter ihrem borstigen Schutzfell erheblich. Denn Müllers Thermometer zeigte fünfzehn Grad Celsius unter Null. Augen und Nasen tränten infolge des würzigen Schneegeruches, und in die Ohren biß die Kälte blaurote Flecken. Der Zigarettenrauch schmeckte parfümiert, und tiefe Atemzüge kitzelten die Lungen wohlig. Bald stieg infolge des Schnapses das Blut in den Kopf und pumpte kurzfristig Wärme in die Fingerspitzen. Es konnte losgehen. Knirschend, quietschend und klopfend fegten die Schlitten über die Hauptstraße, an der Kirche vorbei, von Kindern lärmend begrüßt, und aus dem Gemeindehaus glotzte der Dorfrichter undemokratisch in den Morgen. „Ja, konnte das wahr sein? Schon wieder jagen die Herren, und unsereins muß treiben?" So mochten seine Gedanken gewesen sein. Die erste Treibjagd nach jener mißglückten in Csóka (Siehe: „. . .und übrig blieb die Jagd . . .", Seite 73) aus dem Jahre 1945 nahm ihren Anfang. Und die Männer in den Schlitten sahen wahrhaftig wie die Herren aus, ja eigentlich viel eher als jene, die man verjagt hatte. War doch seine alte Ex'lenz Meran dreißig Jahre lang im selben alten Janker zu sehen, dessen Alter höchstens die Zahl der Lederflecke demonstrierte, und sein Hut, der unter anderem auch den Ersten Weltkrieg überlebt hatte, sah so speckig aus, daß die ursprüngliche Farbe kaum noch zu erkennen war.

Diese „Herren" jedoch waren wie Stutzer zurechtgemacht. An Stelle der schäbigen Halina-Stiefel der Grafen hatten sie juchtenlederne „Bilgeris", neue Wildlederhosen, herrliche Polenpelze an und hohe Pelzkappen auf, wie jener Marschall, der im März 1945 hier haltgemacht hatte und seinen Adjutanten auf offener Straße niederschlug.

Na ja, dachte wohl der Dorfschulze, das waren halt „neue Herren"! Und ohne Herren ist es niemals gegangen. Mißmutig wandte er sich wieder seinen Bodenreform-Akten zu.

Ich hatte auf dem Bock des einen Schlittens Platz genommen und lauschte zerstreut und angewidert dem unseriösen Gelächter dieser „Jäger". Für mich war die Jagd etwas Ernstes und Wichtiges. Ich platzte fast vor Aufregung und Vorfreude, diese „Stadtfräcke" aber prahlten mit ihren Erfolgen bei den Frauen in Nachtlokalen. Die mir zugedachte Flinte hatte ich noch nicht in

Augenschein genommen, es sollte erst später in der Einsamkeit des Standes geschehen können, der in der Nachbarschaft meines Gönners geplant war.

Doch die frivolen Gespräche nahmen kein Ende. Man sprach von der rauchigen Stimme der Sängerin Karády, vom „Café Schanghai" von der Vigutca. Für die Wacholderdrosseln in der Kastanienallee hatte man keinen Blick und sah auch den Rauhfußbussard nicht, der auf der alten Pappel das Klingeln der Schlitten majestätisch aushielt. Kein Wort über die herrliche Natur, lauter Angeberei aus der Stadt!

Ich fühlte mich direkt erlöst, als wir im Papirtás ankamen. Hier warteten die beiden Revierjäger, in Resten ihrer alten Jagd-Uniform gekleidet, und etwa ein Dutzend Treiberbuben. Die Jagdgesellschaft besaß zwar herrliche Waffen und Jagdtaschen, für die Treiber wollte sie aber nur wenig Bargeld ausgeben. Ostentativ wurde ich von den Jägern als erster begrüßt, was mich peinlich berührte, die neuen Jagdherren aber sichtlich ärgerte. Aber menschliche Bindungen, wie sie bei uns zwischen Brotgebern und Angestellten bestanden haben, kann man nicht einfach durch „Kleinigkeiten" wie Enteignungen zerschneiden. Sie halten lange und bleiben unzerreißbar. Auch wenn sich manche Theoretiker darüber ärgern und vielleicht auch wundern (wenn sie wirklich an ihren klassenkämpferischen Kram glauben, was ich bezweifle).

Die Begrüßung nahm kurzerhand Förster Müller vor, der eigentlich nur als Gast geladen war, die „Redekunst" seines ehemaligen Untergebenen aber kannte. Sie war dem Sinne nach für die Jagdpächter bestimmt, doch sah mir Müller dabei fest in die Augen und stand stramm gegen mich gerichtet. Ich begann ernstlich um „meine" Flinte zu bangen.

In der Somosvölgy bezog mein Freund den Dreier-, ich, oberhalb von ihm, den Zweierstand. Wie um ihn zu entlasten, hatte ich das kurze Futteral des zerlegten Gewehres die ganze Zeit schon getragen. Manche Herren hatten schließlich zwei Gewehre mit, denn es konnten ja auch bei der Hasenjagd des Csókaberges Sauen vorkommen. Dabei waren auch die Zweitgewehre fast ausschließlich Schrotgewehre, die man mit Flintenlaufgeschossen lud, nur zwei uniformierte Teilnehmer führten Militärkarabiner mit. Als ich nun allein auf meinem Stand war, öffnete ich mit zitternden Fingern das Futteral und stellte die Flinte zusammen. Es war eine alte „Sauer" aus dem Jahre 1925 mit englischem Schaft und langen Läufen. Sie lag mir leidlich, nur der Schaft war etwas kurz. Ohne zu zögern, steckte ich daraufhin meinen dicken Schal unter den Pullover über die rechte Schulter, und nun paßte auch die Schaftlänge.

Genüßlich schnupperte ich den Geruch des Waffenöles, gierig roch ich am glänzenden Schaftholz. Ich war wieder bewaffnet! Was war doch alles geschehen, seit ich das letzte Mal in Csákberény bei einer offiziellen Treibjagd ein Gewehr in der Hand gehalten hatte! Das Dorf war ein Trümmerhaufen. Unser Eigentum hatte man weggenommen, das alte Schloß war eine Ruine, die Zukunft schien düster. Aber der Wald und die Natur sind unverändert geblieben, und hier in der Einsamkeit des Standes, in unserem Revier, war alles so wie früher. Der stille und freundliche Wald hatte den größten Zusammenbruch unversehrt und unverändert überstanden. Wie oft waren wir hier mit dem Vater spazierengegangen, hatten das Marienbild vom Papirtás mit Schneeglöckchen geschmückt, wenn wir am Abend auf den Schnepfenstrich gingen. Menschen und alle ihre Werke ändern sich und verschwinden, aber die Natur, das schönste Gotteswerk, ist ewig.

Hinten, an der Flanke, fallen die ersten Schüsse. Mein rechter Nachbar am Einserstand, Förster Müller, hebt seine — ebenfalls ausgeliehene — Flinte. Ein schneller Schuß und schon sehe ich einen starken Fuchs im Feuer rollieren. Freudig erregt, winke ich ihm zu. Sein rundes Gesicht ist rot vor Weidmannsfreude. Auch er hat schreckliche, lebensgefährliche Zeiten hinter sich. In der Steillehne vor mir höre ich den harschigen Schnee leise krachen. Obwohl noch weit entfernt, sehe ich den Hasen rötlichbraun gegen den weißen Hintergrund langsam und vorsichtig herunterhoppeln. Eine ungeheure Aufregung bemächtigt sich meiner. Halb im Anschlag erwarte ich den — gamsähnlich, langsam und verhoffend — ankommenden Hasen. Als er hinter einer dicken Buche kurz verschwindet, bin ich im Anschlag, und bei seinem Erscheinen wirft ihn der vom Schnee gedämpfte Knall in den tiefen Schnee. Nur ein brauner Strich ist zu sehen. Mein Hase liegt!

Ist es die kalte Luft hier im schattigen Graben, ist es das lange, anstrengende Schauen in den glitzernden Schnee? Nein, es ist Rührung und Weidmannsfreude. Ich weine still vor mich hin.

Heute ist mir alles recht, heut' ist mir alles gleichgültig. Das laute, launige Geplauder der Herrenjäger aus Budapest regt mich nicht mehr auf. Ich lächle milde, als sie die Strecke des ersten Triebes, einen Fuchs und elf Hasen, enttäuscht kritisieren. Manch einer der ledernen Nimrode hat keinen einzigen Schuß abgeben können. Nicht auszudenken! Nun kreist der silberne Becher von Mund zu Mund. Nun sind die Herren in ihrem Element. Wie eine schwatzende Großsafari wälzt sich das pompöse Stadtgetümmel über die steile Lehne auf den Csókaberg hinauf, und die Natur schweigt beleidigt, der unberührte Schnee kracht schmerzlich unter den nichts schonenden Juchtenstiefeln. Eine Dunstwolke von ungewohntem Stadtschweiß, von wärmendem Treberschnaps und geschmuggelter Pall-Mall-Zigaretten schwebt der lärmenden Gruppe voran, Füchse und Sauen rechtzeitig warnend. Außer Hasen wird es heute wohl nichts geben!

Und so kommt es auch. In den folgenden fünf Trieben werden noch insgesamt fünfunddreißig Hasen geschossen. Nicht übel, wenn man bedenkt, daß die Herren zu Mittag schon mehr als „angeflaschelt" sind. Von den Füchsen, die sonst in großer Zahl den Csókaberg bevölkern, sehen wir aber nur die Spuren. Der ungewohnte Großstadtlärm war ihnen offensichtlich unsympathischer als das kaum überstandene Frontgetöse. Obgleich mein Freund mir noch für drei Triebe die schöne Sauerflinte leiht, habe ich keinen Anlauf mehr. Schon um vier Uhr nachmittags trifft sich alles im Gasthaus Moder, wo die feschen Stadtherren vom Kellnerinnen-Kneifen bis zum Weinkritisieren in alle Fettnäpfchen treten, die sich in einem so gottverlassenen Dorf nur finden lassen. Mit einigen netteren Leuten aus der Runde ziehe ich mich in meine

Wohnung zurück, während die „feschen" Reithosenfiguren stolpernd und tangotanzend weiter Staub aufwirbeln.

Es kam wie es kommen mußte: Csákberénys kräftige Bauernjugend verabreichte den feinen Herren eine mittelstarke Abreibung. Es gab blaue Augen, aufgerissene Oberlippen, schiefe Nasen und ausgezupfte Pomadenhaare. Die „neuen Herren" waren hier unerwünscht und mußten prustend, speiend und nachträglich fluchend in ihre Klapperwagen steigen. Das Dorf verabschiedete die Stadt, die den Wandel der Zeiten nicht begriffen hatte. Oder doch?

Mit den netten Jagdpächtern, die bei mir geblieben waren, wurde bei Rotwein und Aufschnitt noch lange über die weitere Zukunft des Jagdreviers gesprochen. Uns allen lag das Schicksal des Wildes sehr am Herzen. Es mußte gefüttert, die Futterstellen mußten instand gesetzt und die Salzlecken reaktiviert werden. In dieser Nacht wurde mir die Stellung eines Jagdleiters und das monatliche Gehalt von fünfhundert Forint (damals sehr viel Geld) angeboten. Ich nahm diese Stelle an und verrichtete in der Folge gewissenhaft, zusammen mit den zwei Jägern, meine Arbeit, so gut es eben ging. Aber noch bevor das Jahr zu Ende ging, wurde ich ohne Begründung wieder entlassen. In Budapest geschahen einige Sachen, die unter anderem die Zukunft der Jagdgesellschaft betrafen. Bevor sie Schwierigkeiten bekamen, wollten sie sich begreiflicherweise von mir trennen, von einem nämlich, dem sie in seinem ehemaligen Besitztum wieder eine Betätigung geboten hatten, was streng gegen die Ethik der neuen Zeit war. Sie warfen mich also hinaus. Kein halbes Jahr verging, und meine „Brotgeber" mußten über Nacht ihre Jagd aufgeben. Sie hatten sich als neue Herren gefühlt, die nur den Platz der alten einzunehmen brauchten. Dieses Privileg aber hatten längst andere. Und die Stadtherren versanken im Einheitsmoor der Degradierten.

Bild rechts:
Steinmarder

Bild umseitig:
Ein imponierendes Gebiß

Der kleine Wilderer

Unweit des Friedhofes, im Norden von Csákberény, dort, wo karstige, von Wind und Sonne ausgedörrte Felder die Gärten ablösen, weit weg von den letzten Bauernhäusern stand eine kleine Hütte. Ihre Bewohner waren arme Leute, die schon seit Generationen außerhalb der Dorfgemeinschaft lebten und nur am Rande geduldet wurden. Irgendeiner aus der langen Reihe der Ahnen war wohl einmal mit dem Gesetz in Konflikt geraten, war Deserteur oder „betyár" (Waldräuber) gewesen, genau wußte man es nicht mehr, aber der ungarische Bauer ist sittenstreng und konservativ, mit Außenseitern will er nichts zu tun haben. Und die Bewohner des Friedhofhügels waren schon lange aus der Dorfgemeinschaft ausgeschlossen. Man ließ es dabei, und die ausgestoßenen Menschen hatten mit dieser grausamen Hypothek zu leben.

Diese armen Leute waren kinderreich. Allein die Tatsache bewog schon die Vorgänger meiner Großmutter, das kinderlose Ehepaar Feri und Anna Lamberg, sich um die Familie zu kümmern. Es „bürgerte sich ein", daß von der Herrschaft jährlich zehn Festmeter Holz und drei pralle Säcke Mehl diesen Leuten beigestellt wurden. Und es blieb dabei unter meiner Großmutter, die elf Kinder zur Welt brachte, und unter meinem Vater, der „nur" sechs Kinder hatte, kam noch eine Mastsau dazu. Außerdem kümmerte sich Vater, wie es seine Art war, um das Fortkommen und die Schulbildung der Kinder, unbeschadet dessen, daß der derzeitige Familienvater nicht nur der Wilddieberei, sondern auch „revolutionärer Gesinnung" beschuldigt wurde und im Jahre 1919 aktiv an der Installierung der Räterepublik mitgewirkt hatte. Aber so war es ja schon immer gewesen. Mein Vater, selbst kaum ein paar Monate in Ungarn, in die Todeszelle gesperrt, dann aber von einem Csákberényer Funktionär befreit, ließ sich in seinem Tun weder von der allgemeinen Stimmung noch von den Doktrinen des jeweiligen Staates beeinflussen. Er tat das, was ihm sein Gewissen befahl, und darunter war eben auch das Gottesgebot der Nächstenliebe und Armenbetreuung. Daß er auch diesen „Ausgestoßenen" oder gerade diesen half, fand bei der redlichen und dickköpfigen Bevölkerung wenig Verständnis. Sie war — grausam wie die Masse einmal ist — der Ansicht, man sollte diese „asozialen" (zu Unrecht auch als Zigeuner

Bild links:
Luchs in der Morgensonne

Bilder umseitig:
(oben) Der Eingang der „Strega" bei Porto Ercole
(unten) Blick auf das Meer vom Monte Argentario

beschimpften), „volksfremden" Elemente ruhig in ihrer Armut verrecken lassen. Sie waren ja als Diebe, Wilderer und Aufrührer verschrien. Ob sie genug zu essen hatten, kümmerte weder die Bauern noch den Staat. Hier mußte schon der „ausbeuterische" Gutsherr einspringen. Und er tat es wie selbstverständlich, still und vor allem konsequent.

Imre war von kleinem, zartem Wuchs, hatte krumme Beine und einen großen Schädel. Breite Backenknochen ließen ihn orientalisch aussehen, seine Wangen waren eingefallen und von tiefen Furchen gezeichnet, seine Oberlippe zierte aber ein der damaligen Mode entsprechend kleiner gestutzter Schnurrbart. Niemand hätte bei flüchtigem Hinsehen in diesem unscheinbaren Männchen einen großen Charakter und ein gütiges Herz vermutet. Er war ein zärtlicher Familienvater und Gatte, hatte eine unerschütterliche Weltanschauung, war trotzdem gläubig und ein fanatischer Naturfreund und -kenner. Er war ein ruhiger, ausgeglichener Mensch.

Schon als zehnjähriger Knabe fuhr ich oft mit dem Fahrrad zum Friedhofhügel hinauf, denn der eine Sohn war mein Freund und spielte in der damaligen Jugendfußballmannschaft. Ich konnte Imre bácsi stundenlang zuhören, wenn er von Adlerhorsten, Dachsbauen, Riesenpilzen oder kapitalen Keilern erzählte. Voller Bewunderung sah ich ihm zu, wenn er schnitzte, denn darin war er ein wahrer Meister. Für ein Geschäft in Stuhlweißenburg fertigte er Pfeifenköpfe, Geweihschilder und Spazierstöcke an. Er schnitzte auch Rehrufe aus Weichselholz, Taubenlocker und verschiedene Pfeifen, und für alle diese Dinge hatte er das „Spezialholz" parat, das sich am besten eignete. Während des Schnitzens sprach Imre bácsi ständig. So erzählte er mir — ich kann mich dessen genau erinnern —, daß er im Ersten Weltkrieg, als er an der Isonzo-Front als Koch tätig war, von Kaiser Karl einen Händedruck erhalten hatte, da diesem seine gefüllten Paprika so hervorragend geschmeckt hatten. In der Küche hingen eine vergilbte Photografie des Papstes Pius XI., die er bei einer Wallfahrt gekauft hatte, gleich daneben ein Farbdruck, der Kaiser Karl darstellte, und — aus einer Zeitung ausgeschnitten und eingerahmt — das Bildnis von Béla Kun! Er sprach offen über seine Ansichten, ohne Scheu und Vorsicht, denn er genoß die Freiheit des ganz armen Menschen, der „nichts mehr zu verlieren" hatte. Seine Frau war dicklich und früh gealtert, von Arbeit und Kinderkriegen gezeichnet. Sie schien mir sehr alt, war damals aber noch keine Fünfundvierzig. Sie hatte als Putzfrau die Hartherzigkeit und Raffgier mancher bürgerlichen Hausfrau zu spüren bekommen, ihre angeborene Güte und Würde aber behalten. Sie konnte die besten Topfennudeln kochen, die ich je gegessen hatte, und jedes Mal, wenn ich sie zu Hause antraf, was eher selten vorkam, wurde ich verköstigt. Der Ungar ist auch in seiner Armut stolz und ausgesprochen gastfreundlich.

Gleich nach dem Ersten Weltkrieg, als sogar im agrarreichen Ungarn die Lebensmittelversorgung zusammengebrochen war, hub ein großes Morden in den Wäldern an. Dabei wurde von Heimkehrern, die bewaffnet waren, und von der Bevölkerung — wie ich schon erwähnte — fast der gesamte Wildbestand ausgerottet. Es herrschte nicht nur „freie Waldbegehung", sondern auch „freie Büchse", und das große Wildsterben dauerte fast ein ganzes Jahr. Der kleine Imre hatte sich an dieser „freien Jagd" nicht beteiligt, nach seiner Auffassung wäre dies Sünde und Freveltat gewesen. Er litt für und mit dem Wild und kämpfte gegen diese zügellose Ausrottung an. Nicht selten vereitelte er ungesehen den Erfolg mancher „Neujäger" durch rechtzeitiges Verjagen des Wildes. Er galt zwar mit Recht als Wilderer, doch war er ein „echter" Weidmann, wenn auch ein illegaler. Er hielt sogar die Schonzeiten ein, und wenn er später in Friedenszeiten hin und wieder einen Rehbock, da und dort einen Überläufer aus den Revieren meines Vaters „entnahm", so geschah dies so perfekt und unbemerkt, daß unsere Jäger dachten, das Wildern wäre bereits in die Geschichte eingegangen. Der alte Imre war oft im Walde, als dort Vater und Großvater jagten. Er erzählte mir verschmitzt und geheimnisvoll die Erlegung manch eines Hirsches, die er als Zuschauer miterlebt hatte. Niemals störte er dabei, und er schoß auch nie die bestätigten oder reservierten Stücke. Wenn er wilderte, so nur dort, wo unsere Leute gar nicht hinkamen, an den Grenzen, außerhalb des großen Waldes, außerhalb der Pirschwege, in großen Dickungen, die schwer zu bejagen waren. Er wilderte nicht aus Erwerbsgründen, sondern aus Passion und um seiner Familie dann und wann ein Stück Fleisch zu bringen. Daß er dabei auch andere, erwerbsmäßige Wilderer verjagt und durch allerhand Schabernack aus den Wäldern vergrämt hatte, erzählte er mir später des öfteren.

Als der Zweite Weltkrieg ausbrach, war Imre schon zu alt, um auch nur als Arbeitskraft eingezogen zu werden. Da viele der Männer Soldaten waren, überwand sich die Gemeinde und stellte ihn als Postboten und Zeitungsverkäufer an. Hin und wieder sah man dann mitten auf der Straße meinen Vater mit den Hunden und Spazierstock in langem Gespräch mit Imre bácsi vertieft. Doch nun nahm keiner mehr Anstoß daran, denn auch die stolzen Bauern begriffen, daß der Feind woanders war als in der Keusche des alten Wilderers. Da und dort tauchten fremde Menschen auf, die in Flüsterpropaganda das Herannahen einer besseren Zeit versprachen. Imre wußte auch, daß sich die Zeiten ändern würden, aber die fremden Hetzer waren nicht seine Freunde. Die Bilder von Béla Kun, des Papstes und Kaiser Karls hingen noch immer einträchtig in der Küche. Als sich dann im Jahre 1944 Partisanen unbemerkt in unseren Wäldern etablierten, wußte Imre als erster davon. Er verriet sie nicht, suchte aber auch keinen Kontakt mit ihnen. Er wartete. Und die Wende kam zu Weihnachten.

Csákberény wurde zum Frontgebiet. Am zweiten Feiertag in den frühen Morgenstunden kamen die ersten Russen in das Dorf. Sie kamen von Osten über die Straße und vom Norden über die Wälder. Das erste Haus, das sie erreichten, war die Keusche des alten Wilderers. Dieser hatte weder eine weiße Fahne gehißt noch es für notwendig gefunden, die Sieger zu begrüßen. Auch die Bilder ließ er so hängen, wie sie die ganze Zeit in der Küche gehangen waren. Die ersten Russen kamen in das Haus, durchwühlten Laden, Kästen und Truhen. Sie nahmen Imres Sonntagsanzug mit und zertrümmerten seinen Kredenzkasten. Er selbst bekam eine ordentliche Ohrfeige. Das Bild des Kaisers wurde zu Boden geworfen, aber nicht mitgenommen. Die Russen glaubten nämlich, daß es ein Jugendbildnis von Imre sei. Zwei Stunden noch konnte die verschreckte

Familie im eigenen Haus bleiben. Dann setzten sich Beobachter und Funker darin fest, und Imre und sein Anhang wurden weggebracht.

Bis zum März lebten sie im dafür eingerichteten Krankenhaus von Csákvár. Alles, was sie hatten, außer den Möbelstücken, konnte die große Familie mitnehmen, denn es war nicht viel. Auch die Bilder aus der Küche kamen mit. Als dann im März 1945 die Front endlich Csákberény verließ und Imre mit seiner Familie zurückkam, waren nur noch die Mauern des kleinen Hauses vorhanden. Doch der milde Frühling half den Obdachlosen. Imre begann mit seinen Söhnen ein neues Dach und neue Türen zu bauen. Möbel holte man sich damals aus dem Schloß und Bretter sowie Pfosten aus den Ruinen des Meierhofes. Noch konnte, wenn auch sterbend, die „Herrschaft" ihren Beitrag am Wiederaufbau leisten. Im Juni war das Haus des alten Mannes wieder in Ordnung.

Aus dem Schloß hatte man einige noch nicht zerstörte Möbelstücke sichergestellt. Imre wollte sie sogleich wieder zurückgeben, er, der gute Arbeiter und Bastler, arbeitete schon an neuen Möbeln.

Doch die Befreiung brachte Wandel. Imre wurde mit großen Ehren im Parteivorstand bestätigt und Gemeinderat. Nun hätte er sich leicht an jenen Großbauern und früheren Gemeinderäten rächen können, die ihn so schlecht behandelt und verachtet hatten. Doch nichts dergleichen geschah. Imre bácsi blieb ein gütiger, konzilianter und gerechter Mensch. Und er hatte das Format eines Menschenkenners und -führers, was niemand für möglich gehalten hatte, außer jenen, die ihn gut kannten. Und dann geschah das nächste Wunder. Imre bekam als erster des Dorfes einen Waffenpaß und eine Jagdkarte. Da die Gültigkeit des Dokumentes von der Mitgliedschaft bei einer Jagdgesellschaft abhing, Csákberény aber eine solche nicht hatte, trat Imre der Jägerschaft von Mór bei. Seine älteren Söhne bekamen durch Vermittlung der Partei Arbeit in Budapest, die kleineren Kinder traten den Pionieren bei.

Ende 1945 sind dann mein Bruder Feri und ich nach Csákberény zurückgekommen. Wir betraten ein Heimatdorf, in dem wir kein Zuhause vorfanden und beim Pfarrer Asyl suchen mußten. In dieser schweren und hoffnungslos scheinenden Zeit war Imre bácsi einer der ersten, die uns Mut einflößten und dazu beitrugen, daß wir uns bald wieder wohl fühlen konnten. Im Gegensatz zu vielen anderen Dorfbewohnern kam er immer bei Tag und vor den Augen aller zu uns. Er brachte uns nicht nur Lebensmittel, die ausgeliehenen Möbel und die erforderlichen Dokumente, er versorgte uns auch mit guten Ratschlägen und nahm uns vor allem jede Angst. „Sie müssen arbeiten", sagte er immer wieder, „dann wird Ihnen nichts geschehen".

Doch mit Imres Gesundheit stand es nicht zum besten. Ein altes Lungenleiden machte sich nun bemerkbar, und Imre mußte auf eine Kur gehen. Die Behörde verschaffte ihm einen Gratisaufenthalt in einem Höhenkurort im Mátra-Gebirge. Bei dieser Reise hatte er Gelegenheit, sich im Lande umzusehen. Überall waren Soldaten und Polizisten, und das Volk schien weiterhin arm und unterdrückt zu sein. Imre sah seine Hoffnungen und Ideale nirgend verwirklicht und sagte in allen Gremien, mit denen er zu tun hatte, nachdrücklich seine Meinung. Diese Ehrlichkeit — von seiner Persönlichkeit nicht wegzudenken — förderte seine „Karriere" natürlich nicht sonderlich. Bald wurde er wegen „Krankheit" aus dem Gemeinderat entfernt und verlor schließlich auch seine anderen Ämter. Nun ging er mehr denn je in „sein" Revier und immer seltener bewaffnet nach Mór auf die Jagd. Da er seine Wilderergewehre nicht deklariert hatte, kaufte er sich in Stuhlweißenburg einen Drilling um fünfhundert Forint.

Es war für den alten Mann eine große Genugtuung, stolz bewaffnet durch das Dorf zu gehen und den Autobus zu besteigen. Der ehemalige Wilderer war ein anerkannter Weidmann geworden. Später befreundete er sich mit den bürgerlichen Jagdpächtern aus Budapest und konnte nun auch in den Csákberényer Wäldern erstmals offiziell bewaffnet gehen, an Treibjagden teilnehmen. Im Frühjahr 1948 — es war ein besonders guter Schnepfenstrich zu verzeichnen — wurde dann wie ein Blitz aus heiterem Himmel Imres Jagdlizenz ohne Begründung eingezogen. Besonders schmerzlich für ihn war, daß auch der neugekaufte Drilling abgegeben werden mußte.

Erstmals sah ich den alten Mann wirklich verzweifelt. Ihn schmerzte die Ungerechtigkeit und die Art und Weise dieser Maßnahme mehr als alle lebenslangen Sorgen ums tägliche Brot oder die Kränkungen seitens der Großbauern.

Von da an ging er wieder „schwarz" in den Wald. Uns weihte er ein, da er genau wußte, daß auch wir in dieser Zeit den Verlockungen des Schnepfenstriches nicht widerstehen konnten. Zusammen mit uns ist er aber nie ausgegangen. Der neue Revierjäger hatte keine Ahnung von Imre bácsis „Rückfall". Kein Mensch mutete dem an sich schon gebrechlichen Mann die Strapazen einer Pirsch zu. Als ich ihn eines Tages in seiner renovierten Hütte besuchte, klagte er über die Kälte. Er hatte kein Geld, sich Holz zu kaufen, und schenken, nein, verschenken konnte man das „Eigentum des Volkes" wirklich nicht. Wo käme man hin, wollte man jeden dahergelaufenen Keuschler gratis mit dem teuren Faktor der Volkswirtschaft versorgen? Er mußte sich mit Fallholz begnügen, das seine Familie — unerlaubt natürlich — im Walde auflas. Im übrigen erging es uns, seinen Freunden, auch nicht anders. Seine Schnitzereien wurden ihm auch nicht mehr abgenommen, da die jüdischen Kaufleute von seinerzeit umgekommen waren und die verstaatlichten Betriebe zu dieser Zeit auf Handarbeit keinen Wert legten. Er empfing nur eine bescheidene Unterstützung von seinen beiden Söhnen aus Budapest, die als Arbeiter aber so wenig verdienten, daß sie selbst kaum Wohnung, Kleidung und Lebensmittel bezahlen konnten. Für den Schulbesuch seiner kleineren Kinder allerdings mußte er im neuen Staat nichts zahlen, er hätte es auch beim besten Willen nicht vermocht. So vegetierte der alte, nun auch seelisch enttäuschte und gebrochene Mann frierend dahin und sehnte sich nach alten Zeiten zurück, als er noch jung war und Unterstützung von meinem Vater bezog. Ein wenig gelang es uns auch jetzt, trotz unserer Armut, Imre einiges aus den US-Care-Paketen zuzustecken.

Und eines Tages kamen sie ihn holen. Sie kamen bei Nacht und ohne Anmeldung mit einem Jeep die Anhöhe heraufgefahren. Es begann eine peinliche Hausdurchsuchung. Zuerst wurde das vergilbte Bild des Kaisers von der Wand genommen und sorgfältig eingepackt. Dann wurde der neue Fußboden aufgerissen und der Herd zerlegt. Gleichzeitig wurde Imre gefragt, wo er die Waffen versteckt hätte. Der alte Mann antwortete nicht. Nur seine kalten, haßerfüllten Blicke lebten in seinem bleichen verkniffenen Gesicht. Als nach langem Suchen nichts gefunden wurde, mußte Imre in den offenen Jeep steigen, und ab ging es in die Bezirksstadt — ins Gefängnis.

Einen vollen Monat hat weder die Familie noch irgend jemand etwas von Imre bácsi gehört. Er war, wie damals so viele seiner Landsleute, einfach eingesperrt worden, denn nichts fürchtete die damalige Macht mehr als „unerlaubten" Waffenbesitz.

Dann kam ein Telegramm: „Die Leiche des im Gefängnis Mór verstorbenen Imre N. ist am soundsovielten abzuholen." Nichts weiter. Der alte Imre war nicht mehr.

Jahre später, als die Familie nach Pest gezogen war und Arbeiter auf Befehl des Dorfrates die „menschenunwürdige" Hütte abrissen, fielen ihnen zwei alte Jagdgewehre, fast unversehrt, aus einem Versteck in der Mauer entgegen. So kam das Geheimnis des alten Wilderers doch noch zutage.

Das Abschiedsfest

Im Jahre 1948 war der Monat August besonders schön. Der Mais, den ich auf dem neuen Pachtfeld angebaut hatte, war durch die Sonne goldgelb geworden und rauschte im Wind, der unablässig von Norden über die Zámolyer Ebene strich. Wir werden ihn Ende September ernten können, und das war schon ein Ereignis. Man bedenke nur, meine Familie hatte in Csákberény wieder ein Feld, wenn auch nur ein gepachtetes. Die mit großer Propaganda vor zwei Jahren zu Ende geführte Bodenreform — von der Besatzung befohlen und von den Westmächten eifrigst unterstützt — hatte sich, ganz im Sinne ihrer Planer, nicht bewährt. Die großen landwirtschaftlichen Güter, in jeder Hinsicht seit Jahrhunderten gewachsene Einheiten mit dazugehörigen Meierhöfen, Maschinen und vielen angestellten Landarbeitern, wurden nun zusammen mit den Feldern der Kulaken, Pfarrern und Volksfeinden plötzlich, in kleinste Parzellen zerstückelt, an die armen Leute verteilt. Diese konnten trotz bestem Willen nichts damit anfangen, weil es ihnen an Geräten, Transportmitteln und Zugtieren fehlte, ganz abgesehen von der inneren Bereitschaft, plötzlich ein verantwortlicher und steuerzahlender Kleinstbauer zu werden, anstelle eines gut dotierten und versorgten Lohnempfängers mit eigenem Garten, eigener Wohnung und eigenen Haustieren sowie vierteljährlichen Zuteilungen an Grundnahrungsmitteln, einer Altersversorgung und eigenen Ersparnissen.

Die landwirtschaftlichen Arbeiter der dreißiger und vierziger Jahre hatten, im Gegensatz zur offiziellen Propaganda, meist ein gesichertes und an vielen Orten recht gutes Auskommen, obzwar sie auf Gedeih und Verderb von den Betrieben abhängig waren; — es fehlte ihnen aber in jener fürchterlichen Zeit des Hungers und der Armut, die sie erst nach der Niederlage kennenlernten, einfach der Mut, aus dem Nichts eine Scheinexistenz aufzubauen. Ich spreche hier ganz bewußt von jenen Gebieten, wo die Front und der Krieg besonders gewütet hatten, also von meiner engeren Heimat. In den anderen Teilen Ungarns, wo es kaum oder keine Kämpfe gegeben hatte, waren die Jahre 1946 bis 1947 keine schlechten Jahre, auf jeden Fall Jahre einer vagen Hoffnung auf Demokratie.

Nur wenn man dies alles bedenkt, ist es zu erklären, daß man uns schon Ende 1945, als wir vom Westen nach Csákberény zurückkehrten, insgesamt rund dreihundert Joch unseres ehemaligen Gutes kleinweise zurückgeben wollte, was die Behörde allerdings (durchaus verständlich) verbot.

Wie dem auch sei, im Jahre 1947 konnte ich nach langen behördlichen Kämpfen ein zwei Joch großes Feldstück, inmitten von brachliegenden Parzellen, zu günstigem Pachtzins bebauen, was mir insofern entgegenkam, als ich mit einer bescheidenen Schweinezucht begonnen hatte. Meine grunzenden Schützlinge hatte ich weit im Süden in noch winzigem Zustand und billig erworben, und sie gediehen in meinen schönen Ställen, einst der Sitz der Gendarmerie, bestens. Ich hatte eine schöne Wohnung, einen großen Garten, ein Feld, eine Schweinezucht und sehr viel Hoffnung im Herzen. Und Arbeit in bisher nicht einmal geahntem Ausmaß. Probieren Sie, meine lieben Leser, einmal allein und händisch auf trockenem und steinigem, aber von Unkraut wucherndem Boden zwei Joch Mais zu bearbeiten. Es wird Ihnen, sofern Sie nicht zum Bauernstand (mit heute über fünfzig Jahren) gehören, nicht leichtfallen. Mein Werkzeug war die Harke, auch gab es damals noch keine chemischen Unkrautvertilgungsmittel oder Insektizide, allerdings auch keine Umweltverschmutzung.

Zwischen den Kukuruzreihen hatte ich Bohnen und Kürbis angebaut, die noch vor dem Mais reif wurden. Zur Ernte und zur Lese der Frühbohnen brauchte ich Helfer, so daß sich der willkommene Anlaß zu einem Fest bot, sozusagen einem Bohnen-Erntedankfest. Wenn man jung ist und von seinesgleichen abgeschnitten, dürstet man nach Gesellschaft und Kommunikation. Für einen der ersten Tage des Septembers — im Brandhof waren die Gamsjagden im Gange — lud ich zu einer „Party" ein. Weder ich noch meine Gäste ahnten, daß es eine Abschiedsparty werden sollte.

Mein Bruder Feri war in Österreich, dieses Mal kam auch niemand aus Budapest, meine Gäste rekrutierten sich aus Csákberény und der näheren Umgebung. Der Star und der Stolz des Abends, Szilassy Bandi, mein Freund und Meistermusikant, hatte zugesagt. Dieses bedeutete zwar noch lange nicht, daß er auch erscheinen werde. Das Wetter war seit Tagen warm und schön, und so entschloß ich mich, den Großteil des Festes in meinem Garten abzuhalten, umsomehr, als die „Bohnenlese" am besten unter der Kastanie stattfinden konnte.

Mein Freund, der Kommunist Pali Paulik, Besitzer eines der Gasthäuser von Csákberény, war mit all seinen Wirtsutensilien schon eine Stunde vor Beginn erschienen. Die Bewirtung erfolgte zentral durch seinen Betrieb und zu annehmbaren Pauschalpreisen. Sogar einen Schanktisch hatte der Gute antransportiert, den wir malerisch vor dem betonierten Nebeneingang des Hauses aufstellten. Pali hatte einen neuen, gestreiften Zweireiher an, in dessen linkem Knopfloch das Parteiabzeichen glänzte.

Die drei Brüder Paulik, Jóska, Feri und Pali, gehörten jeder einer anderen Partei an, was niemanden störte. Ich hatte bei weitem Pali am liebsten, der als Idealist stets zu seinen Grundsätzen hielt.

Bild rechts:
Er hat Verdacht geschöpft
Bild umseitig:
Des Alpenjägers treuer Freund (Dachsbracke)

Während wir auf die Gäste warteten und einige Spritzer hoben, gab mir Pali gutgemeinte Ratschläge: „Warum gehst du nicht zu deinen Eltern, in Csákberény hast du doch keine Zukunft." — „Weil hier mein Zuhause ist und ich durch Arbeit weiterkommen werde." — „Das schon, aber dir wird man nie eine ebenbürtige Arbeit geben." — „Wieso nicht, ich kann ja als Neubauer so weiterarbeiten wie bisher." — „Täusche dich nicht, dieser Zustand dauert nicht an, ich meine es gut..."

„Aber Pali, was will man denn noch: Mit dreizehn Jahren kam ich in das strengste Pensionat Ungarns, mit siebzehn mußte ich, noch nicht fertig, alles verlassen und fliehen. Was habe ich denn für Klassensünden begangen?" — „Hör mal zu Philipp", sagte Pali geduldig, „ich kenne und schätze dich, auch dein Vater war ein Ehrenmann, aber du mußt doch zugeben, daß ihr Grafen als Klasse Volksfeinde seid, man wird euch nicht arbeiten, nicht verdienen lassen..." — „Das verstehe ich nicht, es gibt doch keine Grafen mehr, und die Klassen habt ihr doch ebenfalls aufgelöst, gibt es denn nicht endlich Gleichheit, Freiheit und Brüderlichkeit?" Pali wurde nachdenklich. „Sicher, die streben wir an, aber vorher muß ausgemistet werden, und die verbrecherischen Klassen müssen büßen!" — „Ja Pali, war der Sturz von oben nicht tief genug? Büße ich nicht schon drei Jahre? Versetze dich in meine Situation!" — „Sicher büßen meistens die Unschuldigen, aber da muß man hart bleiben, wenn man Reformen will. Du büßt und wirst auch noch weiterbüßen für die Fabrikanten und Geldbarone, die jetzt im Westen sitzen. Unsere Bewegung braucht den Klassenfeind als „Dauer-Popanz" hier im Land, du wirst sehen, man geht euch noch an den Kragen!" — Das alles sagte mir Pali liebenswürdig und offen ins Gesicht, und ich begriff, daß er sich eigentlich mit seiner Hilfe und Freundschaft nicht wenig exponierte. Langsam verstand ich, daß ich einen — wenn auch unsichtbaren — „gelben Stern" trug und daß die Güte und Freundlichkeit der Bevölkerung und ihr Mitleid nichts, aber schon gar nichts zu bedeuten hatten, denn das Volk hatte ja nichts zu sagen.

Die ersten Gäste kamen in den Garten, und unser Gespräch wurde unterbrochen. Gleichzeitig erschienen der ehemalige Parteisekretär, der Pfarrer und der alte Wilderer, die sich vorher schon gemeinsam im Konsum gestärkt hatten. Da sie zum älteren Jahrgang gehörten, bugsierte ich sie in das „schöne" Zimmer, wo sie unter dem Erzherzog-Johann-Bild Platz nahmen. Die Musikanten kamen als nächstes: Olah Anti, der Sohn des Schusters, Végh Józsi, der Sohn unseres ehemaligen Dieners, und Sanyi, der ehemalige Gendarm. Sie postierten sich neben dem Brunnen, etwa in der

Bild links:
Am Wintereinstand

Bild umseitig:
und das Leittier wacht

Mitte des Hofes. Und wieder knirschte die Hoftüre, während der von Frau Rideg eingesperrte Hund aus der Kammer herauskläffte. Nun tauchten die Müllers, der Doktor Csányi, der abgesetzte Notar, der reformierte Pfarrer und der Bürgermeister auf. Ihnen folgte, lustig singend und schon leicht angetrunken, die Jugend. Da waren Borcsa, Margit, Magda, Annus und Mariska, die sich sofort ein wenig nützlich machten. In ihrem Schlepptau befanden sich der etwas infantile Geologe, der junge Lehrer, der Zeitungsverkäufer, der entlassene Sträfling, der Polizist mit seiner Frau und natürlich der Mühlenbesitzer, der ein halbes Schwein mitbrachte. So kamen sie in kurzen Intervallen, und die Musik spielte dezente „English waltz" und Tangos. Etwa um neun Uhr — die noblen Leute kommen immer spät — erschien der neue Parteisekretär mit zwei Genossen aus der Stadt, und die Musik spielte einen Tusch, der leutselig grüßend entgegengenommen wurde. Ein Fest in diesem kleinen Dorf war damals ein solches Ereignis, daß kaum einer fehlen wollte. Um halbzehn Uhr war der ganze Hof, der anschließende halbe Garten und das ganze Haus voller lachender, trinkender, singender und tanzender Menschen. Pali machte ein gutes Geschäft, weshalb ich ihn aufzog und einen Kapitalisten nannte. Plötzlich ging ein Raunen durch die Menge, es wurde still, und dann erscholl, zuerst zart und leise, dann immer stärker, endlich im Fortissimo die berühmte Harmonika . . . Bandi war gekommen! Doch wie sah er aus! Offensichtlich schwer angetrunken, mit rotem, verwüstetem Gesicht, ein dümmliches Lachen auf seinen Lippen entlockte er seinem Instrument göttliche, himmlische Töne. Er schwankte nach vorne, dann nach hinten, Schaum stand vor seinen Lippen, und die Melodien, die er spielte, waren keine fortschrittlichen. Als ob er den „Lieder-Index" auswendig gelernt hätte, spielte er ein reaktionäres und militärisches Lied nach dem anderen, und verstohlen schaute ich auf die Gruppe um den Parteisekretär und den Dorfpolizisten, was diese wohl dazu sagten. Doch Szilassy Bandis Ruf war im ganzen Land unantastbar. Ein Mann, den Marschall Woroschilow geküßt und Rákosi umarmt hatte, der genoß Narrenfreiheit. Was geschah? Der Parteisekretär tanzte mit der Pfarrersköchin, und der Dorfpolizist sang dazu. Dieses Lied, wahrlich kein Tanzlied, hatten hierzulande zuletzt die Soldaten der SS-Division „Totenkopf" gesungen. Daß es einen ungarischen Text dazu gab, erfuhr ich erst jetzt aus dem Munde des singenden Polizisten.

Und dann kam Bandi zu mir und begrüßte mich feucht und intensiv. Dabei wurde ich fast noch beschwipster als zuvor. Dieser Mann hatte Likör, Wein und Bier in größten Mengen zu sich genommen, sogar sein zerknittertes Sakko roch wie in Alkohol getränkt. Endlich saß Bandi auf dem unversehrten blauen Diwan, den schon alle angesichts der „heranschwankenden Gefahr" bis auf den dicken Pfarrer fluchtartig verlassen hatten. Auch dieser wurde von Bandi heftig geküßt, doch dann spielte er auf der großen Knopfharmonika ein altes ungarisches Marienlied so zart und schön, so andächtig und fromm, daß dem Pfarrer die Tränen heruntertropften. Mittlerweile war das halbe Schwein am langen Eisenspieß, den László János, der Schmied, vorsorglich mitgebracht hatte, endlich gebraten. Die Mädchen teilten Teller aus, Váli Feri, der Fleischhauer, schnitt kleine Stückchen ab. Es wurde merklich stiller.

Keiner mußte hungern, denn die Gäste hatten noch insgesamt fünfzehn große Wurststangen mitgebracht, auch Brot gab es in Hülle und Fülle. An alles dachte man, nur nicht an den ursprünglichen Zweck, das „Auslösen" der Bohnen. Man beschloß, es auf morgen zu verschieben, wenn weniger Leute da waren. Fledermäuse gaukelten über das Feuer und die Lampions. Die Mücken stachen unangenehm, und vom Csókaberg herunter erscholl der erste Hirschruf des Jahres.

Ich war bei Gott kein leidenschaftlicher Tänzer, und hier auf dem Kies unseres Hofes oder auf dem zertretenen Rasen mit den Kamillenblüten war es für einen Jungen, der nie tanzen gelernt hatte — weil im Jesuitenkolleg an solches nicht einmal zu denken war —, keine Leichtigkeit, die diversen gertenschlanken und leichtfüßigen Margits und Ilonkas zu führen, umsomehr, als ständig Damenwahl angesagt wurde und außer dem Pfarrer wirklich jeder noch aufrecht stehende Mann „rangenommen" wurde. Und meine ersten und einzigen Tanzlehrer waren ja die Csákberényer Bauernmädel, besonders Mariska, die mich Walzer, Foxtrott, English-Waltz und Tango lehrte. Ich kann auch heute nicht besser tanzen und vollführe bei allen Melodien und Rhythmen mehr oder weniger die gleichen Bewegungen, kann jedoch zwischen einem Tango und einem Wiener Walzer unterscheiden. In der Finsternis verlor sich manches Pärchen, und zu meiner Sorge, die Tanzschritte betreffend, mengte sich die Vision meiner zertretenen und zerstörten Gemüsebeete. Doch auch der eifrigste Tänzer muß Pausen einlegen, so auch der uneifrige Hausherr. Bald saß ich im umgeräumten Schlafzimmer, wo gerade der Parteisekretär unseren eingeschlummerten Bandi zu wecken versuchte. Dabei empfing er einen unfreiwilligen Fußtritt ins Gesicht, das fürderhin mit einem roten Sternchen gezeichnet war. Die Stimmung war großartig, draußen tanzte man, im Hause wurde gesungen, es gab keinen größeren Streit und kaum Debatten. Man hielt damals eisern zusammen, und hier fühlte man sich außerdem durch die Einladung geehrt und hielt sich zurück. Abwertende Propaganda war außer über Zeitungen noch nicht ins Dorf gedrungen, und diese las eigentlich niemand. Sicher ergab es sich, daß der ehemalige Frontsoldat Jóska, der erst vor kurzem aus Rußland heimgekehrt war, wegen der Katica mit dem Geologen in Streit geriet. Es war eine einseitige Sache, der Geologe lag in den Kamillen, und während Jóska seinen Ärger hinunterspülte, entführte Laci, der Hilfsnotar, die Schöne.

Im „Salon" debattierte man über den Fortschritt, wobei der junge Pfarrer der radikalste, Pali der gerechteste und der Parteisekretär der toleranteste war. Doch spielte dabei auch der gute Mórer Riesling eine große Rolle, dessen Geruch bald den nun wieder erfrischten Bandi zu erneuter musikalischer Aktivität erweckte. Ein Potpourri, bestehend aus der Internationalen, „La Paloma" und „Westerwald", ermunterte die müdgewordenen Tänzer, und zum Dröhnen der Trommel bellte der unermüdlich wachsame Dipi aus Frau Ridges Tuchent in die zikadenumzirpte Spätsommernacht. Endlich, so um vier Uhr früh — es war merklich kalt geworden —, endete das Sommerfest. Die meisten Gäste hatten mein Grundstück auf eigenen Füßen verlassen, einige wurden gestützt, manche getragen. Nur fünf lagen ungeordnet in der

Wohnung umher und wurden von Pali, dem wieder völlig nüchternen Bandi und mir in das sogenannte Gastzimmer verfrachtet. Es waren dies meist jüngere Burschen, die zu schnell vom starken Ungarwein getrunken hatten. Nichts war kaputtgegangen, außer einigen Gläsern, und ich muß sagen, ich habe selten in späteren Jahren ein Fest so genossen wie dieses mit den einfachen Csákberényer Menschen. Bandi fuhr mit seiner alten „Puch"-Maschine, auf der seine Harmonika beinahe künstlerisch befestigt war, direkt nach Stuhlweißenburg zurück, Pali suchte sein Parteiabzeichen, und der losgelassene Hund stöberte zwischen den Himbeerreihen noch einen sechsten „Schlafgast" auf, den wir aber wecken mußten, denn es war der Zeitungsverkäufer, den boshafte Kumpanen hier gebettet hatten. Schlaftrunken wollte er sich erleichtern, doch es ging nicht, man hatte ihm das Hosentürl zugenäht, was auf die Urheberschaft eines Könners schließen ließ.

Endlich hoben wir Palis Schanktisch auf den Karren, und dabei öffnete sich die eine Türe. Jaulend sprang die schwarze Katze „More" heraus, an ihren Schwanz war das Parteiabzeichen geheftet ... Wir wußten nicht, ob wir schimpfen oder lachen sollten, Pali blieb jedenfalls heiter, doch Frau Rideg warf ihm tödliche Blicke zu, als er das Abzeichen wieder ansteckte.

Weit im Osten stieg die Sonne aus dem dunstigen Wald in den violetten Himmel. Die Mühle begann zu stampfen und zu rattern, im Süden keuchte die Bauxitbahn. Zufrieden schaute ich auf mein neues Heim. Daß dieses Fest ein Abschied war, das sollte ich erst in vier Wochen erfahren. In der fünften Woche war ich bereits in Österreich.

Mein Freund Pali hatte recht behalten. An diesem Morgen aber war ich mit meinem Schicksal zufrieden. Die Zukunft kannte ich nicht.

Wäre das Leben aber noch erträglich ohne Hoffnung und Illusionen?

GESCHICHTEN UND GEDANKEN

Kellergespräche

Am Nachmittag war die Hitze unerträglich geworden. Kein Lüftchen regte sich, und nur das eintönige Brummen nervöser Insekten störte die Stille. Die Bremsen hatten einen mörderischen Tag und verjagten die wehleidig geigenden Gelsen von den Plätzen. Im Westen türmten sich farbenprächtige Wolken unerwartet schnell zusammen, so daß die Sonne beleidigt verschwand und die Hitze mit sich nahm. Die Schwüle aber verblieb und kündigte sicherer als alles andere das nahende Gewitter an. Aus der Eintönigkeit des Abends kam zuerst leise, dann immer drohender ein anhaltendes Grollen. Auch die Tiere hatten schon längst erkannt, daß sich irgend etwas zusammenbraute. Während die Rehe vorsorglich in ihren Deckungen blieben, strebten Elstern und Ringeltauben der Pappelremise zu. Knapp über die Wiesen und Stoppelfelder hasteten die Schwalben dahin, und die Stare vollführten schwirrend eigenartige Luftkapriolen.

Das Grollen riß nicht ab, und die grauen Wolkentürme hatten sich zu einer bleifarbenen, drohenden Wolkenbank vereinigt. Nacheinander verschwanden die glänzenden Umrahmungen versteckter Sonnenstrahlen, und die dunklen Wetterfronten kamen, einander streifend und überholend, von kreisenden und wirbelnden Stürmen getrieben, in unheimlicher Geschwindigkeit näher. Die Natur duckte sich, und alle Lebewesen hielten den Atem an.

Ein älterer Herr mit Fernglas und Spazierstock kam hastigen Schrittes aus dem Wald. Ihn, einen Weidmann der alten Schule, hatte das Gewitter beim Spaziergang überrascht, und nun zögerte er, denn das Dorf, wo seine Verwandten ein kleines Herrenhaus besaßen, war weit und der lockere Eichenwald schien keinen Schutz vor dem Gewitter zu bieten. Kurz entschlossen wandte er sich nach links zu den Weingärten mit der Absicht, sich beim ersten Winzerhaus unterzustellen. Schon sah man bei den Hügeln, die von der Landstraße in zwei karstige Kuppen geteilt waren, den Regensturm donnernd heranpeitschen. Es war ein großartiger Anblick. Vom Westwind aufgewirbelte Staubfahnen ließ der prasselnde Regen innerhalb von Sekunden verschwinden. Und die heiße, nach Disteln riechende Gleichgültigkeit der burgenländischen Landschaft tauchte in die nach Ozon und Schwefel duftende Gewitterluft. Wie ein gigantischer Kamm fegte die Gewitterfront über die Felder, den Stacheldraht und die Grenze, die ja keine Klimagrenze ist, nicht beachtend. Noch einige Schritte und der alte Herr hatte trockenen Fußes das erste Winzerhaus erreicht. Es gehörte dem alten Matthias, einem ungarischen Schwaben, der vor Jahren aus demselben Dorf nach Österreich gekommen war und seither als Weinbauer hier lebte. Nun erkannte der alte Herr auch den Quittenbaum, den sie gemeinsam als junge Pflanze aus Ungarn mitgebracht hatten. Damals als für einige Tage die Grenzen keine Grenzen waren . . .

Auf mehrmaliges Klopfen hin, das wegen der grollenden Donnerschläge notwendig war, antwortete eine hohl klingende Stimme: „Nur herein, ich bin im Keller!" — Der alte Herr legte

Fernglas und Stock auf eine Bank im Vorraum und stieg dann die glitschig-moosigen Kellerstiegen hinunter. Unten war es eigenartig dumpf und kühl, und eine flackernde Sturmlaterne schaukelte über dem Eichentisch. Zwei Männer gaben ihm die Hand, der eine war Matthias, der Besitzer, und der andere Gyuri, der junge Dorfschreiber. Der letztere war vom Gewitter beim Schwammerlsuchen im Wald überrascht worden und suchte ebenfalls hier Unterschlupf. Anscheinend fühlte er sich hier unten nicht allzu behaglich, denn er war in der Stadt gewesen, wo er seinen Kopf mit allerlei „neuen" Ideen wahllos gefüllt hatte. Und darunter waren auch solche, die Leuten wie dem alten Herrn nichts Gutes wollten. Matthias war hocherfreut. — „Ah Sie sind es, trinken Sie doch mit uns ein Glas vom vorjährigen Rotwein!"

Gyuri schaute verschlagen auf die Seite. Über den rissigen, breiten und schmutzigen Daumen des alten Bauern floß aus dem Heber der rote Wein in das kleine Glas. „Auf Ihr Wohl, Herr Altmann, es freut mich, Sie wiederzusehen!" — Die beiden alten Männer schauten einander gerührt in die Augen. — „Erinnern Sie sich noch an den Isonzo", fragte Matthias, „als ich in den Fluß fiel und abtrieb und Sie mich, den Nichtschwimmer, herausholten?" — „Ja, da waren wir noch beide jung!" — Der alte Herr, dessen Vorname Johann war, nahm einen herzhaften Schluck und wischte mit dem Handrücken über seinen Schnurrbart. „Und dann nach dem ersten Krieg, als mich die Kummerln in der Bezirkshauptstadt einsperrten, da haben Sie mir am Sonntag ein gebratenes Hendl ins Gefängnis geschickt..." Sinnend blickte Matthias vor sich hin. — „Und als mich die Horthy-Leute verschleppen wollten, haben Sie mich gerettet, wissen Sie noch?" — „Ja das war keine Kunst, aber wie die Pfeilkreuzler mich erschießen wollten, da haben Sie mich auf dem Dachboden versteckt, und fast hätte mich Murci, der Kater, verraten!" — Aus einem alten Kasten, der die Farbe eines exhumierten Sarges hatte, entnahm Matthias einen wunderbaren Schinkenspeck, schnitt kleine Stücke ab und legte diese auf runde Eichenbretter. Die Messer, die er dazu austeilte, hatten ehrwürdiges Alter, eines war ein Bajonett gewesen. Als dann die Gläser nachgefüllt waren und alle getrunken hatten, fuhr Matthias fort: „Und habe ich nicht recht gehabt, daß niemand Ihnen die kostenlos parzellierten Felder im Jahre 1940 danken würde?" — „Wieviel haben Sie damals bekommen, Matthias?" — „Sieben Joch und ein Joch Weingarten. Die Felder hat man mir weggenommen, den Weingarten habe ich behalten dürfen."

Ein dumpfes Grollen erreichte nun auch den Keller. Die Eingangstüre öffnete sich und schlug an die Mauer. „Geh Gyuri, mach die Tür oben zu", sagte Matthias, und unsicheren Schrittes erhob sich der junge Mann und turnte die Kellerstiege hinauf. „Kein schlechter Kerl, aber noch

Bild rechts:
Kommt da nicht jemand?

Bild umseitig:
Sommergams

unvergoren. In der Stadt hat man ihn mit radikalen Ideen verhetzt. Wie ist das möglich, daß mitten im Frieden und in diesem Wohlstand die Jungen wieder zu Klassenkämpfern werden?" — „Das kann ich Ihnen gleich sagen", Gyuri war zurückgekommen und blickte kämpferisch um sich. „Warum gibt es Leute, die viel besitzen, und andere, die wenig haben? Das ganze Unheil kommt daher, daß es immer Leute geben wird, die befehlen, und solche, die folgen. Und die Besitzenden denken nur an sich, verprassen das Volksvermögen!" — „Was redest du da für irres Zeug?" — Matthias wurde ungeduldig, entschuldigend sah er zu Johann hinüber: „Die Jungen wissen ja immer alles besser!" — „Waren wir nicht auch so, lieber Matthias?" Die amüsierten Blicke Johanns streiften das vergilbte Soldatenphoto, das Matthias als Wachtmeister mit aufgezwirbeltem Schnurrbart zeigte. „Als Sie damals in Cremona Mitglied des Soldatenrates waren und den Vorsitzenden verprügeln wollten, weil Sie meinten, niemand dürfe mehr Befehle erteilen?" Die beiden Alten lachten. „Ja in der Jugend glaubt man halt, das Leben verlaufe ebenso langsam wie die Jugendjahre..." Gyuris Blick flackerte: „Auch heute sollte man Räte aufstellen, vor allem Soldatenräte im Bundesheer, die Offiziere sind überflüssig!" Matthias sog an seiner Pfeife. „Weißt du, Gyuri, jeder macht aus seinem Leben das, was er kann. Heute kann man mit gutem Willen, Talent und Fleiß sehr gut weiterkommen. Deine Freunde in der Stadt erzählen Geschichten, die vielleicht vor der Französischen Revolution aktuell waren. Schau zum Beispiel diesen Herrn hier. Ich weiß zufällig, daß er sein ganzes Leben lang nur Gutes getan hat, selbst sparsam lebte und immer wieder Fürchterliches mitgemacht hat. Kann man verallgemeinern? Auch wir sagen nicht, daß alle „Bonzen" nur für ihre eigene Tasche, ihre Karriere, ihre Villa leben, daß sie der einzelne Mensch nichts schert. Bloß, wenn sie anfangen, andere Leute zu enteignen, von deren Brot Tausende gut gelebt haben, dann haben sie auch die Pflicht, gleichwertigen Ersatz zu schaffen. Es ist leicht, Menschen auszuplündern, nur weil sie einer unerwünschten Klasse oder Rasse angehören, und sich dann in deren warmes Nest zu setzen, wenn man sie weggejagt hat. Und was bekommt das Volk? Fahnen, Armbinden und Parolen und sehr viel Papier, auf dem sein Glück und die Verdienste der „Veränderer" stehen. Früher hatte man sich mehr um die Erfahrung der „Alten" gekümmert und aus deren Fehlern gelernt. Oder glaubst du, daß erst eure Generation das Pulver erfunden hat?"

Der alte Matthias trank sein Glas auf einen Zug aus. — „Und was die Familie unseres Gastes hier anbelangt, sie fuhr dritter Klasse, aß in billigen Lokalen, schickte die Kinder in strenge Pensionate und ließ sie ein Handwerk erlernen. In der sogenannten Feudalzeit, die schon sehr

Bild links:
Iltis
Bild umseitig:
Dachs vor dem Bau

lange keine mehr war, hatte er ein Einkommen wie heute ein Beamter. Denn der Betrieb mußte Hunderte Familien erhalten, und zwar gut erhalten, vielen mußte geholfen werden, und was hat man dafür geerntet? Haß der braunen, roten und blauen Systeme und ihrer unwissenden, verallgemeinernden Repräsentanten. Das war so, das blieb so, und wenn ich dich anhöre, Gyuri, wird die Zukunft auch nicht viel besser!" — Mit offenem Mund hörte der junge Mann die Ausführungen des alten Bauern an, und auch Johann fehlten längere Zeit die Worte. Gyuri schien zwar beeindruckt zu sein, gab sich aber nicht geschlagen. „Gut, dieser Herr hier ist vielleicht eine Ausnahme, aber die Grundbesitzer und Fabrikanten saugen trotzdem das Volk aus." — Er schien von diesen Ansichten überzeugt zu sein, wahrscheinlich war er ein eifriger „Seher" westlicher TV-Sendungen. „Einen Moment, mein Sohn, du verallgemeinerst schon wieder, so wie jene Volksbeglücker, die mit Hilfe ausländischer Panzer ins Land kamen und heute noch auf diese Weise Politik betreiben. Aber bleiben wir nur in der Vergangenheit. Jeder Angestellte dieses Herrn hier lebte früher so gut, wie ein Kleinbauer leben konnte. Die Beamten lebten weit besser als ihr Herr. Und die kleinsten Hilfsarbeiter hatten eine nette Wohnung, einen Garten, Licht, Holz, Mehlzuteilungen, eine kostenlose Viehhaltung, ärztliche Betreuung und eine gute Pension. Im Winter bauten die meisten an ihrem eigenen Häuschen. Die Menschen dort waren wie eine große Familie, dessen Oberhaupt um sie besorgt und gerecht war. Wie überall gab es auch hier — wenn auch wenige — Ausnahmen. Die Ideen, die deine Freunde vertreten, passen nicht in unser Jahrhundert, denn schon im vorigen gab es Gesetze, an die sich gerade die Grundbesitzer halten mußten, umsomehr im zwanzigsten. Trotzdem scheinen manche ‚Parolen-Schwinger' auch heute vom ‚Altväterlichen', längst Überholten nicht abzugehen. Und überhaupt, viele, die vor lauter Volkswohlfahrt und Reformen glänzen, betrachten den reformierten Staat als Instrument, in dem sie ihr eigenes Süppchen und ihren persönlichen Reichtum gar kochen können." — Auf Matthias' Stirn funkelten ähnliche Perlen wie am Heber, der lässig an der Stellage lehnte.

Johann aber schien mit dem eben Gehörten nicht ganz einverstanden zu sein. — „Nun, so arg ist es nun auch wieder nicht, lieber Matthias. Es gibt schon gute Ideen, erstklassige Reformen und ehrliche Verfechter von diesen. Aber nichts im Leben ist fehlerlos. Lassen Sie doch Gyuri seine Ideale, er wird schon rechtzeitig lernen, vom Guten das Böse zu unterscheiden."

Schweigend aßen die drei Männer ihren Speck. Dann und wann hörte man ein Kratzen auf den Brettern. Draußen schien die Kraft des Gewitters nachzulassen. Unter der grauen Wolkenbank des Westens zeigte sich noch das letzte Abendrot, so goldgrün und so violett, als wäre nichts geschehen. Die Männer im Keller aber merkten nichts davon. Es war Gyuri, der sich wieder zu Wort meldete: „Auf Freiwilligkeit der Besitzenden können wir nicht warten. Sie müssen vom Staat gezwungen und enteignet werden. Der Wald und die Fabrik dürfen nicht nur einem Menschen gehören, sie gehörten allen!" — „Was heißt allen, und wo ist zum Beispiel die Grenze der Größe", lächelte Matthias, der Gyuri nicht mehr ganz ernst nahm. „Du sprichst so wie der selige Rózsa, der zuerst bei Béla Kun, dann bei den Pfeilkreuzlern landete. Er saß in einer

Judenvilla, dessen Besitzer man von staatswegen zuerst enteignet, dann umgebracht hatte. Später freilich wurde auch er gehenkt, doch bis zuletzt drosch er Parolen wie du. Seelenlose, unmenschliche, dumme Parolen, aber auch er glaubte, dem Volke zu dienen." — Johann, der alte Herr, schien nun lebhaft zu werden. „Wie oft habe ich das alles schon anhören müssen. Zuerst an der Front im Achtzehnerjahr, als man uns die Kokarden und Rangabzeichen herunterriß. Dann im Neunzehnerjahr im Gefängnis. Dann sagten es mir die Jesuiten bei einem Einkehrtag, und ein Bischof, der mich nie gekannt hatte, erklärte mir Ähnliches. Schließlich haben es mir die Braunen eingetrichtert, und ich mußte in Dachau zehntausendmal niederschreiben: ‚Ich bin kein Graf, ich bin kein Graf'. Schließlich sagte es mir der SS-Kommandant, der mein Haus besetzte, und zuletzt die Pfeilkreuzler, vor deren Todeskommando mich Matthias gerettet hatte. Zuletzt? Was sage ich da? Dann durfte ich die Parolen von den ‚Befreiern' hören, die mich zwar nicht erschossen, aber geschlagen und ausgeplündert haben. Dann sagte es der Kommissar für die Bodenreform, und im selben Gefängnis, wohin mich seinerzeit die braunen Herren gebracht hatten, sagte es mir dann ein roter Kommissar. Dazwischen natürlich sagten es mir die Amerikaner und sogar diejenigen Menschen, die ich vor der Gestapo versteckt hatte. Wir sind halt eben eine Art von konservierter Zielscheibe für antiquierte Ideologen und denkfaule Agitatoren. Und wir tragen unseren unsichtbaren Erkennungsstern nicht nur in einem System, sondern in fast allen. Und heute, nach all diesen gefährlichen Erlebnissen, nunmehr schon über dreißig Jahre ohne Besitz, sagt mir im freien, wunderschönen Österreich ein zwanzigjähriger junger Mann dasselbe. Er muß es ja wirklich wissen." — Müde griff Johann an seine Stirn. Er fühlte, daß der Wein ihm zu Kopf stieg, zwang sich zu einem Lächeln und schlug Gyuri wohlwollend auf den Rücken. „Schauen Sie, Gyuri, auch ich weiß, daß unsere Zeit abgelaufen ist, sie ist schon vor über hundert Jahren abgelaufen. Warum legt man die alten Platten immer wieder auf und läßt sie weiterlaufen? Heute ist es dazu noch ‚Mode', uns wieder für vieles die Schuld zuzuschreiben. Du hörst es und siehst es ja im vielgeliebten Fernsehen. Und die Mode, Gyuri, die Mode ist unerbittlicher als jede Ideologie."

Gyuri schwieg. Sein Gesicht war bleich, in seinen Augen leuchtete erstmals etwas wie Bewunderung auf. Der alte Bauer aber blieb kämpferisch. „Aber dann sollen sie sich nicht immer auf das Volk berufen. In all diesen Systemen hatte und hat es ja reichlich wenig zu sagen. Hier in unserem freien Land dürfen wir zwar wählen und schimpfen, aber was geschehen wird, bestimmen die Politiker. Weit ärger ist es und war es dort, wo ausländische Volksbeglücker und Befreier über das Volk bestimmen, dessen Geschichte und Sorgen sie nur aus Büchern kennen, wenn überhaupt. Nein Gyuri, das Volk fragt man nicht, und darum herrschen heute so viele verlogene Ideologien und Parolen. Aber Helfer werden diese Leute immer finden, denn gläubige Narren und Mitläufer gibt es überall. Erst wenn sich die Politiker dessen bewußt sein werden, daß nicht die Karriere und das Einkommen, nicht das Parteiprogramm, sondern ausschließlich der Dienst an Volk und Vaterland ihr Ziel sein muß, erst wenn die Regierungschefs durch Väterlichkeit und

Fürsorge für alle Staatsbürger glaubwürdig werden, kommen wir dem Idealzustand etwas näher!"

Johann, der alte Herr, war erstaunt über den Eifer von Matthias. Er wußte zwar, daß dieser gescheit und erfahren war, doch so viel politischen Scharfsinn hätte er ihm nicht zugetraut. Noch einmal prosteten sie sich alle zu. In Gyuris Blick war neben einer großen Portion Wärme nun auch sehr viel Nachdenklichkeit. Dann sagte Johann: „Sicher, Matthias, haben Sie recht. Aber vergessen wir niemals, daß wir in diesem Land die schönste und freieste Zeit unseres ganzen Lebens erleben durften. Freuen wir alten, leidgeprüften Männer uns aufrichtig, daß es dieses Österreich gibt!"

Der alte Herr sah auf die Uhr. Es war spät geworden, und alle begaben sich hinauf, um nach dem Wetter zu sehen. Oben angekommen, merkten sie, daß der Wein nicht ohne Wirkung geblieben war.

Die Gegend dampfte und tropfte, und in den Bachbetten rauschte braunes Regenwasser, allerhand Abfall mit sich führend, dem großen Fluß zu, der nicht weit von hier die Grenze zur alten Heimat passierte. Die violette Abenddämmerung war einem blaugoldenen Lichtstreifen gewichen, der unmerklich, aber unaufhaltsam im uferlosen See der dunklen Nacht versank. Am westlichen Himmel schwammen zaghaft die Sterne, während im Osten das abgehende Gewitter über die weiten Ebenen grollte. Irgendwo schnatterten verspätete Wildenten über die Stoppelfelder, und tief im Wald schreckte ein Reh. Der alte Matthias verabschiedete seine Gäste. Gerührt sah er seinem alten Freund nach, wie dieser, vom jungen Heißsporn gestützt, langsam im Dunkel der Nacht verschwand. Und über sein wetterhartes Gesicht zuckte ein wissendes Lächeln.

Der Tod des Vaters

Das Jahr 1950 war ein Jahr wie jedes andere. Es brachte Österreich einen Schritt der Freiheit näher. Die Besatzungstruppen saßen zwar noch im Lande, und die Menschen arbeiteten, um aus den Ruinen des materiellen und geistigen Zusammenbruches ein neues, ein schöneres Vaterland zu schaffen, man hatte sich zwangsläufig an den Viersprachenausweis, an die Zonenkontrollen, die Bombenruinen und das Paradieren der Befreier gewöhnt, und man arbeitete fleißig am hoffnungslos scheinenden Wiederaufbau und genoß die „Säuglingstage" einer neuen Freiheit, wenn sie vorläufig auch nur darin bestanden, daß man nun nicht mehr um sein Leben bangen mußte. Die Lebensmittelkarten verschwanden nacheinander fast unbemerkt, und jede neue Ware, die man nach langer Pause wieder in den Geschäften erblickte, wurde als Luxusgegenstand gefeiert. Eine neue Mode, der „new look", überschwemmte das Land, neue Nachtlokale entstanden, und eine lange unterdrückte Lust zum Feiern überkam die Menschen mit elementarer Gewalt. Doch der Großteil der Menschen war arm und mittellos, auch Unternehmer und Fabriksbesitzer hatten vorerst wenig Bargeld in der Tasche, und man sah Generaldirektoren und Gutsbesitzer auf alten Motorrädern und Fahrrädern durch die Gegend fahren. Die Besatzer der westlichen Zonen waren große Herren. Majore, die zu Hause Straßenbahnschaffner oder Elektriker waren, übten eine fast absolute Macht aus, man behandelte die ehemaligen Feinde als die Prominenz des Landes, und in ihren luxuriösen Dienststellen erschienen Bundesminister als Bittsteller.

Viele unter ihnen waren aber freundliche und hilfsbereite Menschen, die nicht nur unser Land lieben und schätzen gelernt hatten, sondern dessen Bewohnern auch offiziell und in vielen Kleinaktionen zu helfen wußten. Vor allem die immer wieder geschmähten Amerikaner gaben unserem Land durch die ERP, den Marshallplan und die UNRRA jene wesentliche Hilfe, ohne die Tausende unserer Landsleute in den ersten Nachkriegsjahren verhungert wären. Eine gewisse Seite nannte sie „Kriegshetzer" und „Imperialisten" und nennt sie auch heute, fast dreißig Jahre danach, noch immer so. Dabei waren eben diese Amerikaner zwar naive und ungeschickte, aber stets gutwillige Menschen, die sich zugegebenermaßen oft dort einmischten, wo sie nichts zu suchen hatten, und deren Geschäftssinn ausgeprägt, doch immer dem idealistischen Kern ihrer Politik unterstellt war, und die wirklich alles andere waren als Imperialisten, was man von manch anderen Mächten wirklich nicht immer behaupten konnte.

Meine Familie war vollzählig im Westen. Die beiden Schwestern, Anna und Christl, hatten in der Schweiz die Posten von Sekretärinnen oder Stenotypistinnen angenommen. Feri arbeitete in Linz als Dolmetscher, und ich war mit dem Gehalt von zweihundertfünfzig (später vierhundertvierzig) Schilling im Monat Angestellter des Steiermärkischen Landesmuseums geworden. Mein Vater hatte eine Stelle und eine Wohnung bei seinem Bruder in Stainz bekommen. Lori, noch minderjährig, lebte bei ihnen. Sie war Dolmetscherin in Graz, während Max die Universität in Genf besuchte. Die Mutter war nach einem Intermezzo als Köchin und nach zwei Versuchen als Fabriksarbeiterin wieder zu Hause und führte Vater den Haushalt.

Meine Leser kennen nun bereits die Persönlichkeit meines Vaters und jene Verehrung und Autorität, die er in seiner Familie genoß. Die Strapazen und Entbehrungen der Flucht hatten ihn äußerlich nicht brechen können, doch litt seine Gesundheit schwer unter den seelischen Leiden, die ihm, dem Antifaschisten, die Befreiung brachte.

Die Enttäuschung, nicht mehr nach Hause zu können, der Gram über die fehlgeschlagenen drei Jahre seiner Söhne in Ungarn und die Sorge um die Zukunft seiner Kinder hatten ihm zusammen mit dem grausamen Hunger des Jahres 1945 ein Herzleiden beschert, das nicht nur vorübergehend war.

Ich hatte nur vierzehn Tage Urlaub im Jahr und selbstverständlich auch Samstag Vor- und Nachmittag Dienst, möchte aber nicht wissen, wie heutzutage neuaufgenommene öffentliche Bedienstete auf ähnliche Umstände reagieren würden. Jeden Samstagabend fuhr ich mit dem Autobus vom Grazer Grießplatz nach Stainz hinaus, und dort verbrachten wir in der kleinen Wohnung der Eltern unseren Sonntag.

Am 17. Mai, am späten Nachmittag, unternahm ich mit meinem Vater einen Spaziergang in Stainz. Das Wetter war warm, und oben am Rosenkogel war die Auerhahnbalz zu Ende gegangen. Feine weiße Wolken schwebten am Himmel, und nur dann und wann hörten wir auf der Straße ein Fahrzeug brummen. Sonst war es still, ländlich ruhig, nur einmal läuteten die Glocken der Kirche zur nachmittäglichen Andacht.

Wir gingen durch den Meierhof, am Gemüsegarten vorbei, über die Erzherzog-Johann-Allee am Bründlwald entlang nach Schönegg. Wie oft waren wir früher zu Hause so nebeneinander einhergegangen. Vater den Spazierstock in der Hand, ich ein Flobert geschultert, Pajtás und Lumpi vor uns tollend und uns überholend. Jetzt hatte Vater nicht einmal mehr seinen geliebten Spazierstock, den wir von Ungarn gerettet hatten. Ein geckenhafter Besatzungsoffizier hatte ihn damals im Brandhof an sich genommen. Man hatte uns Brüdern noch nicht die österreichische Staatsbürgerschaft verliehen, denn wir waren ja „Ausländer", wir sollten nur den ausgeklügelten Leidensweg einer wiedererstarkten Bürokratie zu Ende gehen und warten, bis wir grau wurden — da könnte ja ein jeder kommen! Von der Staatsbürgerschaft hing aber natürlich auch die Jagdkarte ab, und das war auch ein Grund, warum dieser Spaziergang selbstverständlich „unbewaffnet" war. Und es gab so viel, was man — nach so langer Abstinenz — hätte schießen können. Tauben gurrten, Nußhäher schnalzten, Elstern schäkerten überall. Sie hatten Jahre der Schonung hinter sich. Wir gedachten der vielen schönen Ausflüge zum Csákberényer Öregtó, an die übermorgen in Ungarn aufgehende Bockzeit, an die duftenden Maiglöckchenfelder im

Zámolyer Wald und die blühenden Kastanien in unserem Park. Was war in diesen fünf Jahren doch alles in Ungarn geschehen!

Verheißungen und Versprechen, die niemals eingehalten wurden, Hoffnungen, die sich nicht erfüllten, unvorstellbare Verallgemeinerungen und kollektive Rache an Menschen, die unschuldig waren. Fremdartiger, glutheißer Menschenhaß und Grausamkeit hatten Tausende und Abertausende Schicksalsgenossen von heute auf morgen vernichtet, zu Sklaven oder Bettlern gemacht. Und gerade diejenigen, die unter Lebensgefahr die ganze Kriegszeit hindurch ihrer Überzeugung treu geblieben waren, die den hysterischen Rassenwahn tapfer bekämpft hatten, gerade diese Menschen wurden bestraft, während ehemalige Funktionäre schon da und dort hohe Posten bekamen.

Schieber und Schwarzhändler schwammen nur so in Geld, lebten in Villen und Schlössern, und meinen Schicksalsgenossen hatte man nicht einmal einen Stuhl gelassen, auf den sie sich setzen konnten. Diese Verhältnisse allerdings hatten wir hinter uns gelassen. In Österreich dagegen waren im Jahre 1950 die Bevölkerung und die Politiker ein Herz und eine Seele. Mit ungewohntem Fleiß und einer fast unösterreichischen Ausdauer arbeitete man am Wiederaufbau. Die Hoffnung und der Optimismus der Figl-Ära gab uns allen recht. Österreich war lebensfähig und blieb es auch. Man meisterte das Schicksal trotz der vielen Ruinen, der noch lange nicht heimgekehrten Kriegsgefangenen, der Versorgungsschwierigkeiten, der leeren Staatskasse, der üppig lebenden und zum Teil von Österreich erhaltenen Besatzungsmächte, der Wiedergutmachungszahlungen, die den gängigen Slogan unserer „Befreiung" Lügen straften. Was man in jenen Jahren leistete, war übermenschlich und nie dagewesen, im Vergleich zur satten Unzufriedenheit der siebziger Jahre kaum vorzustellen. Man war lustig und guter Dinge, half sich gegenseitig, kannte keinen Neid und konnte sich am Glück des Nachbarn ehrlich mitfreuen. Wer konnte damals den späteren Haß der (in jenen Jahren geborenen) langhaarigen Protestgeneration, den Swimmingpool-Terrorismus, den allgemeinen und unaufhaltsamen Linksruck in satten Bürgerkreisen voraussehen? In den Kirchen beteten Millionen für den eingekerkerten Kardinal Mindszenty und die in sibirischen Lagern schmachtenden österreichischen Gefangenen, und in Wien hatte die einige Arbeiterschaft ohne Waffen den Putsch einer schwer bewaffneten und von der russischen Besatzung unterstützten Minderheit mit eiserner Faust zerschlagen.

Oft hatten Vater und ich gemeinsam einen Artikel für die Zeitungen geschrieben, und unsere Ausführungen wurden gerne angenommen, denn in jener Zeit war die freie Meinungsäußerung eine heilige, unantastbare Sache, und es gab nur vereinzelt ferngelenkte, vorprogrammierte „Meinungen".

Als wir auf die große Lichtung kamen, wo das Försterhaus steht, bemerkte ich plötzlich, daß Vater entgegen seiner Gewohnheit stark schwitzte. Besorgt sah ich ihn an und bemerkte, daß er ungesunde rote Flecken an Stirne, Schläfen und Wangen hatte. Ich drängte zur Heimkehr. Diesmal gingen wir durch den kühlen Wald am Teich vorbei, und Vater erholte sich ein wenig.

Auf einem Ast, der über den Teich reichte, saß dick und aufgeplustert eine Ringeltaube in der Abendsonne. Die Fläche des Teiches war so unbewegt, daß man ihr Spiegelbild klar erkennen konnte. Die Wolken hatten sich im Westen zu einem rötlichen Streifen zusammengezogen, und über dem Aussichtsturm des Engelweingartens schwamm die rote, großgewordene Sonne. Lange sah Vater in die Ferne. Die Farbe der Wolken änderte sich schnell, die rote Scheibe vergrößerte sich, dann sank sie fast unbemerkt in unendlich fernen blaugrauen Dunst, dessen Ränder ihre Strahlen vergoldeten. Wie Finger einer riesengroßen Hand zeigten sie hoch in den Himmel, um plötzlich einer nach dem anderen wegzubleiben, als wären sie nie dagewesen. Über dem Rosenkogel aber schwebte kühl der blauviolette Abend. „So ist das Leben", sagte Vater leise, „ein Hinauf und Hinab, und einmal muß ja alles vergehen!" Als ich erschreckt aufsah, fügte er beruhigend hinzu: „Aber morgen ist ja auch ein Tag, Philippchen!" Und er schmunzelte, wie immer, wenn er mich so nannte.

Das Wochenende verging schnell. Am Abend tanzte ich noch in der Stainzer Wolfbauer-Bar, und die Sterne funkelten geheimnisvoll, als ich spät in der Nacht über die steile Stiege zu unserer Wohnung hinaufging. Vaters ungewohntes Verhalten von heute Nachmittag ging mir nicht aus dem Kopf.

Doch als ich mich am nächsten Tag von meinen Eltern verabschiedete, waren beide guter Dinge. In zwei Tagen sollten wir uns ja wiedersehen, denn in Graz feierte Großmutter ihren achtzigsten Geburtstag, und dazu war natürlich die ganze, so überaus zahlreiche Verwandtschaft eingeladen. Im damals stillen und verschlafenen Graz war ein solches Familienfest schon ein großes Ereignis.

Dann kam der 19. Mai. In der Früh war ich mit dem Fahrrad nach Eggenberg zur Arbeit gefahren. Bevor ich zum Mittagessen heimfuhr — damals verköstigte uns die Großmutter in der Elisabethstraße —, kaufte ich in der Annenstraße noch eine Flasche Refosko, irrtümlich, denn ich dachte, es wäre ein preisgünstiger, roter Sekt ... Mein Chef, Professor Hoffer, hatte mir nachmittags freigegeben. Ich wußte, daß einige Vettern und Cousinen am Nachmittag eintreffen würden, und ganz ohne „geistige Getränke" wollte ich nicht dastehen.

Plötzlich, so gegen fünfzehn Uhr, sehe ich durch das Fenster meines Zimmers den Jeep von Mr. Jansack vorfahren, neben ihm sitzt meine Schwester Lori, deren Chef er ist. Ich renne hinaus, um sie zu empfangen. Lachend begrüße ich sie. Ich merke nichts. Da sagt Lori mit brüchiger Stimme: „Ja weißt du nicht, was mit Vater ist?" — „Ist er krank?" Ich sehe in bleiche Gesichter:

Bild rechts:
Hochwinter

Bild umseitig:
Spiel oder Ernst?

„Tot"... schluckt Lori, und ich begreife noch immer nicht, will und kann es nicht glauben, stehe wie gebannt. Erst der englische Redeschwall des Amerikaners, der mir kondolieren will, bringt mir die volle schreckliche Wahrheit ins Bewußtsein. Behutsame Hände helfen mir in den offenen Jeep, und in halsbrecherischem Tempo — in einem Tempo, das nur den Besatzern gestattet ist, rasen wir nach Stainz. Diese Fahrt werde ich nie, nie in meinem Leben vergessen.

Ich habe keinen Blick für die Umgebung und keine Tränen. Nur einen Klumpen, dort, wo das Herz ist, und ich gebe es zu, — Anflüge von schwarzer Wut und Haß in den Schläfen. Aber noch immer ist mir das Ganze nicht voll zu Bewußtsein gekommen. An den Tod glaubt man wohl mit dreiundzwanzig Jahren, aber man kennt ihn nicht, er passiert ja meist den anderen. Man ist überhaupt nicht vertraut mit ihm, er ist ja so weit hinter den Mauern des „einmal Möglichen" verborgen. Und mit dreiundzwanzig Jahren meint man ja noch, daß das Leben weiter so langsam (und intensiv gelebt) weitergehen wird wie bisher. Dabei hat man, was Empfindung und Zeitgefühl betrifft, mit rund dreißig Jahren schon dreiviertel seines Lebens hinter sich. Aber wie gesagt, ich war dreiundzwanzig Jahre alt und mein Vater noch nicht sechsundfünfzig. Die nun folgenden Stunden und Tage gingen wie im Nebel an mir vorüber. Der Schmerz kam nicht, als ich den Vater bleich, aber unverändert jugendlich, ohne Brille auf dem Totenbett liegen sah. Er kam erst in der Nacht, als ich nach zwei Stunden Schlaf mit der Gewißheit aufwachte: „Mein Vater ist tot." — Tagelang weinte ich, tagelang aß ich nicht. Dabei waren wir plötzlich Mittelpunkt geworden. Alle Verwandten waren da, alles half, alles tröstete. Und da, inmitten seines bescheidenen neuen Heimes, lag still und friedlich dieser bedeutende und so selbstlose Mann, auf den die Familie ewig stolz sein kann.

Als Junger wollte er Universitätsprofessor werden. Zwei Staatsprüfungen hatte er bereits mit Auszeichnung bestanden. Dann mußte er als Jungvermählter nach Csákberény, um dort das Gut meiner Großmutter zu übernehmen. Aber nicht als Besitzer, nur als Verwalter. Bald kam er in das Gefängnis von Béla Kun. Als er dann Mitte der dreißiger Jahre das schöne Gut übernahm, hatte er noch genau vier Jahre, um es zu genießen. Da brach der Zweite Weltkrieg aus. Und was nachher aus seiner „Karriere" wurde, das wissen meine Leser schon zur Genüge. Nun standen seine noch junge Witwe und die sechs Kinder um seine Bahre und konnten nichts tun als weinen.

Als die Nachricht von seinem Tode Csákberény erreichte, zelebrierte unser Dechant eine Seelenmesse. Mehr als das halbe Dorf war anwesend, denn der Tod dieses Mannes hatte sie alle gerührt. Er war zwar der angeblich reiche Gutsbesitzer, der „Burschuj", gewesen, doch seine Güte

Bild links:
Autofahrer, achtet auf das Wild!
Bild umseitig:
Wo es noch Hasen gibt

und seine Taten brachten ihm die Liebe seiner Mitmenschen und der Csákberényer Dorfbewohner ein, eine Liebe, die sie über die Zeitenwende und den Tod hinaus bewahrten.

Denn der gute Mensch und die Wahrheit brauchen keine Reklame.

Eines Marders letzter Tag

Auf dem verschneiten Giebel der Ruine putzten sich aufgeplusterte Saatkrähen. Ihr Ruf war langgezogen und leise, fast schmeichelnd und genußvoll, dabei verdrehten sie ihre Augen, daß sie bläulich wirkten. Unten in den Wässern, die das Eis zur Unbeweglichkeit verurteilt hatte, wartete der Frühling auf seine Zeit. Die Jännersonne spähte durch die schwer tragenden Äste, und überall fielen Schneebatzen zu Boden, wo sie zerplatzten und barsten. Dann hatte die Sonne leichtes Spiel, der Pulverschnee schmolz zu Wasser, und unsichtbarer Dunst stieg der Sonne entgegen. Die Schatten waren blau, und die schweren Nebelfelder zerstoben im dampfenden Nichts.

Unter der Ruine stand ein Apfelbaum, auf den man im Herbst vergessen hatte. Während die großen und überreifen Früchte alle heruntergefallen waren, vergaßen Frost und Sturm einige kleine, leichte Exemplare auf den Ästen. Häßlich und unbeachtet, hatten sie trotzdem die reifen und gesunden überlebt. Später kamen die Amseln und die vielen kleinen Wintervögel und fraßen sich durch das süße Fleisch der Äpfel. Eichelhäher zankten sich um die schönsten, Krammetsvögel bearbeiteten die steinhart gefrorenen Früchte, bis nur mehr die rotglänzende Haut übrigblieb. Anschließend waren sie zu den Fasanenfütterungen und zu den Wildäckern geflogen, bohrten in den dampfenden Misthaufen und den wärmespendenden Strohtristen und kümmerten sich nicht mehr um die pflaumengroßen Schrumpfäpfel, die fest mit den Ästen verwachsen, noch immer an den Bäumen hingen.

Dann aber kam der große Schnee. Drei Tage lang schneite es lautlos aus schwarzen, tief hängenden Wolken. Die Tristen und Misthaufen waren verschwunden, und die Reste der Äpfel auf dem Boden lagen unter einer halbmeterhohen, weißen Decke: unerreichbar. Und plötzlich waren die Vögel wieder da und erinnerten sich der „Vergessenen" auf dem Baum. Ihr hartes, holziges Fleisch schmeckte zwar abscheulich, aber es füllte die Mägen der bunten Krammetsvögel, die, nun rund und Äpfeln gleich, sich von den kahlen Bäumen abhoben. Es war die Zeit des Winters und der Not. Es war die Zeit der Füchse und der Marder. Es war die Zeit des Jägers und der Waldgänge. Und über die weiße Unendlichkeit fegten rastlos die Winde.

Schon um sechs Uhr früh hatte mich der Freund aus dem Burgenland angerufen, ich solle mich sofort auf den Weg machen, denn heute würden wir im Neuschnee Mardern nachspüren. Vielleicht wäre auch die eine oder andere Sau zu bekommen. Unrasiert und mit einem Becher Kaffee im Magen, war ich losgefahren, und im Obstgarten unter der Ruine wartete auch schon der Freund. Wir waren nur zu zweit, und das war vielverheißend. Die Fahrt mit dem neuen, mit Winterreifen ausgestatteten „Derby" war angenehmer und problemloser gewesen, als ich befürchtet hatte. Nun stand eine wärmende Sonne über den Eichen, und der Himmel war so dunkelblau, wie er es nur im Winter und nur über der reinen Neuschneedecke sein konnte.

Eine Jagd zu zweit, nur der Jagdherr und ich — welch beglückende Seltenheit, welch erfreuliches Geschenk! Überall, auch schon beim Krähen- und Elsternschießen, drängt sich heutzutage schießfreudiger Jägernachwuchs zwischen Weidwerk und Einsamkeit, und was früher nur ganz wenige interessierte, was nur vereinzelt Kenner und brave Berufsjäger taten, das berührt nun auch jene Randfiguren der Jagd, die glauben, viel Versäumtes „nachholen" zu müssen. Kaum zurück von einer alkoholschweren und viele Silberlinge fressenden Massenjagd im Ausland, wo der spitzhütige und moosgrüne Neujäger mit seiner glänzenden Bockflinte eine gar nicht so üble Figur auf die Aufstehgockel gemacht hat, will man „weitertun" und auch jetzt, in der Jagdpause, den Finger krumm machen. Der Plastik-Uhu, den man im Sommer in Udine gekauft hat und der seitdem grantig und glasäugig über dem Kamin der Jägerstube hängt, dieser Uhu mußte jetzt ausprobiert werden. Doch bald schwindet die Lust dahin, und man wird lieber nach langen Partynächten die Matratze wärmen oder verkühlt vom langen Ansitz das gleiche tun. Sollten doch die Verrückten jetzt im Wald umherlaufen!

Und genau das war unsere Chance. Mit dem geländegängigen Lieferwagen erklommen wir schallgedämpft die noch jungfräulichen Waldwege. Ganz langsam fuhr der Freund, damit wir vom Wagen aus sofort die Fährten und Spuren besichtigen konnten. Der Wagen stotterte und hustete ein paarmal, aber der weiche Schnee verschlang diese naturfremden Geräusche so vollständig, daß die Stille direkt zu greifen war. Und wir brauchten nicht weit zu suchen. Von der verschneiten Buchendickung führte die frische Marderspur über die Schneise in den Hochwald. Man sah die Abdrücke kaum, so tief drang die Spur in den flockigen Schnee, man konnte die Rute gut ausnehmen und feststellen, daß es sich zweifelsohne um einen starken Marder handelte. Der Wagen wurde im Steinbruch abgestellt, beide schulterten wir unsere Waffen. Der Jagdherr hatte seinen Drilling, ich meine Springer. Langsam, mit ausholenden Schritten folgten wir der Spur. Im Hochwald war es nicht schwer, aber die Spur führte weiter in den Jungwald und später über einen Schlag in die Dickung. Da die Dickung nicht breit, vielmehr ein schmaler Streifen war, umgingen wir sie in aller Ruhe; — und wahrhaftig, dort führte sie ja weiter hinunter, dem Bache zu.

Zweimal mußten wir große Widerläufe ausgehen, was uns fast zwei Stunden kostete. Immer wieder landete die Spur aber im Hochwald, zuletzt im alten Mischwald, an der Sonnseite. Einmal hatten wir schon gejubelt, denn der Marder war aufgebaumt. Leider war es aber nur ein Kontrollgang über die Äste gewesen, um alte Eichhörnchenkobel zu inspizieren. Dabei waren Laub und allerhand Graswerk zu Erde gefallen, offensichtlich war die Begutachtung umsonst gewesen.

Die Spur führte weiter, und wir hatten uns schon einige Kilometer von unserem Wagen entfernt. Ja die Nacht ist lang, und der Hunger ist groß. Wieder lag ein Dickungsstreifen vor uns. Dieses Mal müssen wir durch, denn auf einer kleinen Lichtung stehen alte, verwitterte Eichen, dort könnte ohne Zweifel die Marderburg sein. Also hinein ins kühle Naß! Wir sind natürlich schon länger unterwegs, und auch im Hochwald bekommt man seinen Teil von herabfallenden Schneebatzen und schlagenden Ästen ab. Das ist aber alles nichts gegen das Eisbad, das uns hier erwartet. Am meisten kriegt mein Freund ab, der vorne geht. Dabei packt er die tief herunterhängenden Zweige ganz zart und schüttelt sie, bevor sie hochschnellen. Die hochschnellenden Äste aber schlagen den Schnee von höheren Ästen herunter, und dieser fällt geradewegs in meinen Kragen. Von innen schwitzen wir, von außen werden wir gebadet. Schweiß und Schnee vereinen sich unter dem Hemd. Die Waffen sind halbwegs durch Mündungskappen geschützt, doch auf beiden Abzügen bilden sich zuweilen Eiskrusten. Hier bei den großen Eichen hat der Marder Beute gemacht. Was es ist, können wir nicht genau feststellen, aber es hat Haare gehabt und stark geschweißt. Die Reste hat der Marder anscheinend in einem Baumloch vergraben. Seine Fährte geht jetzt aus der Dickung hinaus und zum großen Buchwald, dem legendären „Urwald". Daß er dorthin will, das zeigt uns seine schnurgerade Spur, und mein Freund meint zuversichtlich, daß dort auch seine „Burg" sein dürfte.

Daraufhin erzählt er mir die Geschichte dieses Buchwaldes: Hier hätten zur Zeit Napoleons des Großen ungarische Husaren ein Sammellager gehabt, denn von hier aus sollten sie hinauf zur Donau rücken. Über zwei Wochen lagerten sie in diesem Wald, und in den Dörfern der Umgebung gibt es noch heute bleibende Erinnerungen an diese Soldaten, zum Beispiel in einem „Husarenkreuz", zweier „Husarenhügel" und einer „Husarenstraße". Zu ihrem Eingreifen an der Donau ist es aber nicht mehr gekommen. Der Kommandant und seine Mannen hatten den weiteren und flachen östlichen Weg gewählt, und bis sie bei Petronell an die Donau kamen, war die große Schlacht bereits beendet.

Auch im Zweiten Weltkrieg lagerten hier wieder Soldaten. Sogar eine Frontlinie verlief über diesen bewaldeten Hang, wo heute noch Bäume stehen, die schon zu Napoleons Zeiten standen. Die Russen waren Ende März und Anfang April 1945 mit einem Panzerkeil durchgebrochen und damals im Raabtal bis nahe Kirchberg gekommen. Die letzten Soldaten der Heeresgruppe Rendulic aber hatten sie bis hier ins Burgenland zurückgeworfen, wo sie sich dann zwei Wochen lang einigelten. Noch immer sind Trichter und Schützengräben zu sehen, und im Sommer findet dann und wann ein Schwammerlsucher noch eine russisch beschriftete Konservendose, auf der ganz klein „made in USA" steht. Lange galt das Gelände als vermint.

Die Russen sollen derart ungenügend bewaffnet gewesen sein, daß sie bis zum Kriegsende keinen Vorstoß mehr wagten, es sei denn auf einige Kilometer ins Flachland, aber auch erst, als kein einziger deutscher Soldat mehr in den Dörfern steckte. Seitdem war dieser „Urwald" ein Paradies für Sauen, Fuchsfamilien und für Marder. Mein Freund äußerte sich zuversichtlich, als wir den Dom der uralten Baumriesen betraten. Stämme von etlichen Metern Umfang standen hier reihenweise: einige schon zerfallen und ohne Krone, andere noch in der Vollkraft ihres langen, erfahrungsreichen Lebens. Sie standen und schwiegen, weil niemand sie verstand, doch sie waren gescheiter und erfahrener als manch junger Wirrkopf oder manch alter Dogmatiker. Sie sangen im

Winde von längst vergangenen Zeiten, doch niemand, nur der Naturfreund und der einfache Mensch konnten sie verstehen.

Unter diesen Bäumen waren Männer gesessen und hatten von ihren Vätern erzählt, von der großen Kaiserin und ihrem Vater, dem Jäger Karl VI., den manch einer beim Fürsten Esterházy zu Besuch sah. Ich streichelte den Stamm einer Eiche, die zu umfassen drei erwachsene Männer nicht fähig waren. Ich erschauerte, ähnlich wie damals, als ich 1950 zu ersten Mal den Petersdom betreten hatte.

Die Sonne hatte jetzt ihren höchsten Punkt schon überschritten. Es war geisterhaft still, und mein Herzschlag zählte die Sekunden. Die Marderspur hatte jetzt kleine Bögen und ganze Kreise beschrieben, sie verließ den Hochwald sogar zweimal, um bald wieder hineinzuführen. Ganz offensichtlich wollte der alte, erfahrene Marder seine Verfolger irreführen. Und dies gelang ihm auch. Wir waren am Ende und kannten uns nicht mehr aus. Die Spuren überkreuzten sich derartig, daß die eigentliche, die letzte, nicht mehr zu halten war. Erschöpft setzten wir uns unter einer alten Eiche nieder. Daß der Marder hier irgendwo seine „Burg" hatte, das schien uns klar. Aber wo! Während wir hungrig den kalten Braten und frisches, weißes Ungarbrot zu uns nahmen, fiel mein Blick auf einen morschen Baum. Eigentlich waren nur noch der Stamm und ein einziger dicker Ast vorhanden. Vor vielen Jahren schon war die Krone abgebrochen und zu Boden gefallen. Er schien oben offen zu sein. Längs des Stammes waren zahlreiche Spechtlöcher und Baumschwämme zu sehen. Letztere hatten weiße Kappen, bis auf einen . . . Oha, warum war dieser eine Baumschwamm so völlig nackt? Mit neuer Hoffnung sprangen wir auf und gingen geradewegs zu diesem Baumveteranen. Die Marderspur führte zu diesem Baum und endete dort. Und obgleich auf zehn bis fünfzehn Meter zahlreiche Widdergänge zu sehen waren, direkt vom Baum weg führte keine Spur! Er mußte also nach menschlichem Ermessen in diesem hohlen Stamm stecken. Ich postierte mich nun auf einige Entfernung vom Baum, nicht zu nah, weil meine Flinte sehr eng schießt. Mein Freund schlug mit einem Prügel einige Male an den morschen Stamm. Es klang irgendwie hohl, als ob man auf eine Riesentrommel schlagen würde. Manchmal wieder klang es, als schlüge man auf einen vollen Mehlsack. Ich hielt die Flinte fast krampfhaft bereit. Mein Freund schlug und schlug. Sein Gesicht wurde immer röter und glänzender. Wir sprachen kein Wort, und trotzdem spürte ich eine ganz leise Enttäuschung hochkommen. Der Schnee staubte von den Schwämmen herunter, der stille Wald war vom Dröhnen der Schläge erfüllt, irgendwo schreckte ein Reh. Meisen kamen neugierig heran, ein Eichelhäher schäkerte immer näher.

Dann machte der Freund eine Pause. Der Wald erstarrte in Stille, wir sahen einander wortlos an. Ganz in der Ferne hupte die Rettung, und der Nachmittagszug in Ungarn drüben schnaufte tief und immer schneller. Was war das? Hatte mein Freund sich bewegt? Ich sah ihn an und erschrak. Sein früher rotes Gesicht war völlig bleich geworden. Und ohne sich zu bewegen, zeigte er mit den Augen hinauf. Und dort, auf dem einzigen Querast hockte, als ob er immer schon dort oben gewesen wäre, der Marder und äugte zu uns herunter. Sein gelber Kragen war kaum zu sehen, denn seine Silhouette stand gegen den Himmel. Ich fuhr auf. In diesem Augenblick sprang der Marder; und zwar genau hinter den Stamm, weg von mir, weg vom näher stehenden Freund. In zwei, drei Sprüngen war ich beim Baum, dort pflügte der Marder in schlangengleichen Fluchten den tiefen Schnee. Er war schon auf dreißig Schritt, als ich schoß. Alles war so schnell geschehen, daß mein Freund noch immer den Prügel in der Hand und die Waffe auf der Schulter hatte. Der Marder war verschwunden, der Schnee staubte nicht mehr, und das Echo verklang über den Hügeln und Mulden in der Ebene. Und dann standen wir vor einem kapitalen Rüden, dessen glänzendes dunkelbraunes Winterhaar und orangegelbe Weste sich bunt gegen die weiße Kulisse abhoben. Drei Schrote waren ins Leben gedrungen, aus dem Fang tropften rote Perlen, um dann im Schnee zu verschwinden.

Auch die Strahlen der Sonne waren verschwunden. Die Wipfel der urigen, verschneiten Tannen leuchteten rosa, über die fernen Gipfel legte sich frech und violett der aufkommende Abend. Kälte stahl sich den Rücken hoch, und die steigenden Nebel vereinten sich mit dem Abendrot. Als die Dunkelheit aus den Tälern kam, erwachte der Abendwind und stöberte durch den Urwald. Er flüsterte vom Gestern und vom Vorgestern, und niemand sagte ihm, daß der Herr des Waldes, der alte Goldhals, sein Zuhause für immer verlassen hatte.

Bild rechts:
Stockentenpaar

Bild umseitig:
Das Wasser birgt viele Leckerbissen

Ein Wiedersehen mit der Valle

Den Lesern meines ersten Buches wird noch erinnerlich sein, daß ich in den fünfziger Jahren mehrmals in den Lagunen von Venedig auf Enten gejagt habe. Diese Einladungen verdankte ich meinem Freund Erni Stubenberg und natürlich dem Jagdherrn der Valle Ingrassabó, Dr. Ramiro Monti.

Seither sind zwanzig Jahre vergangen, in denen Ramiro und ich grauer geworden sind, die Enten weniger und die Zeiten . . . na ja, lassen wir das. Inzwischen hat schon Ramiros Sohn Gusti einige graue Fäden in seinem dichten Schwarzhaar. Als ich das letzte Mal in der Valle war, umsprang er uns noch als Bübchen.

Diesmal kam die Einladung überraschend und knapp. Erni rief an, daß sein Sohn Hansi unabkömmlich sei, und ob ich statt seiner am Freitag früh mitfahren würde. Im Gegensatz zu früher finden die Jagden nämlich nicht mehr an Sonn-, sondern an Samstagen statt. Begeistert sagte ich zu. Da es Ende Februar war und wir beide — zwar bestens motorisiert — kein Risiko mit dem Wetter eingehen wollten, beschlossen wir, auch jetzt den Zug zu nehmen. Sind wir in früheren Jahren mit dem damals einzigen Schnellzug des Nachts gefahren, wählten wir dieses Mal einen Tages-Expreßzug mit dem Namen „Romulus". Schon die Besorgung der Rückfahrkarte bis Mestre zeigte mir, was sich alles in den vergangenen zwanzig Jahren geändert hatte. Die Fahrkarte kostete das Achtfache von damals, ganze siebenhundert Schilling — und das noch ermäßigt!

Da wir vorhatten, schon am Samstag nachmittag nach Graz zurückzufahren, packten wir wirklich nur das Allerwichtigste ein. Bei mir war dies meine Springer-Flinte, ein Paar Gummistiefel, ein Muff, warme Sachen und meine Kamera. Wenn auch weit weniger zu erwarten war, wollte ich diesmal all das einstens Versäumte fotografieren. Daß in Italien die Verhältnisse sich weitgehend und nicht zum allerbesten geändert haben, war uns bekannt. Niemals habe ich damit gerechnet, noch einmal die Valle wiederzusehen. Ich wäre also auf jeden Fall — auch als Zuschauer — mitgefahren. Nun waren es auch wieder zehn Jahre her, daß ich im Nildelta die ägyptische Entenjagd kennengelernt hatte, und ich gebe zu, daß die Reize der sehr ähnlichen

Bild links:
Burry an der Arbeit im Hainfelder Teich
Bild umseitig:
Der Waldteich von Kirchberg, ein Entenparadies

Valle-Jagd mich mit unbezähmbarer Vorfreude erfüllten. Schon dieser Vorfreude wegen steht es dafür, Weidmann zu sein.

Freitag früh trafen wir uns mit Erni am Grazer Hauptbahnhof. Da Erni inzwischen schon „Senior" geworden war und Ermäßigung genoß, hatte er gleich erste Klasse gebucht. In Bruck bestiegen wir den „Romulus", der rüttelnd und schwankend, aber mit enormer Geschwindigkeit gegen Süden raste. Die letzten milden Tage und der vergangene Regen haben den Schnee in den Tälern schon völlig weggeputzt. Wirklich weiß ist es nur noch bei Tarvis und im oberen Kanaltal.

Im Speisewagen treffen wir Laci Batthyány, der seinen Wagen „mitfahren" läßt. Das Erdbebengebiet in Friaul, von der Presse und den Menschen schon fast vergessen, mahnt an die Unsicherheiten und Naturgefahren auch des modernen technisierten Lebens. Und wieder können wir auf unser Land stolz sein. Ohne Ressentiments hat Österreich spontan den einst vom alten Staat abgetrennten Friaulern in ihrer Not geholfen, Baracken und Fertigteilhäuser gebaut, und es danken uns sowohl die freundlichen Menschen des Gebietes als auch Transparente und Mauerinschriften. Ein jahrhundertealtes Zugehörigkeitsgefühl macht sich gerade in der Not bemerkbar, ein ähnliches wurde vor zwanzig Jahren nach dem Ungarnaufstand hervorgerufen. In Conegliano steigt massenhaft Militär zu, bei uns ein völlig undenkbarer Anblick. Die jungen Soldaten sehen gut aus, haben kurz geschorene Haare, manche tragen rote Zuavenmützen mit Quasten, eine an den Fasching erinnernde Kostümierung. Sie reden aufgeregt über ihren Colonello, der mit dem „Urlaubgeben" nicht sehr großzügig zu sein scheint. Endlich fährt der Expreßzug in Mestre ein. Am Perron wartet Ramiro Monti und verfrachtet uns in seinen Geländewagen. Wir fahren ein Autobahnstück Richtung St. Donat, wo im Ersten Weltkrieg Tausende Österreicher und Ungarn gefallen sind. Bis hier kamen die Spitzen der Boroevic-Offensive, und noch heute findet man in der Piave österreichische Waffen und Artilleriemunition, die man als Trophäe und als Salonschmuck verwendet. Ein alter burgenländischer Freund fällt mir ein, der als ungarischer Soldat hier gekämpft hat.

Man sieht die Gegend mit anderen Augen, wenn man die Geschichte oder einen Teil von ihr zu kennen glaubt. Denn was wir über die Geschichte wissen, haben wir aus Büchern und Zeitungen gelesen. Schon ein kurzes menschliches Leben aber beweist uns immer wieder, daß es zwischen geschriebener und wahrer Geschichte einen Unterschied gibt, daß in unserem Leben doch vieles ein wenig anders war, als es junge Historiker, Schulbuchautoren oder Politologen wahrhaben wollen. Meistens liegt die Wahrheit nicht bei extremen „Schwarz-Weiß-Ansichten", sondern mehr der Mitte zu angesiedelt.

Aber uns fesselt jetzt die Landschaft der Lagune, die plötzlich rechts von uns auftaucht. Ein schmaler Feldstreifen trennt unsere Schotterstraße vom Lagunenrand. Hier und da sehen wir dichte Brombeerstauden, da und dort sogar einen Fasangockel stolzieren. In der Luft Möwen, Krähen und vereinzelt auch Wildgänse. Die eigentliche Valle Ingrassabó wird durch ein mit Stacheldraht verziertes Tor „betreten". Nun erläutert uns Monti seine Valle. Hier rechts sind

Tausende Bläßhühner, aufgeteilt auf einige Quadratkilometer. Er sagt, daß die seit der Dogenzeit üblichen Treibjagden auf die schwarzen „Folaghe" nunmehr verboten seien. Er zeigt mit dem Finger in die Richtung, wo ich vor zwanzig Jahren, im Jänner 1957, das letzte Mal in der „Botte Bannièra" meinen Stand hatte.

Der Leiter der Landwirtschaft, ein älterer Cavaliere, empfing uns mit einem Gläschen weißem Landwein. Ihn habe ich vor zwei Jahrzehnten kennengelernt und erkenne ihn auch sofort wieder, schon weil ich die Fotografien aus dieser Zeit des öfteren betrachtet habe. Er allerdings hat keine Ahnung, wer ich bin. Im eigentlichen Jagdhaus Monti empfangen uns der „Fattore" und der „Capo-Caccia". Letzteren erkenne ich wieder, er hat sich kaum verändert. Die Köchin, vor zwanzig Jahren eine glutäugige Schönheit, ist auch noch dieselbe. Ich beziehe dasselbe Gastzimmer wie vor zwei Jahrzehnten im ersten Stock. Die Zeit vor dem Abendessen nütze ich, um mich im wesentlich verschönerten Haus umzusehen. In großen Vitrinen sind alle in der Valle vorkommenden Wasservögel ausgestellt. Eingerahmt, mit künstlerischen Zeichnungen versehen, ist die genaue Strecke in Abschnitten von jeweils zehn Jahren angeführt. Neben der Fotografie des Schützen ist seine Strecke, die Strecke des Jahres und Dezenniums abgebildet. Auffallend ist dabei, daß im Zeitabschnitt von 1950 bis 1960 um achttausend Stück weniger geschossen wurden als in jenem von 1960 bis 1970. Die Anzahl der Tage, an denen der jeweilige Schütze hier jagte, sind ebenfalls feinsäuberlich vermerkt und ergeben einen Jahresdurchschnitt von sechs Jagdtagen! Der Jagdherr nahm in den Jahren 1960 bis 1970 insgesamt an einundsiebzig Jagden in der Valle teil. Da man nur einmal in der Woche jagt und die Wasserwildjagd vom Spätherbst bis Anfang März dauert, ist von einem zu großen Eingriff keine Rede. In letzter Zeit hat man die Abschußzahl in den gehegten Privatjagden zwar eingeschränkt, doch bringt es wenig ein, weil noch immer viele freie Jagden solche Maßnahmen nicht einführen wollen. Klassenkampf in der Jagd, in einem Land, das aus ähnlichen Gründen einst die „freie Jagd" eingeführt hat und wo das heimische Wild so gründlich ausgerottet wurde, daß man auf Kleinvögel „überging".

Knapp vor dem Abendessen treffen die weiteren drei Schützen ein, und der Aperitif wird serviert. In dieser Valle nehmen an einem Jagdtag grundsätzlich nur sechs Schützen teil. Jeder bezieht eine (von den anderen Schützen meilenweit entfernte) „Botte", ein auf einer Insel im Boden eingelassenes Betonfaß, wird durch einen Begleitjäger auf einer Gondel zum Stand gebracht, und der Jäger behält ihn die ganze Zeit aus einer Entfernung von zirka zwei Kilometern im Auge. Jeder Jäger hat einen guten, speziell für die Nachsuche in der Valle ausgebildeten Apporteur. Um das Faß werden aus Paraffin gefertigte und mit Blei versehene Lockvögel verteilt. Eine lebhafte Diskussion entsteht über Sinn und Sinnlosigkeit diverser Schonmaßnahmen, und es ist halbneun Uhr, als wir ins Speisezimmer zum Essen gebeten werden.

In Krügen wird ein leichter Rotwein mit würzigem Nachgeschmack, in Flaschen der goldgelbe, herbe Landwein kredenzt. Er hat einen ähnlichen Geschmack wie der ägyptische Weißwein. Zuerst werden längliche Muscheln serviert. Sie schmecken ausgezeichnet, und ich nehme zweimal davon. Dann werden uns kleine runde Muscheln mit einem anderen Geschmack offeriert. Die freundliche Maria nötigt uns fast, noch einmal zu nehmen. Dann kommen ein herrliches Fischrisotto und anschließend zwei delikate Fische aus der Valle und gegrillter Aal auf den Tisch. An Stelle des vor zwanzig Jahren üblichen Kuchens werden zuletzt diverse Käsesorten und Obst aufgetragen. Es ist viertel nach zehn Uhr, als man uns verabschiedet. Auf meine Frage, wann geweckt wird, bekomme ich die Antwort „so um fünf Uhr". Bald schlafe ich ein. Noch vor dem Weckruf erwache ich durch gedämpftes Gemurmel im Stiegenhaus. Die Jäger sind schon draußen und bereiten für ihre Gäste die Gondeln vor. Die Köchin ist ebenfalls aufgestanden, um uns den Kaffee zu reichen. Sonst gibt es noch nichts zu schmausen, alles ist in die Proviantbehälter gepackt. Der Italiener ist kein „Frühstücksfan". Kaum erscheine ich im Foyer, werde ich schon von meinem Jäger, dem baumlangen Antonio, freundlich in Empfang genommen. Er hat bereits genaue Anweisungen erhalten. Nebeneinander aufgereiht liegen die Gondeln am Molo. Es ist stockfinster, nur eine Laterne spendet ein gelbliches Licht. Ein großer Hund, offensichtlich ein Mischling, steht mit zitternden Flanken neben seinem Herrn. Plötzlich ein Plumps, und er ist schon im Wasser. Er kann es nicht erwarten! Ich steige in die Gondel und lasse mich auf die bequeme Matte niedersinken. Aus der Nachbargondel ruft mir der Jagdherr ein „bocca al lupo" (Weidmannsheil) entgegen, und schon fahren wir in verschiedenen Richtungen davon. Zuerst wird „gestakt", dann nimmt Antonio die schweren Ruder, und mit Leichtigkeit gleitet das Boot in die noch finstere Valle hinaus. Der Hund hat sich vorne am Bug postiert, der ab und zu aufleuchtende Turm von Jesolo läßt seine Silhouette malerisch erscheinen. Noch eine Weile rufen sich die Gondolieri einige Worte zu, dann ist es still, nur das gleichmäßige Ächzen der Ruder und ein leichtes Plätschern des Wassers ist zu vernehmen. Es riecht nach Tang, Fisch und Salz. Ringsherum hört man Flügelschlagen und Entengeschnatter, das Pfeifen von Limicolen, das melancholische Locken der Möwen und das monotone Rufen der Reiher.

Ich denke an die zwanzig Jahre, die vergangen sind wie ein Jahr. Ich kann mich noch an alles erinnnern, als ich vor genau zwanzig Jahren und einem Monat das letzte Mal hier hinausfuhr. Mein damaliger Begleiter ist längst gestorben, und auch der Urenkel seines Hundes ist lange nicht mehr. Damals war ich gerade dreißig Jahre alt geworden. An meinem dreißigsten Geburtstag, den ich im gastlichen Hause der Familie Nyáry verbrachte, waren auch viele ungarische Flüchtlinge geladen. In nochmals zwanzig Jahren werde ich schon ein Greis sein, falls mich Gott so lange leben läßt. Das Älterwerden schmiedet die Brücke zur Vergangenheit. Plötzlich ist nicht nur das eigene Leben kurz, auch die Jahrhunderte rücken näher. Nur der alte Mensch kann das Leben wirklich begreifen, aber so sehr er auch bemüht ist, sein Wissen weiterzugeben, er wird nie so richtig Gehör finden. In unserer Zeit der Dekadenz sind Alter und Vergangenheit ohnehin nicht sehr geschätzt. Man weiß ja alles besser und über alles Bescheid. Unsere „Lehrer" und „Beeinflusser" könnten unsere Kinder sein. Für jede Frage gibt es einen Spezialisten, eine Maschine, einen Computer. Die Allgemeinbildung wird aus manipulierten Büchern und aus der Glotzröhre gesogen. Fragen, die vor hundert Jahren noch wesentlich und lebensnotwendig waren, sind heute so uninteressant, daß man sie gar nicht erst stellt, geschweige denn beantwortet. Alles fließt — nur die Natur ist ewig, und ihre Gesetze bleiben die gleichen.

Wir sind genau vierzig Minuten gefahren, als Antonio die Gondel endlich stoppt. Meine „Botte" ist auf einer ganz kleinen Insel von etwa vier Meter Durchmesser. Ich steige aus, und gemeinsam packen wir alles in den „Schirm": die Springer und ein Reservegewehr, den Drehsitz mit dem Proviant, das Taschensystem, das innen rundherum verläuft und mit Messinghaken am Rande der Betontonne festgemacht wird. Eine Patronenkiste aus Metall wird noch hereingereicht. Dann legt Antonio die Lockenten aus. Ich frage ihn, ob ich schon mit dem Schießen beginnen kann, ob es keine „Tromba" gibt. Er sagt, die „Tromba" (mit unseren Worten das Anblasen) wurde schon lange abgeschafft. Ich solle gleich schießen, wenn etwas kommt. Dann entschwindet er in die Dunkelheit. Ganz langsam und allmählich wird es Tag. Schon fallen die ersten Schüsse. Drüben auf der Straße nach Jesolo brummt der früheste Autobus dahin. Sein grelles Hupen ist ein Mißton unter all den Naturlauten um mich. Dreist überfliegen mich die Möwen. Von rechts kommt die erste Ente, umkreist mich einmal, zweimal, dann schieße ich, und sie fällt mitten unter die kunstvoll ausgelegten Lockenten. Eine Spießente, offensichtlich ein Erpel. Es wird licht. Ein grauer diesiger Tag schleicht sich über die Lagunen. Es beginnt ein wenig zu nieseln. Ein Regenguß wäre nun unangenehm. Bald hört es aber wieder auf. Drei Edelreiher sind auf der Nachbarinsel eingefallen und sichern mit langem Stingel. Von irgendwo ganz oben fällt wie ein Geschoß mit angelegten Schwingen ein Seidenreiher zu ihnen ein. Dann kommen wieder Enten, und auf die Schüsse steigen sie majestätisch und irgendwie indigniert in die Lüfte. Bläßhühner sind in großer Schar im Anflug. Sie ziehen vorbei, ohne sich um die Lockenten zu kümmern. Der „Pulk" ist so groß, daß einige „Randvögel" auch meine Botte in Schußnähe überfliegen. Das gibt zu schönen Schüssen Gelegenheit. Allmählich werde ich durch das dauernde Drehen und die Gleichmäßigkeit der Landschaft schwindelig.

Ich steige aus der Botte und fotografiere von der „Höhe" die wunderschöne winterliche Valle. Interessant, daß es hier Steppengras und Heidekraut gibt. Die Inseln sind von verschiedener Art. Es gibt „echte" so wie die meine hier und „falsche", die nur aus Schilfgras bestehen. Ein böiger Wind kommt auf und treibt die geschossenen Vögel langsam nach Westen. Dort aber verfangen sie sich bald in den Inselchen und den Gräsern. „In basso, in basso..." ruft Antonio von weitem, und schon ist ein Pulk Pfeifenten über mir. Beim Sprung in das Faß verletze ich mir leicht den Unterarm. Bis ich die Springer erfasse und schußbereit bin, sind die Enten schon lange außer Schußweite. Eine Bekassine gaukelt im Wind in großer Höhe vorbei, eine einzelne Nebelkrähe fliegt niedrig, aber in Respektdistanz, und genau über mir, aber leider zu hoch segeln drei Saatgänse. Drüben in der „Val Doga", der ehemaligen Jagd des Dogen, knallt es ununterbrochen. Von dort kommen auch die meisten Enten. Das ausgedehnte Naturschutzgebiet, auch nicht sehr weit von uns, wirkt wie ein Magnet auf die bedrängten Wasservögel.

Inzwischen bin ich hungrig geworden und widme mich meinem Drehstuhl. Das Proviantpaket ist üppig: kaltes Huhn, Schinken, Käse, Obst, eine Thermosflasche mit Zitronentee, eine Halbliterflasche Chianti und viel frische Brötchen. Wie immer bei der Jagd, wenn man ißt (oder das genaue Gegenteil tut) ist auch gleich das Wild da. Nun sind es Knäkenten, die pfeilschnellen Marzaiolen (Märzvögel), die anscheinend wegen der warmen Witterung schon Vorboten des Frühlings sind und aus dem Süden kommen. Ich ergreife ausnahmsweise den mir mitgegebenen Browning und schieße die erste einfallende Ente schön herunter. Dann aber streikt der Automat, und ich muß absetzen, ergreife die Springer und kann gerade noch einen Schuß, der auch trifft, nachsenden. Na, das hätte ich auch mit meiner eigenen Flinte gekonnt. Ich greife den Browning bis zum Schluß nicht mehr an. In der Ferne sehe ich vier Gondeln hintereinander am Horizont entlangfahren. Es sind unsere Jäger, die anscheinend auf dem offenen Wasser Enten hochmachen wollen. Das Wasser ist nicht tiefer als vierzig Zentimeter, oft sogar noch seichter. Es ist rein und klar, man sieht kleinere Fische und Muscheln, aber wenige Wasserpflanzen. Schon wieder kommen Enten. Diesmal sind es drei Stockenten, zwei Erpel und eine (bedrängte) Ente. Ich schieße den hinteren Erpel und lasse das Pärchen ziehen. Mein Taschenthermometer zeigt elf Grad Celsius. Der Wind hat völlig aufgehört. Eine längere Pause folgt, die ich zum Fotografieren und Beobachten nütze. Große Uferschnepfen passieren mich, ein Flug Kiebitze zieht vorbei und Möwen, Möwen in gigantischer Zahl.

In Holland und Dänemark werden sie schon lange geschossen, so stark haben sie zugenommen. Hier hat man sie früher auch bejagt, damals wußten sie den Abstand zum Schützen gut einzuhalten. Jetzt muß man froh sein, wenn sie sich nicht auf einen setzen. Überall verstreut im seichten Brackwasser, sind vorschriftsmäßig die Tafeln mit der Aufschrift: „riserva di caccia" angebracht. Sie dienen als Beobachtungstürme für die aufgeblockten Raubvögel. Ich sehe Weihen, Bussarde und einen Fischadler.

Noch einmal kommen nacheinander einige Entenschofe. Sie sind schon müde und fallen ein, ohne zu kreisen. Sowie neue auftauchen, die ich beschieße, stehen sie auf; aber nun sind sie für mich tabu. Ich bin nicht hergekommen, um Aufstehenten zu schießen!

Als es elf Uhr wird, kommt auch schon Antonio angefahren. Wir müssen um halb ein Uhr von der Valle starten, womöglich um zwölf Uhr im Jagdhaus sein. Gekonnt hebt er meine Strecke auf und legt sie in den Bug der Gondel. Der Hund ist dauernd unterwegs, findet alles. Dann kommt die Gondel, und Antonio fischt sich mit dem Ruder geschickt die Lockenten ins Boot. Dann packen wir wieder ein und fahren — jetzt im diesigen Sonnenlicht — dem Jagdhaus zu. Ich bin der Schütze, der den längsten Weg hat. Unterwegs passiere ich eine Botte, den Posto vier. Der Herr aus St. Donat bleibt noch länger, denn am Nachmittag erwartet man viele „Codone" (Spießenten) vom Meer herüber. Er hat auch keine Reise von sieben Stunden wie wir vor sich. Bald kommt auch die Gondel von Erni, der den „Primo Posto" gehabt hat. Vor dem Jagdhaus legen wir nach unserer Art Strecke, die hierzulande früher unbekannt war. Noch eine herrliche Pasta, von der ich drei

Portionen vertilge, und einen Schluck goldgelben Weines und wir nehmen Abschied von der Valle, von diesem herrlichen Kurzbesuch nach vielen, wechselvollen Jahren.

Als wir neben dem Schutzgebiet auf der schmalen Dammstraße vorbeifahren, sehen wir zahlreiche Wasservögel in völliger, ungestörter Ruhe ... Im Speisewagen des „Romulus" lesen wir in einem Abendblatt, daß in Rom an diesem Tag „linke" Studenten gegen die Kommunisten protestiert haben. Eine seltsame Welt, in der wir leben.

Bild rechts:
„Koexistenz"

Bild umseitig:
Das scheue Erdziesel Pannoniens

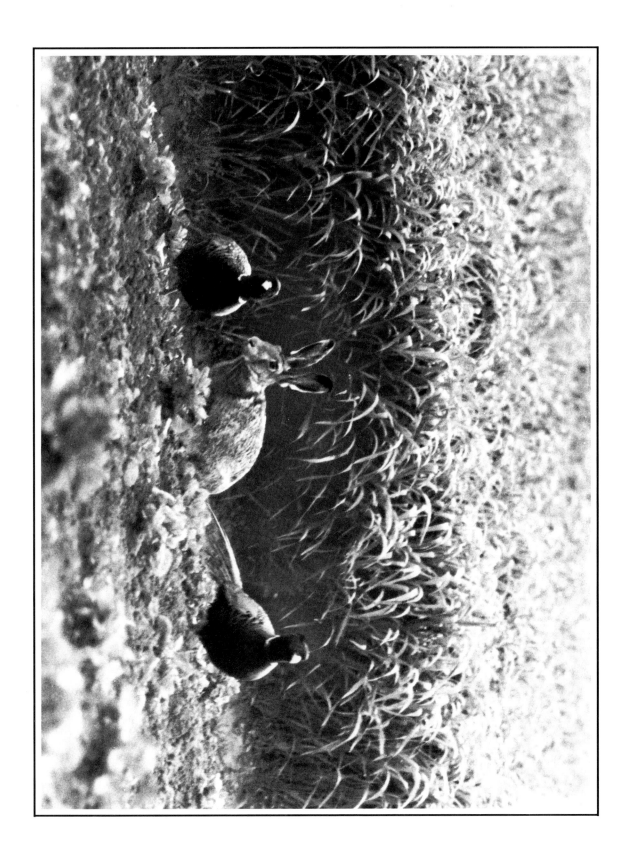

Ein Faschingsfuchs

Der Mond wandelte hinter den Wolken und wußte nicht, ob er sich zeigen sollte. Unschlüssig stöberte der Wind durch die Finsternis, mal über Zäune springend, mal an den Ästen rüttelnd, dann versank er in trüber, seufzender Traurigkeit. Dann war die Nacht so still wie die Toten im Grabe, und über den Mulden gähnten die Nebel, als wären sie unbeweglich. Später streichelte die Hand des aufkommenden Windes über die weiten schneebedeckten Flächen, Pulver glitzerte, Rauhreif rieselte, und plötzlich war der Mond über mir und blickte kalt und unnahbar auf die blaue Unendlichkeit.

Seit einer Stunde saß ich auf der Kanzel des Berges und paßte auf Füchse. Vor mir lehnte meine treue Kipplaufbüchse, daneben stand für alle Fälle die „Springer". Es war kalt, und die Gedanken waren so klar wie die heimlichen Wünsche, die plötzlich jedes Geheimnis verloren hatten. Ich war allein mit meinen treuesten und besten Freunden. Mit der Natur und der Stille, die viele Geheimnisse bargen. Es war Winter, und das Leben schien still zu stehen wie die Zeit. Nichts änderte sich, nichts wuchs, aber auch nichts verwelkte. Undenkbar, daß hier im Sommer die Hornissen emsig ein- und ausgeflogen waren und die grünen Äste der alten Eiche im Abendwind die Kanzel gestreichelt hatten. Jetzt war der Wald laublos, und die Sträucher waren leer. Tief unten in der Erde aber schliefen die Insekten dem kommenden Frühling entgegen.

Ich war aus der Stadt geflohen, wo die Menschen im Dunst des Faschings mit Gewalt dem vermeintlichen Frohsinn huldigten. In den rauchverstunkenen Sälen drückten glücklose Menschen im Takte der brüllenden Popmusik andere, traurig blickende und benebelt denkende, an sich. Man floh die Leere und Einsamkeit und ließ sich vollaufen, in der Hoffnung, doch ein Zipfelchen des Glücks zu erhaschen. Umsonst!

Wenn ich müde und glücklich, voll Freude und neuer Erfahrungen heimfahren werde, werden sie enttäuscht und mit Kopfschmerzen, um keine Erfahrung reicher, dem ewig gleichen öden Einerlei ade sagen und ihren Rausch bis in den Mittag hinein traumlos ausschlafen. Für kurze Zeit dünkten sie sich tolle Burschen, Herzensbrecher und Playboys. Aber mit diesem Wahn waren sie

Bild links:
Greif auf schwankendem Ast
Bild umseitig:
Man nennt ihn nicht umsonst Nußhäher

allein geblieben, denn ihre Gesprächspartner waren ebenfalls damit beschäftigt, sich selbst zu beweihräuchern, und hatten keinen Blick für die anderen. Mancher Mensch in der modernen Gesellschaft bleibt allein, weil er es verlernt hat, an andere zu denken; trotz hochtrabender Parolen von Solidarität und Humanität. Die Alten kannten in jener, ach so rückständigen Welt den einfachsten Schlüssel zum Glück. Er hieß: an andere denken, Gutes tun, mehr sein als scheinen! Und sie hatten auch einen Blick für Gott und einen Gedanken an seine Schöpfung. Sie sahen, was viele Menschen nicht sehen, sie hörten, was mancher moderne Mensch nicht hört: in den tausend Wundern der Natur einen einzigen Jubelchor auf ihren Schöpfer. Dafür wird aber heute die Natur offiziell geschützt, innen und außen erforscht, es gibt „..ologen" für jeden Wochentag, man interpretiert die Natur und alles um sie herum, wie es die Mode und die Parolen vorschreiben, versteht sie aber nur selten.

Mitternacht ist längst vorbei, und außer dem Hasen dort unten im schattigen Eck habe ich noch nichts gesehen. Nun versuche ich es erstmalig mit der Hasenquäke. Die Schmerzenstöne zerreißen die Stille, aber trotz der schrillen Laute wird die Erhabenheit der Bergnacht nicht gestört. Ein solcher Ton gehört auch zur Natur, die grausam sein kann, aber immer gerecht ist. Zwei-, dreimal schallt der grausige Todesruf des Hasen in die klirrende Schneenacht. Am Ende immer leiser, hoffnungsloser, ersterbender. Und dann ist eine Stille da, daß man den Eindruck hat, auch der Wind und alle Tiere der Nacht hielten den Atem an. Das muß weithin gedrungen sein, das hat bestimmt jeder Fuchs des Berges gehört. Mehr will ich nicht locken. Eine Serie genügt vollauf. Ich höre ein ganz leises Kratzen über mir. Ist es ein Bilch, der aufgewacht ist, oder eine Maus, die im Dach ihr Winterquatier hat? Plötzlich löst sich das Rätsel. Völlig lautlos streicht eine Eule herab, segelt wie ein Drachen ohne Schwingenschlag über die blauweiße Fläche vor mir und verschwindet in der jenseitigen Dickung. Den Hasen hat das Quäken überhaupt nicht gestört, wohl aber die Eule. Er ist in sich gesunken und verharrt noch immer dort, als in der Ortschaft unten quietschende Bremsen, dann ein dumpfer Krach die Stille zerreißen. Und dann sehe ich Feuer aufflammen — ein Verkehrsunfall! Was kann ich von hier aus tun? Nichts, höchstens für die armen Menschen dort unten ein „Vaterunser" beten. Altmodisch, kindisch oder schon senil? Ich weiß es nicht. Der Mensch ist dem Tode näher als dem Leben. Und es gibt viel mehr Menschen im Jenseits als im Diesseits. Wenn ich nur an die Freunde denke, die in diesem Halbjahr von uns gegangen sind. Da ist der große Schütze, der immer interessierte und gastliche Heinrich Saurma, der sich so auf die Jagdsaison gefreut hatte. Er hat den September nicht mehr erlebt. Dann der treue und langjährige Freund René La Roche, mit dem zusammen ich im CIC die große Welt gesehen habe, der mir im Dezember so lieb geschrieben hat —, seit dem 12. Jänner weilt er in den ewigen Jagdgründen. Er liebte die Unterhaltung, die Tafelfreuden und den Fasching. Nun geht das Leben ohne ihn weiter, und es ist traurig und leer geworden. Bald nach ihm starb unser gemeinsamer Freund Lazar Raic und, als wäre es noch nicht genug, mein guter Vetter Hansi. Sie alle waren noch vor einem Jahr gesund und zuversichtlich.

Doch unten tobt der amoklaufende Fasching weiter! Die emsige Geschäftigkeit mancher Politiker anläßlich des Besuches eines gekrönten Staatsoberhauptes war sehr bemerkenswert. Man unterbrach die angeblichen Pflicht-Ballbesuche, man warf sich in Frack, man hängte sich die rangwürdigen Dekorationen um, man kaufte der Gattin eine neue Robe und ließ sie bei alten Generalswitwen den Hofknicks erlernen. Und wie reizend war doch das gekrönte Paar. So einfach und liebenswürdig! Das sind ja „auch Menschen wie du und ich". Ob das Diadem am toupierten Haar der Gattin angebracht war? Aber die Gattin des Kollegen, der sein jakobinisches Ich nur ungern in einen Frack zwängte, hatte ein fast gleiches Kleid wie die Monarchin, nur mußte die Fasson der gesunden Formen wegen bei ihr speziell gearbeitet werden. Als dann beim großen Empfang für fünfhundert Leute die Königin ihre Verwandten vermißte, wand man sich hin und her. Man konnte doch wohl nicht zugeben, daß man diese gar nicht eingeladen hatte. Nur die zwei, drei „Herzeig-Prinzen" wandelten cocktailtrinkend zwischen den Kammerfunktionären und Gewerkschaftssekretären, an die „allerhöchsten Kreise" aber ließ man sie nicht heran. Und die vielen Künstler und Literaten, die zähneknirschend ebenfalls im Frack erschienen waren? — Man war ein wenig besorgt. Aber die Hoheiten fanden sie von selbst, wenn es auch nur war, um sich all den Köstlichkeiten des Gaumens und dem lockeren Zuprosten hoher Republikaner mit „Kunstgesprächen" entziehen zu können. Ja diese Festlichkeit hatte ich auch „versäumt", wer hätte mich dazu auch eingeladen? Aber der Kameramann, mein Freund und „Spion", hatte von ihnen berichtet. Und sein Bericht lautete anders als jener der anwesenden Presseleute.

Feiern und gesehen werden scheint heute eminent wichtig zu sein. Und am nächsten, verkaterten Morgen —, der dem Mittag näher ist als dem Bürobeginn, geht einem grün die Galle über, weil der Kollege wohl, man selber aber nicht in der Klatschspalte des Boulevardblattes tanzend und strahlend aufscheint. Welch überflüssige Sorgen, die man sich macht in einem Zeitalter, da das Scheinen wichtiger ist als das Sein, wo Auftreten wichtiger ist als Leistung, wo Ellbogen mehr bringen als Fleiß. In einer Zeit, wo das „Kennedy-Image" oder der schöne Scheitel mehr bedeuten als das, was darunter ist, der Kopf. Wie verärgert war doch der sogenannte Playboy, als er bei der Party des Jet-Set-Wirtes nicht erwähnt wurde, dafür aber jener kleine, dicke Prominentenarzt, dessen Freundinnen ihn um einen Kopf, dessen Komplexe aber dafür die Freundinnen überragen. Und wer kümmert sich um den armen, alt gewordenen ehemaligen Gönner und Partymäzen, der einsam in seiner unaufgeräumten Wohnung liegt. Weder ein „Freund" noch irgendein Amt noch ein früher beschenkter Bekannter. Höchstens eine der unscheinbaren, altmodischen, häßlichen alten Betschwestern, die zwar noch nie in der Zeitung, aber sehr oft in Krankenräumen anzutreffen waren. Sie vertreten bloß die unmodern gewordene Welt, aber aus ihren alten Augen leuchten Güte und Glück, und sie sind zufrieden in ihrer Demut, während „Partylöwen" und „Papierhelden" fast immer unzufrieden sind.

Es wird immer kälter, und meine Füße schmerzen schon ein wenig. Der Mond durchdringt jetzt die verschneiten Äste der großen Tanne, und diese wirft ihren Schatten bizarr und doch wie gestochen auf die rechts von mir befindliche kleine Lichtung. Dahin habe ich nur selten gesehen. Jetzt zwingt mich eine innere Stimme dazu. Und just in dem Augenblick, als ich mich leise zwar, aber doch etwas mühselig erhebe, um durch den Sehschlitz auch dorthin zu schauen, entschwindet auf etwa dreißig Meter ein langgezogenes Etwas, offenbar ein Fuchs, im schmalen Waldstreifen, der die kleine Lichtung von der großen Wiese trennt. Wenn er die Richtung und die Geschwindigkeit einhält, müßte er in ein bis zwei Minuten in Schrotschußdistanz auf der hellen großen Wiese erscheinen. Ich habe die „Springer" zur Hand genommen und warte gespannt. Aber nichts geschieht, der Fuchs kommt nicht auf die Wiese. Er muß im Waldstreifen stecken oder, durch diesen gedeckt, eine andere Richtung eingeschlagen haben. Wenn er von mir weg will, kann ich ihn lange nicht sehen, erst dort drüben, auf einhundertfünfzig Meter könnte er dann erscheinen. Wenn er aber gegen mich kommen würde, dann. . . Ja, dann müßte er jetzt unter dem Hochstand sein. Das ist doch nicht leicht möglich! Ganz vorsichtig spähe ich steil hinunter. Nichts. Routinemäßig schaue ich auch auf die andere Seite, also links unter mir, und erstarre. Auf fünfzehn Schritt vom Hochstand sitzt mitten im Schein des Vollmondes der Fuchs und verhofft gegen den Hasen, weg von mir. Ganz leise und vorsichtig, jede Bewegung vorausplanend, hebe ich meine langläufige Flinte. Es ist nicht leicht, sie auf diese Distanz in Anschlag zu bringen. Ich sitze nicht, und ich stehe nicht. Probiere es bei zwei Schießscharten, aber es geht nicht. Ich kann nicht mit dem Lauf zum Fuchs hinkommen, es fehlt ungefähr ein Meter. Er ist noch immer ahnungslos und verhofft wie sinnend, traumverloren vor sich hin. Nun gibt es nur eines. Ich muß versuchen, die Türe aufzumachen und den abspringenden Fuchs zu schießen. Ersteres gelingt mir auch fast unbemerkt, nur das letzte Viertel der Türe knarrt plötzlich laut und häßlich. Ich hebe die Flinte, der Fuchs wirft sich herum und springt unter dem Hochstand durch, wo ich ihn nicht sehen kann, und flüchtet auf seiner eigenen Spur. Schnell zur anderen Schießscharte, von dort ist er gekommen, dort sollte er wieder vorbeiflüchten. Und schon ist er da, schnell wie ein Strich, die Lunte halbhoch geschwungen, ich höre den Schnee knirschen, und ich sehe ihn stauben. Vorgehalten und im Feuerstrahl verschwindet der Fuchs. Als sich meine Augen dann wieder an die Dunkelheit gewöhnen, sehe ich nur die Lunte, die zwei-, dreimal hochgeht und dann still wird.

    Das Echo des Schusses fliegt nicht weit. Der tiefe Schnee dämpft jeden Laut, und das Schrecken der alten Gais dort unten im Graben klingt eher nach einer Pflichtübung. Und es ist dunkel und kalt wie früher, als wäre nichts geschehen. Ich warte lange, sehr lange. An diesem Tag ruft niemand die Dämmerung herbei. Der Mond sinkt langsam und wird größer und gelber. Das Morgenrot vertratscht sich mit der Nacht hinter den Hügeln. Aber dann — ich muß eingeschlafen sein — wird hinter den Bergen das Licht geboren, und die Gipfel erröten im ersten Sonnenstrahl. Ein Schluck aus der Thermosflasche und der Schnapsflasche. Die müden Glieder recken sich, und die Freude stiehlt sich ins Herz, wo sie noch lange bleiben wird. Als dann die aufgehende Sonne über die Felder blickt, verschwindet auch die Stille mit den Schatten, die Platz machen für den Morgennebel. Und an den Rändern der vereisten Wiese prüft der Winter die Kälte.

Wenn der Winter stirbt

Der sterbende Winter ist wie ein Kranker, auf dessen Tod man wartet. Manchmal in klaren Nächten kommt er zurück, um sich mit glitzerdem Reif zu verabschieden, und allzu vorwitzige Frühlingsblumen kämpfen dann um ihr Leben. Bei Tag aber hat niemand mehr Respekt vor dem einstigen Herrscher. Der Nebel weicht ihm aus und seine Kinder, die Schneeflächen, zerrinnen schmutzig in schattigen Mulden. Der Bruder des Winters, der kalte Nordwind, hat das Gebiet längst verlassen und hat den lauen Frühlingslüften, die der warme Regen vor sich herschiebt, Platz gemacht. Schneeglöckchen läuten die Ankunft des Frühlings ein, gleichzeitig verkünden sie den Tod des ausgedienten Greises, dessen letzte Freunde die Berge sind. Niemand grüßt ihn mehr, denn er hat Macht und Stolz verloren wie ein gestürztes Gipfelkreuz, und das werdende Leben spottet seines Angedenkens. Vergessen sind die kurzen Nebeltage, vergangen die klirrenden Mondnächte, verflogen der Rauhreif auf den Drähten, verschwunden die schwarzen Krähen des Ostens. Der harte Winter wird demütig, und seine ehemals geballte, jetzt bittend ausgestreckte Hand fleht um Verständnis. Denn was immer geschieht, er ist auch im Sterben ein Sohn des großen Herrn, dem die Natur gehorcht. Und der Winter ist gläubig und weiß, daß es auch für ihn eine Auferstehung geben wird.

Mit Wowo spaziere ich frühzeitig dem Walde zu. Auf den grausig kahlen Flächen der Äcker zeigt sich da und dort schon zartgrüner Flaum. Viel zu wenig, denn es wird in unseren Breiten ja leider nur wenig Getreide angebaut. Die wenigen Wintersaaten sind englischen Rasen gleich kurzgeäst von Hasen und Rehen, und auf den Rainen, die leider immer seltener werden, zeigen sich an den Büschen zartgrüne Spitzen. Wie unehrlich, wie schizophren ist doch die „ach so schöne, moderne Zeit". Auf der einen Seite überschlägt man sich mit allerlei neuen Parolen des Natur- und Tierschutzes. Man spricht mit Recht von Umweltschutz und Schutz des Lebens. Auf der anderen Seite nimmt man dem Wild die letzten Deckungen, die letzten Äsungsflächen, verpestet und verschmutzt die Natur mit Chemikalien, Abfällen und dazu kommen noch die Abgase des Straßenverkehrs. Dann, als Draufgabe sozusagen, schickt man den Menschen im Namen von Gesundheit und Gleichheit in die Wälder und versetzt das Wild in eine Streßsituation, die es zum Nachttier werden läßt. Und dann, in den Nächten, wird es auf seinen Wechseln vom motorisierten Amokläufer getötet, verwundet und dauerhaft geschädigt. Gewisse Angriffe auf den einzigen noch verbliebenen Helfer des Wildes, den Weidmann, nehmen zu, und die Zerstörung altbewährter und solider Grundsätze wird leichtfertig und unwiederbringlich eingeleitet. Im Fernsehen fängt es schon an. Dort wird der Umsatz nur mit dem unbewiesenen Zusatzwörtchen „neu" angeheizt. Die Gesellschaftsveränderer vergessen, daß unser Wild weniger Neuheit als vielmehr Äsung, Deckung und Ruhe benötigt.

Diese und ähnliche Gedanken schwirren durch meinen Kopf, als ich die Felder überquere. Heute will ich das erste Mal auf den Schnepfenstrich gehen, und mein Herz ist so glücklich und freudig erregt, daß auch die schwärzesten Gedanken sofort verschwinden, als ich den Wald betrete. Das Wiedersehen mit Wowo war ergreifend und rührend wie immer. Dabei habe ich die Hündin noch vor einigen Wochen auf dem Elsternansitz hinter den Teichen mitgehabt. Sie ist jetzt sechs Jahre alt und auf der Höhe ihres Könnens. Sie sieht alles, sie hört und begreift alles und bringt mir die erbärmlich stinkenden Elstern, als wären es Rebhühner.

Zu überlisten sind sie ja meistens nur gegen Abend. Wenn sie aber ihren Schlafbäumen zustreben, reagieren sie nicht sehr auf das Mäuseln. Man muß viel Geduld aufbringen und lange warten, doch der passionierten Hündin macht das nichts aus. Auf sumpfig weichen Waldwegen schlendern wir zur kleinen Lichtung. Große schneeweiße Flächen von Schneeglöckchen empfangen uns, und im sonst winterlich kahlen Wald zeigen sich überall Knospen, Palmkatzerln und Gräser. Klatschend verläßt eine Ringeltaube die hohe Eiche bei der Fütterung, und eine zweite gesellt sich zu ihr, die unter der Futterkrippe gesessen hat. Sicherlich schmecken ihnen die keimenden Maiskörner und die verstreuten Kügelchen des Fasanenkraftfutters besonders gut. Die grünen, saftigen Blätter der Brombeere sind noch immer nicht abgefallen. Sie sind eine echte Wohltat für das Rehwild. Unweit der Fütterung springt ein Rehbock ab, der aber bald und völlig ungedeckt verhofft. Handbreit über die Lauscher ragt das besonders dicke Bastgehörn. Er mustert mich ohne große Scheu, und an den mahlenden Bewegungen seines Äsers sehe ich, daß er sich beim Nachdrücken nicht stören läßt. Kein alter, aber ein kapitaler Bock. Der Jagdherr wird sich freuen, daß er gerade hier im zentral gelegenen Trattenwald lebt. Eine freudige Verheißung für die nächsten Jahre! Wowo hat einen Fasanhahn ausgemacht, der frech und dreist nur wenige Schritte wegflüchtet und offensichtlich in Balzlaune ist. Die folgsame Hündin kommt sofort zu mir. Sie weiß ganz genau, daß es heute den sonst so begehrten Fasanen nicht an den Kragen geht. Aber beim starken Waldhasen, der unmittelbar vor ihr hoch wird, kann sie sich nicht halten. Sie ist eben von Natur aus eine Stöberhündin, und manchmal sind die ererbten Instinkte stärker als der Appell. Doch recht bald ist sie wieder bei mir, und ihr treuer Blick heischt um Verständnis. Ich schimpfe auch nicht, versuche es ihr auf ruhige Weise zu erklären. Und eine solche Spitzenhündin versteht einfach alles. Dankbar springt sie an mir hoch, was sie sonst im Revier nie macht.

Der Wald ist voller Gesang, wie eine Oper bei der Probe. Auf jedem Busch, auf jedem Fichtenwipfel jauchzt, singt und schmettert uns der erwachende Frühling entgegen. Der zu Neige gehende Tag wird zur Stunde eines Vogelkonzertes, wie ich es schon lange nicht mehr gehört habe. Durch die schüttere Kulisse des gegen Westen aufhörenden Hochwaldes stehlen sich die letzten Strahlen der glanzlos wachsenden Abendsonne zu mir in die Lichtung. Sie brechen sich in den kleinen Tropfen der geschwungenen Brombeerranken, in den durchsichtigen, taunassen Wundern eines Spinnenetzes, berühren zart mein gegen Westen gewandtes Gesicht und gehen dann folgsam und nacheinander mit ihrer blutroten Mutter schlafen. Dafür erwachen die Farben auf den lockeren Wolkenschichten. Immer wieder ändert sich die Kulisse von Rotgelb ins Zartviolette, von Dunkelila ins brennende Rosa, das nun weit über uns den Himmel bepinselt. Aufkommender, in den Mulden der nassen Wiesen und brodelnden Sümpfe geborener Bodennebel wirft die Farben zurück und macht sie unwirklich. Aus den nach Erde und Sumpf riechenden Tälern kriecht zaghaft und tastend der abschiednehmende Atem des Winters hinauf.

Ich sitze auf einem großen Baumstamm. Meinen Muff als Unterlage habe ich natürlich nicht vergessen. Wowo hockt artig neben mir und horcht gespannt auf irgend etwas. Sie hat den Kopf in jene Richtung gewandt, von wo am ehesten, wenn überhaupt, etwas zu erwarten ist. Meine alte Springerflinte liegt quer über meinen Knien. Voriges Jahr war ich (Frühjahr und Herbst) sechsundsiebzig Mal auf dem Schnepfenstrich. Aus meinen Aufzeichnungen, die ich fast dreißig Jahre über die Schnepfen führe, geht eindeutig hervor, daß sich ihre Zahl in unseren Breiten in den letzten Jahren vermehrt hat. Dies hat mit der Bejagung, wie Kalchreuter sagt, wenig oder nichts zu tun, denn die Zahl der Jäger wächst ja überall. Vielmehr ist es auf die verbesserte Qualität des Lebensraumes zurückzuführen. So haben laut Kalchreuter die britischen Jäger zusammen mit diversen Instituten des Wildschutzes durch gezieltes Biotopmanagement erreicht, daß sich die durchziehende und brütende Waldschnepfe wohlfühlt und auch vermehrt. In Dänemark hat man ähnliche Maßnahmen beschlossen, in Belgien beginnt man damit. Allgemeine und unbewiesene Schlagwörter werden von echten Praktikern, die tagtäglich die Schnepfen beobachten, mit einem Lächeln bedacht. Einer der bekanntesten und besten Weidmänner, Magister Hans Kapeller, berichtete mir, daß er 1977 in der Weststeiermark so viele Waldschnepfen wie nie zuvor gesehen hätte. Für mich war dies keine Neuigkeit. Man muß nur die Augen offen halten und wirklich — (nicht von irgendwelchen grünen Tischen aus) — beobachten. Das sind die Gedanken, die mir durch den Kopf ziehen, mich aber nicht eine Sekunde in der Andacht stören, mit der ich das allmähliche Absterben des Frühlingstages, die so oft beschriebene Schnepfenstimmung in mir aufnehme.

Die letzte Amsel hat soeben ihre Abendandacht beendet. Ich bin ganz Auge und Ohr. Weich und lautlos, ohne einen einzigen Flügelschlag, streicht der Waldkauz an mir vorbei. Wowo winselt ganz leise, als nichts geschieht. Dann ist lange nichts zu hören, nur das monotone Summen, das nicht enden wollende Motorengetöse auf den Straßen. Dazu gesellt sich das Rattern des Fehringer Abendzuges, und über die Kirchberger Seen brummt eine kleine Sportmaschine gegen Thalerhof zu. Da hat es Wowo gerissen. Ich habe nichts gehört, oder doch? Ja ganz deutlich höre ich Puitzen und Quorren, doch die Geräusche entfernen sich gegen das Feld. „Die erste, die erste!" — Große Freude und Aufregung bemächtigt sich meiner. Ich warte und bange, ich harre und hoffe, aber nichts weiter ist zu vernehmen. Eine unvergleichliche Sternennacht ist angebrochen, und es ist Zeit, an den Rückmarsch zu denken. Über den Feldern schwirren Entenpaare, und in der nahen Raab planscht und quakt eine große Entenkommune. Hoch über mir höre ich geheimnisvolle Vogelstimmen. Es sind Zugvögel, die gegen Norden eilen, gerufen und getrieben von den ewigen Gesetzen der Natur.

Eine geheimnisvolle, dunkle Nacht ist angebrochen. Mit ihrem tiefschwarzen Gewand trauert sie schon jetzt um den sterbenden Winter.

Bild rechts:
In der Suhle

Bild umseitig:
Doch nur ein Beihirsch

Die Sauen von Porto Ercole

Normalerweise verbringe ich meinen Sommerurlaub irgendwo im Revier, denn Juli und August sind die Monate der Rehbrunft. Heuer jedoch haben mir die Ärzte Meerbäder verordnet, und manch altem Bock rettete dieser Umstand das Leben. Ich habe also Dobersberg mit Porto Ercole, einem italienischen Badeort, vertauscht, doch wo sich ein Jäger befindet, ruht auch das Weidwerk nicht.

Es ist neun Uhr abends, und die sommerliche Hitze — am Monte Argentario meist unerträglich — ist kühler Meeresluft gewichen. Eine dunkelblaue Kuppel mit Tausenden und Abertausenden von knisternden Sternen erhebt sich über der Lagune von Orbetello, als ich mit meinem Wagen die Kurven nach Santo Stefano bezwinge. Die Luft ist würzig. Rechts und links von mir huschen fast unwirklich große Rhododendronbüsche vorbei, und ihre Farben sind im grellen Scheinwerferlicht noch schöner als bei Tage. Durch die offenen Wagenfenster atme ich ihren Duft ein, und er raubt mir fast die Besinnung. Links hinten scheint ein Berg in Flammen zu stehen — es ist einer der wöchentlichen Waldbrände, die man am Nachmittag nicht ganz erfolgreich gelöscht hat. Heute sehe ich sogar einen Feldhasen. Er wird nicht sehr lange leben, denn bald ist die Eröffnung der Jagd. Auch die Autofahrer rasen wie irr die kurvige Straße, die „Panoramica", um den „Argentario" entlang.

Ich versuche Santo Stefano auf Schleichwegen zu umfahren. Bald erblicke ich tief unten die vom Mond erhellte spiegelglatte Fläche des Meeres. Sie ist silbrig und glänzend, aber auch düster und matt, wo spitze Inselchen ihre romantischen Schatten werfen. Trotz des Lärms des Motors höre ich das vielstimmige Zirpen der Zikaden, das mich an den Pannonischen Herbstkäfer erinnert. Ich empfinde es als Stimulans, als typische Geräuschkulisse für einen Abend am Mittelmeer, eng verbunden mit den Gerüchen diverser Kräuter und einer leicht stinkenden salzigen Meeresluft.

Ich bin seit einer Woche in Porto Ercole, wo meine Schwester Anna in Hafennähe ein Haus besitzt. Allabendlich fahre ich hinaus in das berühmte Nachtlokal „La Strega del Mare" (Die

Bild links:
Kühlendes Mittagsbad
Bild umseitig:
Fehlt da nicht jemand?

Meereshexe). Hier trifft sich ein buntgemischtes, interessantes Völkchen zum Tanz. Die Strega ist berühmt dafür, daß hier absolute Gleichheit der Gäste herrscht.

Wer hier am Abend erscheint, hat eine lange Hose und ein buntes oder einfärbiges Hemd an, und kein Mensch fragt danach, ob der Gast nun ein Student, ein Prinzgemahl, ein Filmstar oder ein Molkereiarbeiter ist. Hier gibt es keine Staralüren, keine Exklusiv-Launen und kein Auffallen-Wollen.

Hier wird die herrlichste und anregendste Musik vom Tonband gespielt, und — damals zumindest noch — dezent und leise, denn die Zeit der Protestkreischer und der Eunuchenstimmen war noch nicht angebrochen. Die Getränke in der Strega sind allerdings teuer. Kein Mensch nimmt daher daran Anstoß, wenn weniger Begüterte einen Schluck aus der mitgebrachten Chiantiflasche tun. Durch eine kleinere Gartentüre betritt man das Grundstück und geht über knirschenden Kies durch eine Weinlaube zur unauffälligen Türe.

Heute empfängt mich die Musik von Ernesto Lecuana, das wunderbare Lied „Simonée". Man tanzt eng umschlungen, und trotz grellem Licht werden Zärtlichkeiten ausgetauscht. Mädchen aus bestem englischen Hause spielen freiwillig „Kellnerinnen": wie etwa Penelope, Caroline, Christine und Judy ...

Noch gibt es keine Mongolenbärte, langen Haare und englisches Gejohle. Hier ist alles italienisch, geschmeidig, gepflegt und leichtfüßig. Die Mädchen sind rassig, wunderschön und ein wenig launisch. Neid, Eitelkeit und Neugierde fehlen, dafür herrscht Diskretion und Toleranz. Unlängst hat mir im Jachtclub von Santo Stefano die wunderschöne Anna-Maria P., ein bekannter Star, einen Korb gegeben. Heute lächelt sie mir einladend zu und gibt mir wieder einen Korb. Schuldbewußt streichelt sie mir die Hand und nennt mich „Philippo".

Da ich keinen Platz finde, tanze ich sofort mit einer Schönen, die ich noch nie gesehen habe. Sie ist eine Französin aus Saint-Tropez, üppig und weich, nach Meer duftend. Ich lese ihr anschließend aus der Hand. Ich sage ihr, daß ihr Mann untreu ist, was sie mit Interesse aufnimmt, denn sie ist unverheiratet. Schon wollen andere, daß ich ihnen aus der Hand lese. So komme ich zu Platz und Getränken. Leonardo, der Besitzer der „Strega", schaut schon mißtrauisch. Er legt geschwind die Platte „Only You" auf und alles tanzt, während ich etwas belemmert meine eigenen Hände betrachte. Dominique aus St. Tropez stellt mich ihrer Freundin vor. Es ist die Filmschauspielerin Juliette M. mit den herrlichsten blauen Augen der Welt. Sie erzählt mir beim Tanzen von den Dreharbeiten am Orpheus-Film, in dem sie die „Circe" spielt. Mit ihr zu tanzen ist schon vieles wert. Inzwischen ist Mariluis Pallavicino, die Malerin, mit größerer Gesellschaft eingetroffen. Meine Leser erinnern sich: sie war als Flüchtling bei uns in Csáberény.

Auch ein europäischer Prinzgemahl hat mit seinen Töchtern das Lokal betreten. Niemand nimmt viel Notiz von ihm. Kuni, der Barmixer, schielt zu einer exotischen Schönheit. Schließlich entführt er sie einem breitschultrigen Jüngling, der beiden mit melancholischen Augen nachblickt.

Ich lehre Dominique einige ungarische Sprüche. Ähnliche haben die Chauffeure seinerzeit im Brandhof den Stubenmädchen gelehrt. Sie wird sich wundern! — Nach einem kurzen, erfrischenden Spaziergang kehren wir wieder in die Strega zurück. Sowohl Juliette als auch die schöne Anna-Maria sitzen am Tisch von Mariluis. Diesmal ist es Anna-Maria, die mich zum Tanzen führt. Abwesend und traurig scheint sie mir und trotzdem anschmiegsam und sehr hilfebedürftig. Ein bekannter italienischer Jagdbesitzer verwickelt mich in ein Gespräch. Im Vorjahr haben wir in Pörtschach zusammen Wurftauben geschossen. Hier am Argentario sollen sehr viele Waldschnepfen durchziehen. Und Sauen gibt es in rauher Menge. Eine schöne Farbige in einem bauchfreien Kleid lehrt den „Streganern" das Bauchtanzen. Kurzfristig lassen sich die Mädchen auf einen Versuch ein, doch dann schnappen sie sich wieder ihre Kavaliere, und der Tanz geht weiter. „Orpheo Negro", „Begin the begin", „Qui sait", „Amapola" ... Plötzlich öffnet sich die Türe und eine Landsmännin von mir erscheint, — strahlend wie eine Königin. Es ist die blonde Brigitte, vor deren Schönheit die Filmstars er- und verblassen. Nun sind Kuni und ich nicht mehr die einzigen Österreicher. Mit Bestimmtheit bin ich jedoch der einzige Museumsmann in dieser Runde — glaubte ich! Doch weit gefehlt, sogar ein Jagdmuseologe erscheint in der „Strega". Sein Wild ist heute aber eine kleine Chinesin ...

Francesco hat sich beim Tanzen die Hosen zerrissen. Er kommt, in ein rotes Tuch geschlungen, an den Tisch zurück, während Christine ihm liebevoll die Hose flickt. Während ich noch konzentriert mit Pascale tanze, verabschiedet sich Anna-Maria mit einem zarten Wangenkuß von mir. Es ist das letzte Mal, daß ich sie sehe ...

Immer wieder versuche ich mit Mariluis zu tanzen, doch bis ich zu ihrem Tisch gelange, ist sie bereits weg. Alles tanzt: „Adios muchachos pampannieros, caballeros .." Ein Schluck aus Penelopes Chiantiflasche und ich riskiere den Versuch, mit Brigitte einen Twist zu tanzen. Hier in der „Strega" kommt er absolut nicht an. Noch nicht!

Durch die offene Türe dringen die traurigen Rufe von Seevögeln herein. Wie verabredet mahnen plötzlich alle zum Aufbruch. Die lange Autoschlange rechts und links von der Straße löst sich auf. Mariluis lädt einen Teil der Gesellschaft (und nicht den schlechtesten) noch zu sich in ihr Haus, das hoch oben über Ercole am Rande der undurchdringlichen Buschwälder liegt. Die erfolgreiche Malerin umgibt sich gerne mit Künstlern, und bei ihr hat sich noch niemand gelangweilt.

Wir fahren in drei vollgestopften Wagen die „Panoramica" zurück. Über Santo Stefano liegt nun ein Hauch von Küchenduft und Fischgeruch. Die kahlen Hänge steigt ein zartgrauer Nebel bergan, und in den Lagunen von Orbetello lärmen die Wasservögel, streichen die Enten. Der bleiche Mond hat sich längst hinter die Gipfel des Monte Argentario zurückgezogen, unweit jenes Tales, wo seinerzeit die Spanier ihre große Armee gegen die Türken gesammelt haben. Der kühle Fahrtwind belebt uns. Die Reifen quietschen in den Kurven, die Insassen meines Wagens sind äußerst schweigsam, zu schweigsam fast. Je höher wir kommen, desto herrlicher wird die Aussicht: Das Meer reflektiert nur mehr zaghaft die Lichter, es wird langsam hell und die Sterne verblassen allmählich. Es duftet nach verbranntem Nadelholz. Wir sehen die ersten Fischerboote auslaufen. Das Meer ist ruhig und grau wie Edelstahl. Alles scheint auf die Sonne zu warten, die noch weit hinter den Bergen der Toscana auf ihren Auftritt wartet.

In der Künstlerklause von Mariluis werden die müden Geister wieder munter. Unbeschadet dessen, ob man im Auto geschlafen oder einander liebkost hat: ein eisgekühlter Calvados scheint Wunder zu wirken. Ungezwungen und leger ist die Atmosphäre; — über die jetzt doch schon etwas mitgenommenen Gesichter legt sich der gewisse zufriedene Ausdruck, den neu gegründete Freundschaften hervorbringen. Einige tanzen, einige baden, keiner kümmert sich viel um die anderen.

Dann fasziniert mich etwas ganz anderes. Im Lichte der aufkommenden ersten Sonnenstrahlen erblicke ich durch das Küchenfenster eine stattliche Rotte Wildschweine, die aus dem undurchdringlichen Dickicht vor das Haus gezogen sind. Ich höre ihr wohliges Grunzen durch die verschiedenen Geräusche des Hauses hindurch. Sie lassen sich in keiner Weise stören; zwei Bachen und zwölf Frischlinge, nur auf ihr saftiges Frühstück konzentriert. Apropos Frühstück. Schon fühle ich eine Frauenhand auf meiner Schulter, und meine Jägerinstinkte halten sich die Waage, während der Duft verbrannter Milch langsam den Raum erfüllt. Es ist spät und gleichzeitig früh geworden. Müdigkeit hat alle erfaßt, und das Bett lockt. Im Hause wird es still. Auch die Sauen haben sich zurückgezogen, und vor dem Fenster glitzern Hunderte Tautropfen auf den von Sonnenstrahlen umtanzten Oleanderbüschen. Als dann die Sonne wirklich erscheint, sind in Porto Ercole nur mehr die Vögel munter.

Ein Besuch in der Heimat

Die Tage des Hochsommers waren gezählt, der September war nahe, trotzdem vibrierte strohheißer Dunst über der schlafenden Landschaft. Die staubigen Felder waren farblos, und knisternder Mais wogte der Reife entgegen. In der Steiermark waren die Wiesen noch grün, doch je weiter ich gegen Osten fuhr, desto fahler und brauner wurde ihre Farbe. In Heiligenkreuz, an der Grenze, schlug mir aber die Glut der Pannonischen Ebene wie eine Mauer entgegen, und die Grenze des hier beginnenden Kontinentalklimas erschien mir tausendmal echter als Schlagbaum, Stacheldraht und Staatsgrenze. Hier, ja hier begann eine Landschaft, deren Farben, Düfte und Töne anders waren als in den eben durchfahrenen Gebieten. Die Sicht wurde weiter, die Farben fahler und lichter, das Geschehen der Zeit langsamer und die Menschen ruhiger. Ungarn öffnete seine Tore dem „untreu" gewordenen Sohne, der vor genau dreißig Jahren unfreiwillig diese Grenze überschritten hatte. Ich fuhr nicht, um nach Hause zu kehren — ich war schon lange im Herzen kein Ungar mehr —, sondern ich besuchte die große internationale Jagdausstellung von Budapest als Jäger, Museumsleiter und Tourist, als offiziell eingeladener Gast aus Österreich. Denn so sehr ich meiner alten Heimat und den Orten meiner Jugend auch verbunden blieb, nach der großen Zäsur, dem furchtbaren Keulenschlag des Umsturzes, der grausamen Vernichtung unserer Existenz konnte ich mich nicht mehr als Angehöriger dieses Staates fühlen. Und obgleich ich der Sohn jenes Vaters war, der seinerzeit aus Loyalität dem Lande gegenüber, in dem er leben und sein Brot verdienen durfte, die alte Staatsbürgerschaft abgelegt und die ungarische angenommen hatte, obgleich ich im Gegensatz zu ihm in diesem paradiesisch schönen Lande geboren und erzogen wurde, ich war mit ganzer Seele Österreicher geworden und werde es bis an mein Lebensende bleiben.

Trotzdem kann man oder besser: kann ich aus meiner Haut nicht heraus. Nachdem ich die unverständlich langen und unpersönlich genauen Grenzprozeduren eher belustigt mit ungarischem „Ohr", aber deutscher Zunge hinter mich gebracht hatte, öffnete sich der erste und bald der zweite Schranken, und ich fuhr gegen Osten. So unnachgiebig diese stahl- und waffenstarrende Absperrung hier am westlichsten Rand des russischen Einflußgebietes dem gelernten Staatsbürger eines freien Landes auch erscheinen mag — und zu Recht —, so warmherzig und gastfreundlich schlägt einem die ungarische Seele und die österreichfreundliche Atmosphäre entgegen.

Nach einigen Kilometern ist das Militärisch-Fremde dieses Grenzbereiches völlig vergessen, und mit gierigen, durstigen Zügen atme ich die Stimmung längst vergangener, nie vergessener Tage ein. Denn dieses tausendjährige, viel umkämpfte, nach dem Ersten Weltkrieg so sinnlos und brutal verstümmelte wunderbare Land empfing mich unverändert lieb und mit angeborener Freundlichkeit. Bald nach der Grenze, aber offensichtlich noch im Grenzbezirk bleibe ich in einem kleinen Akazienwäldchen stehen, um an meinem Wagen die Radioantenne herauszuziehen. Eine Turteltaube gurrt ganz nahe, und ein rotrückiger Dorndreher schnalzt wie daheim in alten Tagen. Bevor ich einsteige, überholt mich noch ein österreichischer Lastwagenzug, und ich bemerke, wie der Fahrer mit der Hand auf eine von mir unbemerkte Tafel zeigt. Ich schlendere ahnungslos hin und lese: „Militärisches Sperrgebiet, stehenbleiben und fotografieren verboten". Mit einem Satz bin ich im Wagen, und schon fahre ich weiter. Nicht eine Minute zu früh, denn bald überholt mich ein undefinierbarer Geländewagen mit Uniformierten.

In Körmend suche ich unweit des schön renovierten Schlosses des Fürsten Batthyány ein Kaffeehaus auf und bestelle auf Ungarisch einen Schwarzen. Der Kellner hat das ausländische Auto gesehen und ist sehr freundlich und gesprächig. Mein Ungarisch, einst perfekt und druckreif, wirkt altmodisch, holprig und primitiv. In seiner Ausdrucksweise stelle ich neben dem bekannten westungarischen Dialekt des Komitates Vas auch neue Elemente und russische Verballhornungen fest. Kein Wunder, die Sprache ist lebendig und ändert sich im Laufe der Jahre. Der Kellner schimpft auf die Versorgung und sagt mir offen und unaufgefordert: „Beneidenswertes Österreich!"

Dann fragt er mich, ob ich nicht Geld wechseln will, was ich ablehne. Ein Trinkgeld lehnt er zwar ab, steckt es aber dann infolge seiner ungewohnten Höhe doch ein. Mit freundlichen Worten und Händedruck verabschieden wir uns.

Ich bin in aller Früh in Graz abgefahren und möchte irgendwann am Nachmittag in Budapest sein, wo für mich im Hotel Royal am Lenin-Ring ein Zimmer reserviert ist. Während ich an diesem 20. August, dem ehemaligen St. Stephansfest — heute Tag des Brotes —, weiter auf der guten Asphaltstraße in Richtung Stuhlweißenburg fahre, wird mir trotz offener Fenster immer heißer. Bei Veszprém bin ich zwischen zwei vollbesetzte russische Lastautos geraten und kann nur langsam vorwärtskommen. Links von mir stark verkarstete Berghänge, das Bakonygebirge. Zwischen Veszprém und Stuhlweißenburg halte ich an und betrete ein recht nettes Restaurant. Es scheint erst in jüngster Zeit, speziell für Touristen gebaut worden zu sein, lauter Folklore, typische Speisen, Exportweine. Hier herrscht die Routine, ich muß lange warten, doch erhellen sich die Gesichter der Kellner, als sie merken, daß ich ein ungarisch sprechender Ausländer bin. Auch hier wird mir — allerdings verschlüsselt — mitgeteilt, daß alles weit schöner sein könnte, wenn die Versorgung nicht... Ansonsten scheinen diese Leute zufrieden zu sein. Man sieht viele junge Leute, Mädchen in bei uns längst unmodernen Minikleidern, Ausflügler aus der Stadt, auch ein Jäger hängt sein Gewehrfutteral in meiner Nähe an den Haken. Ich frage ihn, ob er die Jagdausstellung besuchen wird, und wir unterhalten uns lange über das Grazer Jagdmuseum, das er vor zwei Jahren als Tourist besucht hat. Ich muß ihm ein Autogramm geben, und dieser Mann ist voll des Lobes über die Österreicher, aber auch sein eigenes Schicksal erfüllt ihn mit

Zufriedenheit. Nach einem ganz guten Schwarzen mache ich mich wieder auf den Weg in Richtung Fehérvár. Kurz vor der Stadt sehe ich die Abzweigungstafel Györ-Söréd-Bicske. Mein Herz schlägt schneller. Soll ich, soll ich nicht? Warum nicht? Wo steht es geschrieben, daß ich über Stuhlweißenburg nach Budapest fahren muß? Ich kann auch den kleinen Umweg über Csákberény riskieren, einen Weg, den ich das letzte Mal vor dreiundzwanzig Jahren gefahren bin.

Es ist Mittagszeit, und der Verkehr flaut fast völlig ab. Brütende Sommerhitze stülpt sich wie eine Käseglocke über die verbrannte Landschaft. Ich fahre am Schloß unseres Nachbarn Alex Pappenheim vorbei und an Fischteichen, die wir vor Jahren als erfolglose Schützen besucht haben. Bei Söréd überquere ich die neue breite Asphaltstraße, die diese Ortschaft im Gegensatz zu früher „umfährt". Und dann, dann schwenkt mein kleines Auto auf die alte, so gut bekannte und unzählige Male befahrene, jetzt asphaltierte Straße nach Csákberény ein. Links zum Greifen nahe der lange, felsige Südrücken des Vértesgebirges, den wir einfach Csókaberg nannten. Er ist völlig unverändert und flimmert bläulich im Hintergrund. Was kann, was konnte ihm menschliches Tun, menschlicher Änderungswille, so eine Bagatelle wie eine Enteignung oder ein Systemwechsel anhaben. Stolz und unnahbar ragt er aus der Ebene und wühlt mit seiner ewigen Gleichheit mein Gemüt mächtig auf. Rechts und links von der kurvigen, stark verbreiterten Straße stehen die gleichen Akazien und Ulmen wie damals. Hier schoß ich meine ersten Würger, hier sah ich meinen ersten Iltis, dort lauerte ich stundenlang auf die Erdziesel, wenn sie zwischen Disteln und Geröll aus ihren Löchern huschten. Dort ziehen sich unverändert unsere schönen Pappelalleen durch die Czabáczaer Mulde, die großen Kolchosen-Latifundien sehen mittelalterlich aus. Sie könnten nicht herrschaftlicher aussehen. Doch auch die Parzellen, die seinerzeit mein vorausblickender und sozialer Vater den Armen des Dorfes geschenkt hat, auch diese, einst mit so viel Freude neu bestellten Bauernfelder, wurden vom Moloch der Kollektivierung verschlungen. Landschaftlich für den Csákberényer Hotter nur ein Gewinn.

Unten bei der großen Kehre halte ich, um zu fotografieren. Die alte Bauxitbahn von Gánt nach Bodajk wurde aufgelöst. Kein Wunder, denn das Gánter Bauxit wird nun in die andere Richtung „geliefert". Hier fuhren mit lautem Gekeuche die kleinen schwarzen Lokomotiven die sanften Hügel hinan, während wir zur Sommerzeit im hohen Gras um unser Schwimmbad lagen und dem Gequake der Ochsenfrösche lauschten. Ein leichter Wind bringt eine Brise dieses sumpfigen Dunstes zu mir herüber, und die Vergangenheit wird für Sekunden lebendig. Punkt elf Uhr fuhren in den Sommerferien täglich zwei Kaleschen vor, um uns zum Czabáczaer Schwimmbad zu bringen. Hier, im einzigen Gewässer der ganzen Umgebung, badete die Familie bis halb ein Uhr, dann fuhr man nach Hause. Unbeschwerte Jugend, sorgenloses Dasein, wo bist du geblieben? Und dann sehe ich die ersten Häuser meines Heimatortes. Links der große Meierhof mit dem Granarium, rechts die Mühle mit dem Tennengarten. Die Beschädigungen durch den Krieg sind immer noch nicht behoben. Wie im Jahre 1945 verzieren Granatlöcher die meisten Gebäude. Was hat man alles im Westen wieder aufgebaut? Berlin, Essen, Düsseldorf, Hamburg waren dem

Erdboden gleichgemacht und sind heute blühende Städte. Hier hat man noch nicht einmal die kleinsten Beschädigungen der Granaten verputzt. Sechsundzwanzig Jahre nach dem Krieg! O du eitler Fortschritt, schämst du dich nicht? Was war denn dieses Csákberény für ein schönes und blühendes Dorf gewesen! Ich sehe keine Seele, als ich ganz langsam, immer wieder haltend, die südliche Durchzugsstraße benütze. Es ist Siestazeit und nationaler Feiertag. Einen Blick werfe ich nach links auf den großen, staubigen und leeren Hauptplatz. Das Kriegerdenkmal, 1939 von Erzherzog Josef, Feldmarschall der alten k. k. Armee, feierlich eröffnet, zeigt unverändert einen müden Soldaten, der entblößten und gesenkten Hauptes ein Gebet verrichtet. Diese Demutsstellung hat „ihm" offensichtlich das Leben gerettet; wäre das Denkmal martialisch ausgefallen, wie etwa die Denkmäler in Frankreich oder in Venetien, die Russen hätten es abgetragen. So blickt der alte Bronzesoldat auf den scheußlichen Obelisken des Russendenkmales, den man natürlich — wohin denn sonst — in den Park des Schlosses gestellt hatte. Ich sehe noch die alte Parkmauer mit ihrem wasserlosen Graben, wo wir als Kinder Verstecken gespielt und die Gänse vergeblich nach Wasser gesucht hatten. Dann wende ich mich ab, denn dorthin, wo das Schloß gestanden ist und wo man es sinnlos Stein für Stein abgetragen hat, dorthin will ich nicht schauen. Ich will jetzt auch niemanden besuchen. Höchstens die Toten.

Über einen steinigen Feldweg fahre ich unbemerkt zum Friedhof und stelle den Wagen unter einer Trauerweide ab. Der Geruch des sonnenverbrannten Eichenwaldes verschlägt mir fast den Atem. Ich steige aus und wandle zwischen den Grabsteinen umher. Dechant Papp Kálmán, unser alter Pfarrer, liegt hier. Josef Müller, Oberförster, — der Mann, der mir das Jagen beibrachte. Hier liegen sie, die Kutscher, Jäger und Freunde. Eine halbe Stunde verbringe ich hier, dann fahre ich denselben Weg zurück. Das Gasthaus unseres kommunistischen Freundes Pali Paulik ist unverändert geblieben, doch gehört es jetzt der Genossenschaft. Der Obstgarten mit der hohen Spaliermauer, wo Feigen gediehen, scheint mir ebenfalls unverändert. Dann bin ich, ohne noch einen einzigen Menschen gesehen zu haben, auf der Hutweide angelangt. Hier hatten die Fußballspiele stattgefunden und unser denkwürdiges Sportfest mit dem Minister. Ich sehe mit Staunen, daß man die Hutweide zum Großteil mit Föhren bepflanzt hat. Die Landschaft ist dadurch schöner geworden, doch anders die Farben und die Düfte. Eine im Winde kollernde Wanderdistel nehme ich auf, dann fotografiere ich die beiden Kirchen und fahre langsam am mittleren Waldweg in das alte Revier hinein. Unterwegs, am Wege in den Weingarten, sehe ich die ersten Menschen. Es ist ein altes Menschenpaar, das in der Mittagshitze wortlos nebeneinander

Bild rechts:
Auf der Hochspannungsleitung
Bild umseitig:
Vom Mais in den schützenden Wald

einherschlendert. Er mit schwarzem, runden Bauernhut, sie mit dunklem Kopftuch und langem Rock. Zwei Gestalten aus dem Volk, unverändert und ewig. Und ebenso unverändert ist unser altes Revier, das ich jetzt langsam in Richtung Horogvölgy durchfahre. Der Strázsahegy mit seinen uralten verkrüppelten und in den letzten dreißig Jahren nicht gewachsenen Eichen, den moosbedeckten Felsen und die vom Wind und Wetter gegerbten karstigen Steine. Wie oft sah ich die Morgensonne über seinen Kuppen aufgehen, wenn ich meinen Vater von der Frühpirsch heimbegleitete.

Ich steige aus dem Wagen. Hier im Eichenwald ist es schattig und etwas kühler. Riesige, noch nicht ganz reife Brombeeren hängen an kugelig üppigen Stauden. Turteltauben gurren ein letztes Lied, denn bald werden sie gegen Süden abreisen. Und dort, wahrhaftig und wirklich über dem Halomvölgy kreist der Schwarzstorch, wie eh und je. Hier auf der heute verschwundenen Heu-Allee schoß ich meinen ersten Schnepf. Dort weiter bei den alten Eichen den abnormen Rehbock. Hier haben Hornissen gehaust, und dort auf dieser Eiche waren immer große Hirschkäfer zu sehen. Ich gehe hin. Es ist kein Hirschkäfer auf diesem Baum, aber unten im Gras finde ich das halbe „Geweih" eines solchen. Also leben sie noch immer hier. Als einziges Wild sehe ich einen müden Fasanhahn über den mit weißen Staub bedeckten Waldweg huschen. Dann muß ich weiter. Noch ein tiefer Atemzug aus dem tausendfachen Duft unseres alten Revieres, noch ein wehmütiger Blick über den grünen Eichenwald.

Ein Gedicht fällt mir ein, das mein Vater zum achtzigsten Geburtstag meines Großvaters geschrieben hat. Er, ein mittelloser Flüchtling, dem früheren Jagdherrn, der hier über sechzig Jahre geweidwerkt hat und der die Zeiten nicht mehr verstehen konnte. Ein tolerantes, trostreiches Gedicht:

„Sie raubten uns den lieben Wald
Die Menschen dumm und voll Neid –
Wie hat sich da die Faust uns geballt
Geblutet das Herz voller Leid . . .

Bild links:
Großtrappen im Flug
Bild umseitig:
Ohne Schwingenschlag

*Die Buchen und Eichen sie schweigen dazu
Was kümmert sie Menschen-Gezank?
Sie sinnen und träumen in ewiger Ruh
Und sagen dem Schöpfer Dank.*

*Ihr dummen Menschen wißt ihr nicht,
Daß alles Böse vergeht?
Aus dunklen Wolken kommt wieder Licht
Ein neuer Frühling entsteht."*

Meine Augen sind nun doch feucht geworden, aber ich lasse die Wehmut nicht hochkommen. Ich muß weiter. In der Horogvölgy biege ich nach rechts, und unten beim Zámolyer Weingarten, unter den Gránáser Hügeln, erreiche ich wieder die Straße nach Bicske. Rechts und links huschen wie eh und je die Erdziesel. Kein junger Flobertschütze gefährdet ihr Dasein. Noch ein Blick zurück, noch eine Aufnahme und schon fahre ich weiter. Die ganze Episode hat anderthalb Stunden gedauert. Bei der Kreuzung Csákberény-Gánt-Csákvár steht der alte Ziehbrunnen. Hier endete unser Revier, und ich steige aus, um diesen schönen Brunnen zu fotografieren. Ich habe ohnehin nur mehr ein einziges Bild in der Kamera.

In langsamem Tempo durchfahre ich Csákvár. Das Schloß von Onkel Moritz steht, ist sogar restauriert. Vértesboglar ist beflaggt, ebenso Biatorbágy, wo 1921 das Hauptquartier des rückkehrenden Kaisers Karl war. Ich fahre durch den Viadukt, den in den dreißiger Jahren der Anarchist Silvester Matuschka mitsamt dem Wiener Expreßzug in die Luft gesprengt hat. Bei Bicske, unserer Bahnstation für den Wiener Zug, erreiche ich die Budapester Chaussee. Der historische Ort Budaörs liegt wie ausgestorben da. Hier hatten in meiner Jugend die schwäbischen Frauen blaue Strümpfe an. Und dann empfängt mich in ihrer ganzen Pracht, mit Massenverkehr und ihren zwei Millionen Einwohnern die ungarische Hauptstadt Budapest. Nun bin ich wieder ein einfacher, österreichischer Tourist. Irgendwo in meinem Innern schlug eine Tür zu.

Der Bock des West-Ministers

Es war vor etlichen Jahren in einem westlichen Land. Der Wagen des Politikers war schwarz und breit. Zwischen seinen riesenhaften Rädern verschwand der schmale Waldweg fast völlig. Neben dem uniformierten Fahrer, in dessen Augen die Sorge um das wertvolle Fahrzeug unschwer zu lesen war, saß rotgesichtig, wuchtig und grantig der mächtige Volksführer. Er war in moosgrünem, von der Stange gekauftem Jagdgewand, und auf seinem dichten Haar saß spitz und fremd der Standardjagdhut unserer Zeit. Hinten im Fond lag eine wertvolle Kipplaufbüchse, die ihm die Innung zum Geburtstag geschenkt hatte. Der geflochtene Lederriemen war neu und kontrastierte mit dem blauen Leder der teuren Luxuslimousine. Aus den wasserdichten Elchlederschuhen ragten kurze und dicke Wadeln.

Die lange Zigarre einer ausländischen Firma, die der Politiker zwischen seinen Fingern hielt, war ausgegangen, als der Wagen vor der Försterwohnung stoppte.

Hier erwartete ich den bedeutenden Mann, um ihn auf einen Rehbock zu Schuß zu bringen. Ich wußte, daß der vielgeplagte Volksvertreter wenig Zeit hatte, und man sagte, ich solle alles daransetzen, damit er auch sicher zu Schuß käme. Solche Aufträge liebte ich nicht sonderlich, auch war ich sie nicht gewöhnt, doch ich mußte einen Freund vertreten, der auf einer Beerdigung weilte. Die riesenhafte Platinuhr auf dem breiten Handgelenk des Gastes zeigte die siebzehnte Stunde, als er mit elastischem Schwung aus dem Wagen stieg. Sein vorher nachdenklich-mürrisches Gesicht verzog sich in Sekundenbruchteilen zu einem charmanten Lächeln, das mich sofort an jene Plakate erinnerte, die ihn schlank und jugendhaft vor den letzten Wahlen zeigten. Aber seither waren Jahre vergangen, und weder von Schlankheit noch von Jugendlichkeit war viel übriggeblieben.

„Begrüße Sie, werden wir heute Glück haben?" — Der Mann schien zielstrebig zu sein. „Ich werde alles unternehmen, was möglich ist, versprechen kann ich nichts", meine Standardantwort, sie schien ihn nervös zu machen. „Wissen Sie, ich habe sehr wenig Zeit, und ich glaube nicht, daß ich noch ein zweites Mal werde kommen können". — Das war deutlich. Ich bat den Politiker, sich in meinen alten VW zu setzen, was nach einigen Anläufen, auch ohne Schuhlöffel, gelang. Der als Chauffeur gekleidete „Gorilla" wollte auch mitfahren, mußte aber infolge der ausgebauten Hintersitze zurückbleiben, was ihm nicht behagte.

Der Geruch von „Russisch Leder" und „Grünveltliner" füllte den Käfer, so daß ich halbbetäubt beide Fenster öffnete. „Bitte nur das eine Fenster zu öffnen, denn ich habe Rheuma." — Erklärend streichelte der Mann seine breite Schulter. „Das habe ich mir im Krieg angelacht!" — „Waren Herr Minister im Krieg? Ich hielt sie für wesentlich jünger!" — „Im letzten Jahr als

Freiwilliger. Ich war erst sechzehn." — Mit einem Anflug an Gemütlichkeit und wachsender Vertraulichkeit rückte er seine enormen Schenkel zurecht. Eine Pause trat ein, während der ich eine Haarnadelkurve nahm und der Minister sich anhalten mußte. Das heißt: es war nicht unbedingt notwendig, denn sein Leib füllte den Käfer „nahtlos" aus. Nun mußte ich auch etwas sagen: „Gott sei Dank haben Sie diese Zeit heil überstanden. Auch wir säßen noch gemütlich in Ungarn, wenn es keinen Krieg gegeben hätte." Die listigen, wasserblauen Augen sahen mich prüfend von der Seite an: „Aber manchmal denke ich mir halt doch, daß es die damaligen Politiker leichter hatten als heute." — „Sie meinen, das Volk war leichter zu regieren?" — Langsam fühlte ich mich ungemütlich. „Nein, aber wir hätten nicht diese alle paar Jahre wiederkehrende Mühe mit den Wahlen. Was glauben Sie, wie lustig es ist, tagein, tagaus dem ungläubigen Volk die gleichen unerfüllten Versprechen vorzubeten, um vielleicht doch noch einen Rest von Analphabeten und Dummen zu ‚erobern'. Hahahaha." Die rosafarbene Riesenhand schlug klatschend auf den moosgrünen Schenkel. „Man kann halt nicht beides haben." — Eine ganz leichte Wut stieg in mir hoch. Die flinken Augen hatten meine Reaktion schon registriert. — „Keine Angst, ich bin ein überzeugter Demokrat. Aber Sie als Adeliger müssen das doch nicht sein." — Nun war mein Zorn kaum mehr zu zügeln. „Ich weiß, Herr Minister, daß unsereiner in allen Lebenslagen das ungerechte Stigma der „Reaktion" oder der unwiederbringlichen Vergangenheit mit sich herumträgt. Sogar jetzt noch, in einer neuen Generation, ist dies so. Haben wir noch nicht genug erlebt, um endlich gleich behandelt zu werden? Ich zum Beispiel war mein ganzes Leben lang ein armer Arbeitsmensch. Zuerst ein kasernierter Pensionatsschüler, dann ein enteigneter Hilfsarbeiter, später ein staatenloser Flüchtling, schließlich ein Staatsbeamter. Jetzt in der Demokratie geht es mir bei weitem am besten. Doch habe ich ein Gefühl für Gerechtigkeit entwickelt, von der untersten Perspektive aus gesehen. Mein Blick ist gegenüber Täuschungen und Lügen geschärft."

„Auch wir Politiker sind nicht für Ungerechtigkeiten." Die selbstbewußte metallisch klingende Stimme mimte leichte Kränkung, die fleischige Rechte zerknüllte den Spitzhut zu einem formlosen Klumpen. — „Überhaupt ist die allgemeine Meinung der Leute über die Politiker grundfalsch. Wir haben uns für diesen Beruf gründlich vorbereitet, was man ja von den früheren Herrschern und ihren Unterführern nicht immer behaupten kann." Meine Stimme war milde: „Darf ich etwas fragen? Wie kann ein Mensch zur Staatsführung geeignet sein, dessen Aufstieg entweder als subalterner Jasager in einer autoritär geführten Partei oder als unentwegter Kampfredner gegen seine eigenen Landsleute stattgefunden hat, nur weil letztere einer anderen Partei angehören? ‚Salus rei publicae suprema lex esto!' Schon die alten Römer stellten das Gesamtwohl der Republik über alles. Heutzutage scheint ein Wahlsieg der eigenen Partei wichtiger zu sein als das gesamte Volk, den politischen Gegner miteingeschlossen. Und wie glauben Sie, Herr Minister, kann ein Politiker nacheinander zwei, drei grundverschiedene Ministerien gut führen, von deren Problemen er vor Betreten kaum eine Ahnung hatte? Ein ausgezeichneter und erfolgreicher Politiker ist noch lange kein guter Staatsmann. Ausnahmen gibt es natürlich, ebenso Naturtalente."

Das Gesicht neben mir war grau und hart geworden. „Stellen Sie unsere Demokratie in Frage?" Es war nur ein heiseres Würgen. — „Im Gegenteil! Es gibt kein besseres System in der heutigen Zeit, und ich fühle mich als begeisterter Demokrat. Aber eben auch deswegen, weil ich in der Demokratie überall und jedem, auch einem Machthaber, meine Meinung sagen darf und kann. Ob sie richtig ist, ist eine andere Frage, aber ich kann sie aussprchen, und sie, Herr Minister, müssen mich anhören." — Wie von Zauberhand, und offensichtlich einer langjährigen Routine entsprechend, wandelte sich das Gesicht plötzlich wieder, nur seine Augen verrieten mir, daß hier in diesem alten VW-Käfer soeben gegen die ungeschriebenen Gepflogenheiten verstoßen wurde. „Nun gut, es mag vielleicht unvermeidbare Nachteile geben. Aber die Monarchen waren ja auch nur auf Grund überholter Usancen, eben der Erbfolge, an die Macht gekommen!" Er glaubte, daß dieser Vorwurf mich umwerfen würde, und lehnte sich, so gut es sein feister Rücken zuließ, genüßlich zurück. „Falsch, Herr Minister. Die von ihnen erwähnten früheren Machthaber wurden schon als kleine Kinder auf ihre Aufgaben vorbereitet. Sie wurden strengstens erzogen, man opferte ohne Hemmung ihre Kindheit, um ihnen alles Wissen, alle für ihr Amt notwendigen Tugenden auf härteste Weise einzutrichtern. Sie waren einer grausamen Erziehungstortur ausgesetzt, die viele Jahre andauerte. Lesen Sie einmal das Buch von Adam Wandruszka über Leopold II., und Sie werden mir recht geben. Sicher war auch dieses System mangelhaft und ist heute überholt, doch es waren jahrhundertealte Erfahrung und ausgesuchte Fachleute am Werk, unter strenger Überwachung der Öffentlichkeit und der Kirche. Dagegen rekrutieren sich die heutigen Minister in den meisten Fällen aus der Elite guter Parteiredner oder aus Ministersekretären, — ausgezeichnete und begabte Menschen gewiß, doch mehr Politiker als Staatsmänner, mehr Partei- als Volksmenschen. Trotz garantierter Gleichheit haben sich überall neue Machtgruppen etabliert, deren Gunst und Starthilfe dem Mann auf der Karriereleiter wichtiger erscheinen müssen als die Meinung des einfachen Volkes."

„Aber Sie müssen doch zugeben, daß es dem ganzen Volk, auch dem Arbeiter, so gut geht wie noch nie in der Geschichte dieses Landes!" Die Stimme war ruhig, die Finger suchten nach einer Zigarre. „Das ist völlig richtig, noch nie ist es uns allen materiell so gut gegangen wie jetzt. Doch dies ist zum Großteil vielen Friedensjahren, dem Wiederaufbau unserer Generation, der Entwicklung der Technik und der Wissenschaft, den Erfolgen der Wirtschaft zu danken. Die Politiker haben sicherlich einen Anteil an diesen Erfolgen und somit am Gesamtwohlstand." Der Minister war nachdenklich geworden, um seinen Mund war ein wehmütiger Zug erschienen. Dann aber blitzten seine Augen optimistisch. „Sehen Sie, das ist Freiheit, das ist Demokratie! In einer Diktatur hätte man Sie schon eingesperrt." Es sollte tröstend wirken, und der Minister verkniff ein spöttisches Lächeln. „O ja, doch hätten wir uns dort leicht in der Zelle wiedergesehen, die nicht viel größer ist als dieser Hochstand hier", sagte ich und hielt den Wagen an. Wir waren angekommen. Es schien mir nicht sinnvoll, weiter mit dem Politiker zu debattieren, bei Gott, ich hätte genügend Themen auf Lager gehabt ...

Nicht weil es mir keinen Spaß gemacht hätte, sondern wegen des Lärms, den seine in Versammlungen geeichte Demagogenstimme verursachte, und wir wollten doch einen Rehbock — und einen guten dazu — schießen.

Ich parkte den Wagen hinter einem Holzstoß, und dann gingen wir die dreißig Schritt zum gedeckten Hochstand, der am Rand der großen Waldwiese an den letzten Fichten angebracht war. Der Hochstand allerdings war wirklich „hoch", und die Leiter wippte bedenklich, als sich der hohe Herr, elefantengleich und sichtlich gegen Schwindel ankämpfend, hinaufturnte. Etwas bleich geworden, tat mir der Mann nun leid, und ich erwärmte mich sogar für ihn. Seufzend ließ er sich auf die breite Sitzbank nieder. Seine Kipplaufbüchse, die ich hinaufgetragen hatte, lehnte ich vor ihn hin. Aus der Tasche des Ministers ragten zwei Nachmittagszeitungen, doch er wagte es nicht, sie herauszunehmen, und blickte, seine Langeweile gekonnt verschleiernd, auf die große Wiese, die in den Strahlen der Abendsonne fast golden vor uns glänzte.

Es war einer jener Sommertage, an denen sich die Nacht nicht zum Kommen entschließen kann. Aus blaudunstigen Wolkenschichten guckte das rote Feuerrad der schläfrigen Sonne durch den schmalen Schlitz in unseren Hochstand, und das Gesicht des Politikers wirkte im Gegenlicht fast klassisch, wie ein Cäsarenprofil. Wieder peinigte mich der überall — auch in den Kleidern — sitzende penetrante Duft des genossenen Alkohols, der, je länger er Zeit hat, sich im Magen zu verändern, desto grauslicher riecht. Gut, daß uns der erhoffte Bock nicht in den Wind bekommen konnte, dafür waren wir zu hoch postiert.

Eine Geiß war ganz nahe ausgetreten, ihr folgte kurz darauf das Kitz. Zügig wechselten sie der Mitte der Wiese zu, wo in der Mulde die saftigsten Gräser zu sein schienen. Der Politiker machte Zielübungen, und ich entdeckte in seinem Ausdruck den gut bekannten „Schießteufel". Wenn es nur klappte. Der Ringeltauber wich erschrocken zurück, denn er war im Begriff, sich auf den Hochstand zu setzen, und er blickte, zu Tode geängstigt, in ein rötliches, rundes Menschengesicht. Noch immer zeigte sich nichts. Ich kannte hier zwei Böcke, die beide zu schießen waren, darunter einen, der schon zur allerbesten Klasse gehörte. Gerne hätte auch ich einmal einen solchen Bock erlegt, aber für „normal Sterbliche" galt er als zu jung. Was ihn aber nicht der Ehre berauben sollte, „Ministerbock" zu werden. Nun war es düster geworden, und die violetten Wolken riefen die junge Nacht auf die Wiese. Der Politiker schien zu resignieren, den Nachmittag in den Ordner: „Unerledigtes" zu reihen. Auch ich dachte ärgerlich an einen „Fehlschlag", da sprang der starke Bock plötzlich auf hundert Schritt vor uns auf die Wiese. — „Da ist er, bitte schießen!" — hauchte ich. — „Wo?" — Der Politiker sah den Bock nicht. „Dort links, genau in Richtung der schiefen Lärche steht er. Sehen Sie ihn nicht, er verhofft schon." Ich verbrachte bange Minuten. Der Atem des Politikers aber ging ganz ruhig. Endlich sah er ihn. Die starken Arme hoben die schlanke Luxuswaffe wie im Büro das Lineal. Das linke Auge wurde zugekniffen, schraubend und saugend zog die rechte Hand den Kolben ins Gesicht. Dann knackte der Stecher — eigentlich früher, als ich erwartet hätte, knallte es, und im Feuer warf es den Kapitalen in das taunasse Gras. — „Weidmannsheil, Herr Minister!" — Ein Stein fiel mir vom Herzen. Das war wirklich ein guter und schneller Schuß. „Weidmannsdank!" — Urige Naturfreude blitzte mich aus den blauen Augen an. Der uralte Trieb — sei er Tötungs-, Beute- oder Sammlertrieb — war befriedigt. Der Politiker hatte einen der wenigen freien Nachmittage nicht umsonst verbracht — der starke Rehbock war sein.

Leichtfüßig wie ein kleiner Junge turnte der füllige Würdenträger die wippende Leiter hinunter. Ich konnte ihn kaum mit der Büchse, dem Mantel und den aus der Tasche gefallenen Zeitungen folgen. Als er als erster zu seiner Beute trat, prüfte sein dicker Zeigefinger den Einschuß. Er saß zwei Zoll hinter dem Blatt. Dann sah mir der Politiker in die Augen. „Ich danke Ihnen, das war ein schöner Nachmittag, kommen Sie mich doch einmal besuchen!"

Noch während ich den Bock aufbrach, setzte sich der Minister an das Lenkrad, startete, wendete gekonnt und wartete dann geduldig auf mich. Er sah richtig entspannt und glücklich aus. Absichtlich ließ ich mir aber Zeit, denn ein solcher Bock war mir für eine Hudelei zu gut.

Auf der Fahrt zum Försterhaus redeten wir von alten Zeiten. Wir redeten von Jagden und Böcken, die der Politiker schon erlegt hatte. Von Politik war vorerst nicht die Rede. Der nun lockere und ehrlich wirkende Mann neben mir schien wie ausgewechselt. Ich hatte ihn richtig gern. „Solche Leute wie Sie haben wir viel zu wenig in der Politik! Es gibt so viele Jasager, Schmeichler, Katzbuckler und Schweiger." In hohem Bogen spuckte er aus dem Fenster hinaus. „Es genügt schon, wenn wir so viel lügen müssen, wenn uns die Mitarbeiter auch noch anlügen, verlieren wir jeden Kontakt zum Volk." — Wir stoppten, denn vor uns überquerten zwei Rehe im Scheinwerferlicht die Waldstraße. Abermals waren wir bei der Politik angekommen. Aber der Minister war jetzt ein anderer Mensch. „Gehn S', schreiben S' mir gelegentlich auf einem Zettel die Ideen auf, die sie haben. Wir verlieren wirklich den Kontakt mit der Bevölkerung!" — „Und ich soll Ihnen Stichworte liefern, Herr Minister, wenn Sie im Vorzimmer akademisch ausgebildete Sekretäre haben, die nur für Sie da sind?" — „Aber hörn S' doch auf, die sind für ihre Karriere da, für sonst nichts", die breite Stirne umwölkte sich, doch nur ganz kurz. „Solche Gespräche sollte ich öfters haben, aber nicht bei Tagungen, Empfängen, Sitzungen, Eröffnungsfeiern und ähnlich schrecklichen Dingen!" Er lachte.

„Wir brauchen ehrliche Meinungen und furchtlose Mitarbeiter". — „Und wir brauchen Politiker, die für das Volk da sind, es nie belügen, auch nicht vor Wahlen, und die die sicher wichtigen Parteiinteressen dem Gesamtwohl unterstellen können!" — „Ja, da haben Sie recht. Aber der tägliche Trott, die Termine, das Protokoll, der Zeitmangel lassen uns nicht zu ruhigen Gedanken kommen. Eine Hetzjagd ist unser tägliches Brot geworden, und es könnte doch sicher anders gehen."

Das Forsthaus stand vor uns. Wilde Weinranken verdeckten es fast. Vor dem Luxuswagen, die

Hand auf der offenen Vordertüre, stand grantig und vorwurfsvoll der Gorillachauffeur. Aus dem Ministerwagen tönte leise Walzermusik, und die balkenhaft breiten roten Rücklichter grinsten sieghaft in den dunklen Wald. Seine Riesenhand zerdrückte fast meine Rechte. Die Emotion schien verflogen, der große Mann war angesichts seines Dienstautos wieder ganz Politiker, ganz Volkstribun, ganz Machthaber geworden. Und die Riesenmaschine entschwand leise und verschämt aus der Einsamkeit des schlafenden Waldes.

Nun war ich mit dem Ministerbock allein. Was ich vorher kaum für möglich gehalten hatte, traf ein: ich gönnte dem Minister den Kapitalbock. Er hatte nämlich bewirkt, daß in der Einsamkeit der Natur ein unverdorbener Mensch wieder zu sich gefunden hat.

Ich hoffte, daß dies von Dauer sein würde.

Bild rechts:
Im Frühnebel

Bilder umseitig:
Wintergänse bei Frauenkirchen

Der Bock des Ost-Ministers

Unter der Kuppel der Sommernacht sammelte sich der Duft der Gräser, der Blumen und des Laubes. Auf dem Samtgewand des nächtlichen Himmels glitzerten perlengleich die Sterne, und der große Mund der Dunkelheit gähnte seinen süßen Atem über die schlafenden Felder. Kühl und erfrischend schmiegte sich ein leichter harziger Wind an die Türe der Hütte, und er kam von der Höhe, wo die Kronen der Bäume grollend mit seinem größeren Bruder rauften. Über die Ränder der Dunkelheit schwebte schüchtern ein Vorbote der Dämmerung, das Morgengrauen. Es war nur ein kaum sichtbarer grünlicher Streifen, mehr eine Ahnung, und darüber grinste noch die Sichel des Mondes.

Ich fühlte mich nicht sonderlich wohl, denn der Abend war lang gewesen, viel länger, als es mir lieb war, doch was hat der Mensch nicht alles zu machen, was er von sich aus nie machen würde! Ein guter Bekannter hatte mich vor einigen Tagen eingeladen, seinen prominenten Gast, einen Minister aus dem Osten, auf einen Rehbock zu begleiten. Alles war diskret organisiert worden, der hohe Herr war mit seiner Staatskarosse bei Dunkelheit angekommen und gleich zur Hütte gefahren. Dabei hatte sein Chauffeur den Butler, ich selbst aber den Dolmetscher zu spielen. Der Minister war bürgerlicher Herkunft, mittelgroß und etwas dicklich. Wie er so aus dem Auto stieg, schien er mir der Weihnachtsmann aus dem Märchen zu sein. Dreimal mußte sein Fahrer zwischen Hütte und Kofferraum hin- und herpendeln, so viele Geschenke hatte der Mann aus dem Osten mitgebracht. Mein Freund, ein Fabrikant, der Geschäfte mit dem Osten machte, schien peinlich berührt, denn diese Geschenke übertrafen bei weitem das übliche Maß. Da waren ganze Sortiments östlicher Alkoholika, teils in Schachteln, teils in Körben verpackt, Textilien und Keramik, eine Armbanduhr östlichen Fabrikates, Porzellan und als Draufgabe ein Scheinwerfer mit magnetischem Sockel für das — hierzulande streng verbotene — nächtliche Jagen mit „Lichtquellen".

Kaum war der bereits das fünfzigste Lebensjahr überschrittene Würdenträger mit schnellen Schritten in die Jagdhütte getreten, waren wir auch schon in ein Gespräch vertieft. Der Mann war völlig im Bilde, wer ich war, und lobte meinen letzten Artikel in einer Jagdzeitung. Er war in einen englischen Tweed-Anzug gekleidet und trug dazu einen echten Ausseerhut mit wallendem

Bild links:
Vorsicht ist immer geboten

Bilder umseitig:
Den ganzen Tag ist der Himmel voll von Gänsen

Gamsbart. Seine langen, schlanken und zu dem eher dicklichen Körper nicht passenden Beine steckten hingegen in original Bilgeri-Stiefeln aus rotem Juchtenleder.

Er roch nach Sandelholz-Rasierwasser und machte den Eindruck eines österreichischen Grafen der Jahrhundertwende. Seine Manieren waren vorzüglich, seine Stimme kultiviert und einschmeichelnd, nur die kalten, abweisenden und ein wenig unsicheren Augen paßten nicht zu seinem Gesamtimage. Und seine Waffe! Es war eine handgemachte Suhler Kipplaufbüchse mit Luxus-Arabeskengravur und goldenen Abzügen. Noch selten im Leben hatte ich eine solche Prachtbüchse gesehen, und das bedeutet bei einem Museologen wie mich schon einiges. Wir sprachen über Jagdmuseen, über die Weltjagdausstellung in Budapest und von der Überlegenheit östlicher Sportler, während sein junger und ebenfalls kultivierter Fahrer uns herrliche Würste, Weißbrot und Spitzenweine kredenzte. Noch bevor wir überhaupt zum Denken gekommen waren, hatte der Minister die Rolle des Gastgebers übernommen und wir jene der Bewirteten.

Man sah sofort, daß dieser Mensch schon oft im Westen war, was sich im Zuge der weiteren Gespräche auch bewahrheitete. Er erzählte zwar von Staatseinladungen in Tanzania, in der Mongolei und in Finnland, aber breit ließ er sich über seine Jagden in England, in Holland und in Spanien aus, wobei sich herausstellte, daß er dort schon öfters auf Rothühner gejagt hatte. Über Politik fiel kein Wort, auch dann nicht, als ich im Zuge der durch den Wein gelösten Stimmung einige Male versuchte, das Thema dorthin zu bringen. Der Minister schenkte viel ein, er selbst aber trank wenig. Er erzählte zwar viel von Jagd, horchte aber sofort verstummend zu, wenn wir uns nach westlicher Gewohnheit kritisch über innenpolitische Verhältnisse unterhielten. In solchen Fällen schien mir auch der Chauffeur mitzuhören, denn es wurde gleich mäuschenstill, wenn einer von uns zu reden anfing. Trotz der freundlichen Sprache, dem jovialen Ton und dem Lächeln der Münder hatte sich sofort ein unsichtbarer Vorhang zwischen uns geschoben, den zu durchdringen mir an diesem Abend nicht gelang. Erst nach Mitternacht konnte ich die Herren überreden, schlafen zu gehen.

Gerne wäre ich liegengeblieben, als der Wecker nach wenigen Stunden zu rasseln begann, daß die Hütte erzitterte. Ich trat vor die Tür und atmete die herrliche Waldluft ein, die sich auf dieser Lichtung mit der wohligen Luft der reifen Getreideäcker vermischte. Die taunassen Lüfte der Nacht bewegten die Weizenfelder, und aus den nahen Weingärten drang süßer Duft, vermischt mit dem Geruch der Spritzmittel. Während es in den Gästezimmern rumorte, bereitete der Jagdherr schon den Morgenkaffee. Drüben im Osten tastete sich das Morgengrauen höher und höher. Hinter ihm erschien zaghaft und kaum wahrnehmbar die blaßrosa Dämmerung.

Der Minister erschien bereits frisch rasiert, nach Rasierwasser duftend. Nur seine Augäpfel schienen mir zu brennen, während darunter faltig und dunkel große Tränensäcke von einer kurzen Nacht zeugten. Er sah jetzt zwar noch immer wie „aus einem Ei gepellt" aus, doch durch sein übernächtiges Antlitz erstmals menschlich, wie einer von uns.

Die Uhren des Daseins sagen jedem Menschen etwas anderes, aber — da sie die Zeit und das

Leben messen — sagen sie immer die Wahrheit. Und gegen die Zeit hatte man auch im Osten noch nichts erfunden, bisher jedenfalls noch nicht. Schon leuchteten die fernen Gipfel in schüchternem Rotlicht, als der schwere Mercedes den schmalen Weg hinunterrollte. Die Straße floß unter den Rädern dahin, und die Alleebäume entflohen stumm den Fahrenden, die das heilige Morgengrauen mit Lärm und Staub beleidigten. Es sollte eine Wagenpirsch über die Felder werden, und mein Bekannter erhoffte sich, einen seiner wirklich guten Böcke vor die Prachtbüchse des Ost-Ministers zu bringen. Die graue Dämmerung hatte rötliche Ränder bekommen. Leichte Nebelfetzen warteten ungeduldig auf das Kommen des Morgens, doch fürchteten sie das Licht, das unaufhaltsam hinter den Bergen aufstieg und ihre Spitzen bereits rötlich färbte. Rotgoldene Lichter tasteten zaghaft über die erwachenden Felder hinweg, während auf den taunassen Wiesen noch faule Schatten gähnten. Das amerikanische Autoradio brachte die Frühnachrichten des Ostlandes. Noch bevor der Sprecher von den „bösen Zionisten" zu sprechen begann, hatte der Minister abgedreht und den Recorder eingestellt. Eine Ausseer Jodlerin trällerte den Erzherzog-Johann-Jodler, was den Minister kindlich zu freuen schien, den Gastgeber aber doch dazu bewog, zur Stille zu mahnen, denn wir hatten den Punkt erreicht, wo das Revier begann. Der schwere Wagen schmirgelte und kratzte unwillig, fast saß er auf. In seinen Scheiben spiegelte sich das aufkommende Schußlicht wider. Wir fuhren im Schrittempo, scharf nach allen Seiten Ausschau haltend. Da und dort sah man einzelne Rehe stehen, die aber infolge des ungewohnten Lärms bald mit eiligen Fluchten in den Getreidefeldern verschwanden. Ächzend torkelte das Fahrzeug und krachte bösartig, wenn seine Räder über nicht erspähte Gräben und Rillen rollten. Dem Chauffeur machte dies aber wenig aus. Ich hatte ihn im Verdacht, daß seine Augen mehr rechts und links auf den Feldern, als auf dem Feldweg ruhten. Die etwas sumpfigen Wiesen schwitzten nun die faulen Dünste der Nacht aus, und die Autofenster überzogen sich mit einem feuchten Hauch. Innen im Wagen geschah Ähnliches, teils, weil dort der in der Nacht genossene Alkohol aus den Poren drängte, teils aber, weil viel und laut geredet wurde. Der Minister schilderte die Vorteile einer Pirsch mit dem Pferdewagen, die in seiner Heimat üblich war. Er erzählte von seiner Jagd im Norden des Landes, wo ihm über zwanzigtausend Hektar allein zur Verfügung standen. So nebenbei erwähnte er, daß er im Vorjahr fünfzehn Hirsche erlegt hatte.

Daß wir es jagdlich mit einem Könner zu tun hatten, das bewies sowohl sein Reden als auch die Art, wie er die Waffe handhabte. Die Wunderbüchse hielt er solcherart, daß die Schaftkappe auf seinem rechten federnden Fuß ruhte. Sein Nachtglas aus der BRD steckte, um nicht anzustoßen, unter dem Aufschlag seines Hubertusmantels. Wir hatten es mit einem jagdlichen „Profi" zu tun, das schien mir klar. Zwischen einem Kukuruz- und einem Haferfeld stand auf einem taunassen Kleefeld ein Bock. Der Wagen war zum Stehen gekommen, und nur der Kühler lugte vom mannshohen Rand des Maisfeldes hervor. Der Bock war gut, ja er schien mir sogar sehr gut zu sein. Als der Jagdherr den Befehl zum Schießen gab, war der Minister schon in Anschlag, doch bevor er schießen konnte, hatte der Bock genug und verschwand im Mais.

„Fahren wir langsam weiter, und halten wir dann auf der anderen Seite!" zischte der Minister, und der Fahrer folgte, vorsichtig und langsam. Auf der anderen Seite des Maisfeldes war ein Zuckerrübenfeld. Nun erhob sich die Frage, ob der Bock noch im Mais steckte oder schon den Rübenacker passiert hatte. Der Fahrer hatte vorsorglich einen kleinen Polster in der Hand, und wir harrten nun der Dinge, die noch geschehen sollten. Inzwischen stieg aber die Sonne aus dem blaugrauen Rand des Horizontes, und ihre rote Glut entzündete den aufkommenden Tag. Krähen riefen, Tauben gurrten, eine Lerche stieg jubilierend vor uns in den Himmel. Die zitternden Ähren badeten in Gold, die Wiesen wurden grün, und der dunkle Himmel färbte sich langsam blau.

Mit der Sonne war der Morgenwind gekommen, der wellengleich über die reifen Getreidefelder wogte. Aus den Büschen der Raine flatterten die Falter, um, wie lose Blütenblätter gaukelnd, gegen den Bachgrund zu verschwinden. Der deformierte Mond war hinter violetten Wolkenbändern untergegangen, als schämte er sich seiner vergrößerten Häßlichkeit. Summen von Bienen und Käfern erfüllte die Luft, in der die Schwalben — Kunstfliegern gleich — nach Beute jagten. Der Traum der Nacht war verflogen, und aus der Stille des Morgens kam über duftende Pfade der junge Sommertag. Auf den taunassen Gräsern trockneten in der Morgensonne viele glänzende Käfer, um sich dann munter in der Unendlichkeit der Lüfte zu verlieren.

„Der Bock!" Wir hatten es alle gleichzeitig gesagt, und der Minister hatte nicht auf Übersetzung bestanden. Doch was war geschehen? Wie von Furien getrieben, polterte der Kapitalbock nicht ganze vierzig Schritt vor uns über das Rübenfeld, daß der Tau aus den Rübenblättern nur so spritzte. „Was hat er denn?" — „Dort, dort, da kommt der zweite!" Ein fahlgelber Bock mit lichtem Gehörn fegte mit angelegten Lauschern aus dem Hafer und jagte den Kapitalen über den Feldweg. Nicht weit hörte man schon einen Traktor brummen. „Steigen Sie aus, Herr Minister, schnell, und schießen Sie!" sagte der Jagdherr. Schon war der Minister draußen, der Polster folgte ihm. Er legte am Dach auf, wir aber konnten den verhoffenden Kapitalen nur mit den Gläsern festhalten. Wie ein Peitschenknall, dem ein zerbrochenes Echo folgte, zerriß der Schuß die andachtsvolle Stille des Morgens. Hundegebell hörte man aus dem Dorf, und über den nassen Wiesen weinten die Kibitze. Der Bock aber verhoffte, dann sprang er ab.

„Gefehlt!" sagte der enttäuschte Jagdherr, doch der Minister schüttelte lachend den Kopf. Plötzlich, als wäre es nie anders gewesen, sprach er ein fließendes Deutsch. „Dort, meine Herren, neben der Straße liegt er. Der Schuß sitzt Hochblatt!" Dann bückte er sich und hob seinen Ausseerhut auf, der ihm beim Aussteigen heruntergefallen war. Neben dem Misthaufen aber, dort, wo die beiden Feldwege sich kreuzten, lag tatsächlich rot und bewegungslos der zweite Bock, der alte, den wir gar nicht so genau beachtet hatten. Der Minister, der in einem Jahr mindestens zehn bessere Böcke als diesen „entlassenen" Kapitalbock schoß, hatte es von Anfang an auf diesen angelegt. Nun lachte er das Lachen eines schalkhaften Kindes, der seine Erzieher überlistet hatte. Die kalten, unnahbaren und unsicheren Augen waren warm geworden, und echte Weidmannsfreude leuchtete aus ihnen. Nun wurde zuerst die Zigarrenschachtel aus Kuba herumgereicht, dann folgte die goldene Taschen-Flasche mit Jamaica-Rum, Polster und Gewehr übernahm der „Butler", und aus dem Fond des Wagens wurde die Leicaflex geholt.

Und dann marschierten wir im Gänseschritt zum Bock, den der Minister als guter Jäger dem kapitalen vorgezogen hatte. Im hohen Gras lag ein abnormer Gabler mit dolchigen Enden und starken Rosen. Ein uralter Raufer, dem überdies das eine Licht ausgeforkelt war. Nachdem der Minister den Bock bewundert, fotografiert und das Gehörn betastet hatte, machte sich schon der „staatliche Alleskönner", der Chauffeur, sachkundig ans Aufbrechen. Nicht lange konnten wir uns aber unserer Freude hingeben. Hinter dem riesengroßen östlichen Staatswagen war der Traktor eines Bauern erschienen; der Bauer gestikulierte und schimpfte, weil er nicht vorbeikonnte. Als wir Entschuldigungen murmelnd hinkamen und den Wagen auf die Seite stellten, wurden wir noch auf gut deutsch und sehr deutlich darüber belehrt, daß der Bauer keine Zeit hätte, wie wir sie anscheinend hatten ...

Die glücklichen Augen des Ministers waren plötzlich nicht mehr da und wurden wieder kalt und unnahbar, mit einem Stich ins Verärgerte. So als ob er ganz still im Inneren für sich gedacht hätte: „Ja weiß denn der nicht, wer ich bin?" Das Beschimpfen eines Ministers, der übrigens absolut unschuldig war, ist in unserem Lande ohne weiteres möglich, und der vielgereiste Globetrotter war um eine Erfahrung reicher. Wir schämten uns, aber nur äußerlich, im Inneren freuten wir uns, nicht nur über den Bock, sondern auch über den Umstand, daß hierzulande ein Staatswagen nur wenig Ehrfurcht und keinen Respekt hervorrief. Auf der Heimfahrt wurden wir dann noch zur Hirschbrunft ins Ostland eingeladen, wobei es keinerlei Einzelheiten über ein Datum oder die Frage gab, ob wir als Gäste oder Jagdtouristen fungieren sollten. Mein Freund fuhr mit dem Minister nach Wien, ich mit meinem VW aber nach Hause. Hoch oben flimmerte die Sonne und wußte nicht, daß unter ihr Grenzen verliefen, die Welten voneinander trennten. Doch bei der Jagd, beziehungsweise durch die Jagd, werden diese Grenzen manchmal verwischt, und das ist gut so.

Der Mörder von Zaingrub

Sommer im Waldviertel, Rehbrunft und Ferien, was gibt es Schöneres für einen passionierten Jäger? Ist es nicht schade, seine Zeit untätig und unter lärmenden Urlaubern irgendwo am Meer zu verbringen? Da muß man unter Lebensgefahr Hunderte von Kilometern zurücklegen, braucht eine Woche, um die Strapazen dieser Autofahrt in Gluthitze „auszuheilen", dann verbrennt man sich auch noch die weiße Bürohaut, verdirbt sich den Magen mit der ungewohnten Kost, kommt von einer Art Streß in die andere, kann in der Nacht nicht schlafen, weil es zu heiß ist und sogar die Kinder noch um Mitternacht herumtoben, muß obendrein viel zahlen, wird übernommen und darf sich nach drei Wochen wieder brav in der Autokolonne nach Hause quälen. Die einzigen Trophäen, die man mitbringt, sind eine leere Brieftasche und ein schwer geschädigtes Auto. Und die schöne braune Farbe, um die man angeblich so beneidet wird, verschwindet in drei Tagen! Erholung? Nein. Abwechslung vielleicht. Sicher ist ein Aufenthalt am Meer erholsam und schön. Doch dann in der eigenen Villa und in der Nachsaison und nicht in der Masse der Touristen mitten im Hochsommer! Da lobe ich mir die Tage im Waldviertel, wo im August die Kirschen reifen und das Getreide noch so grün ist wie bei uns im Juni.

Von Dobersberg aus war ich nach Horn gefahren, wo mich der gute Hansl Hoyos wieder einmal auf Rehböcke eingeladen hatte. Schon in Japons und im Revier Horn waren die Tage erfolgreich, die Böcke sprangen gut, und ich hatte unverschämtes Weidmannsheil. Nun hatte ich noch einen Bock frei, und zwar einen sagenhaften, alten Spießer im sogenannten Dumgraben im Revier Zaingrub.

Viele Jahre kannte man schon diesen Bock, der einmal ein kapitaler, im Vorjahr aber schon ein sehr hoher, geperlter Spießer mit schneeweißen, nadelscharfen Enden war. Überall waren Getreide- und Maisfelder, so daß man diesen Bock, der außer einer Geiß ein junges Reh auf grobe Weise vertrieb, den ganzen Sommer hindurch nicht gesehen hatte. Nur einmal war er dem Förster im Scheinwerferlicht seines Wagens auf nahe Distanz über den Feldweg gesprungen. Da und dort hatte man auch geforkelte Rehe gefunden oder verletztes Wild beobachtet. Weit und breit war im Dumgraben nur der eine Bock zu spüren und von Mitte Juli an auch eine ältere Geiß, anscheinend seine einzige Favoritin.

Mit dem Oberförster Theissl war ich am frühen Morgen schon nach Sonnenaufgang hinausgefahren. Eigenartigerweise waren keine Rehe zu sehen. Da und dort sah man arbeitende Menschen, das Wild hatte sich in die Deckungen zurückgezogen. Auf den Stoppelfeldern saßen viele Ringeltauben, und ich erblickte darunter eine albinotische. Leider hatten wir kein Schrotgewehr oder ein Kleinkaliber mit, so daß ich mich darauf beschränken mußte, sie mit dem

Fernglas zu beobachten. Es schien mir ein flavistisches Exemplar zu sein, was sehr selten ist. Auf keinen Fall war es eine Haustaube, das konnte man aus dem Flugbild einwandfrei feststellen, auch hatte sie den weißen Halsring.

An der unteren Ecke des Dumgrabens war eine Kanzel. Hier wollte der Oberförster blatten. Mir gefiel die Kanzel gut, aber zum Ansetzen, nicht zum Blatten. Denn sie stand an der Ecke des Waldes, rechts, hinten und links waren Stoppelfelder, hinein aber sah man nicht. Und ich dachte, daß ein alter Bock nicht leicht bei Tageslicht auf das Feld springen würde, wenn er in voller Deckung sich bis auf zehn Meter an den Hochstand anschleichen konnte. Ich sagte natürlich nichts, denn der Wille des Begleitjägers ist für mich Gesetz. Noch blattete ich keine zwei Minuten, als direkt vor mir, am Rande des Waldes ein Bock mit hohem, steilem und lichtem Gehörn, mit gesenktem Haupt recht schnell auf den Hochstand zukam. Der Oberförster konnte ihn nicht sehen, ich erkannte sofort den mir beschriebenen Bock, doch bevor ich die Büchse auch nur zu heben vermochte, war er im Wald verschwunden. Ich blattete noch ein wenig, und dann hörten wir, wie vor uns — keine fünfzehn Meter entfernt — ein Rehbock im dichten Bestand plätzte. Das Plätzen dauerte lange. Man hörte keuchen und trampeln, die Büsche wackelten, aber man sah nicht eine Handbreit des roten Wildkörpers. Dann war es auf einmal still.

Wir verließen den Hochstand und fuhren nach Hause. Für den Nachmittag hatte ich einen anderen Plan. Da der Förster schwor, daß der Bock seinen Einstand im Dumgraben hatte, wovon ich mich ja auch überzeugt hatte, wollte ich mich im Bestand selbst mit gutem Wind ansetzen, während der Förster wie in der Früh auf dem Hochstand blatten sollte. So geschah es auch. Schon um vier Uhr nachmittags pirschten wir mit gutem Wind zum Hochstand, den der Oberförster bestieg, während ich von links außen in den Hochwald schlich und mich dort gut gedeckt hinter eine Eiche stellte. Ich sah von weitem die frischen Plätzstellen, die ich aber nicht näher besichtigte, um nur ja keine Witterung zu hinterlassen. Es war ausgemacht, daß der Förster erst nach einer Viertelstunde mit dem Blatten anfangen sollte, damit sich der Bock — falls er trotz unserer Vorsicht etwas gemerkt haben sollte — in seinem Bett wieder beruhigen konnte.

Endlich höre ich das Blatten. Ich bin ganz Auge und Ohr, habe meine Kipplaufbüchse an den vor mir stehenden Baum angestreift und warte. Einmal kommt es mir vor, als ob ich ein leises Trampeln hörte, dann nichts mehr. Der Oberförster hört auch plötzlich mit dem Blatten auf. Was kann geschehen sein? Ich stehe noch eine weitere Viertelstunde angespannt, bis ich ein leises

Bild rechts:
Wildgänse über der Lacke

Bilder umseitig:
Trappen im winterlichen Marchfeld (oben)
Bläßhühner auf der Donau (unten)

Pfeifen vernehme. Dann sehe ich durch die Blätter den Förster vom Hochstand heruntersteigen. Wir kommen zusammen. Das Gesicht des Oberförsters ist vor Aufregung gerötet: „Zwei Minuten ist der Bock vor mir am Waldrand gestanden, nicht weiter als zwanzig Schritt, mit einer Schleuder hätte ich ihn treffen können!" — „Wo ist er hin?" — „Er hat zu mir hinaufverhofft, den Windfang gehoben, dann ist er langsam zurück, von wo er gekommen ist. Er scheint aber nicht vergrämt zu sein."

Ich war skeptisch. Nun mußten wir für den Nachmittag einen neuen Plan aushecken. Bis dahin suchten wir die morgens gesehene weiß gesprenkelte Ringeltaube. Wir sahen sie auch unweit der Grenze mit einer kleinen Gruppe „normaler" Ringeltauben auf einem Stoppelfeld. Ich schlich mich im Grenzgraben vor, während der Oberförster mit dem Wagen in zehn Minuten losfahren und versuchen sollte, sie mir über das Stoppelfeld fahrend, zuzutreiben. Ich hatte die Bockbüchsflinte des Oberförsters in der Hand. Die Himbeerstauden zerrissen mir Hose und Hut, endlich erklomm ich bei einer Lücke den Grabenrand und schob mich vorsichtig bis in Augenhöhe hinauf. Drüben fuhr der Oberförster mit seinem Renault 6 auf die Tauben zu, die sofort aufflatterten und — mein Herz machte einen Sprung — direkt auf mich zustrichen. Vorne weg die „gesprenkelte". Der Pulk kam mir im Stich auf dreißig Schritt, er hätte nicht besser kommen können.

Ruhig fahre ich auf, halte vor — nicht viel, weil die Tauben langsam streichen —, ziehe ab und: Knack... Der Schuß geht nicht los! Die Tauben haben mich natürlich eräugt, drehen ab und sind über die Grenze. Ich aber stehe da und blicke sparsam in die Gegend. Was war denn geschehen? Förster Theissl klärt mich auf. Die Büchsflinte war auf „Kugel" gestellt. (Natürlich hatte ich keine Kugel geladen.) So ein Pech! Ich war sehr enttäuscht. Eine solche Ringeltaube hätte ich gerne dem Jagdmuseum zur Verfügung gestellt. Und wie es schon so ist, weder der Oberförster noch irgend jemand hat diese abnormale Taube je wieder gesehen.

Abends setzten wir uns zur Beobachtung am Zaingruber Teich an. Hier hatte ich schon vor einigen Tagen einen guten Bock erlegt, hier war der Abschuß schon erfüllt. Wir sahen massenhaft Fasanen, doppelt so viele wie in anderen Jahren. Es würde sicher eine gute Hauptjagd geben. (Und es gab sie auch: Mitte November schossen wir hier in einem Trieb, dem sogenannten Zaingruber Schilf: einhundertvierzig Fasanhahnen, davon allein sechsundvierzig ich auf einem Stand!) — Im Gastzimmer des ersten Stockes von Schloß Horn hatte ich eine ruhige Nacht. Um vier Uhr früh

Bild links:
Getriebener Fasanhahn im Winter (Querbild)
Bild umseitig:
Gedränge auf dem noch offenen Wasser

fuhren wir wieder mit dem Oberförster zum Dumgraben. Wir sahen einen sehr starken, aber jungen Bock in einem Maisacker stehen, wir sahen auch einen älteren Sechser und viele Geißen, aber den alten Mörder sahen wir nicht. „Der verläßt seinen Graben nicht!" schwor der Oberförster. „Wir müssen ihn von der anderen Seite anblatten!" Und so taten wir es auch. Der Dumgraben war ein eher spärlich bewaldeter und in viele Nebengräben verästelter, jedoch nicht breiter Waldkomplex. Wir kamen nun von der Zaingruberseite und setzten uns im Bestand — unweit des großen Fuchsbaues — an. Hier verharrten wir einmal eine halbe Stunde.

Ringeltauben klatschten, Elstern ratschten, eine graue Krähe setzte sich auf einen Baum. Der Fuchsbau vor uns schien befahren zu sein. Überall aber spürte man die Anwesenheit des alten Bockes, seine Fährte führte auch über den Wassergraben hin und her und durchquerte mehrmals die ausgeworfene Sandfläche vor dem Bau. Wir blatteten zaghaft, dann lauter und schließlich erschollen alle Variationen des Sprengfieps. Nichts rührte sich. Wir blieben aber sitzen, bis die Sonne hoch über uns stand. Ich fiepte ununterbrochen weiter. Es war umsonst. Der Bock kam nicht mehr. Traktoren und Mähdrescher ratterten überall, und mitten im sommerlichen Getriebe hetzte ein junger Gabler eine Geiß über das aufgeackerte Feld. Als dann Waldbegeher und Fitneßmarschierer den für sie reizlosen Dumgraben betraten, wo die diesjährige Trockenheit weder eine Beere noch einen Pilz zuließ, standen wir auf und gingen zu unserem Wagen. Hier war nichts mehr zu machen. Und trotzdem versuchten wir es am Nachmittag wieder. Den restlichen Vormittag verschlief ich im völlig ruhigen und abgedunkelten Zimmer des Schlosses.

Am Abend mußte ich in Dobersberg sein, wo Freund Tom Troubridge erwartet wurde. Um halb fünf Uhr saß ich also wieder auf dem Hochstand und blattete nach längerer Pause zaghaft. Dann gab ich es auf und wartete der Dinge, die noch kommen sollten.

Zuerst kam ein gelber Personenwagen, in dem ein „Naturfreund" saß, der aber dann im Sagersbacher Wald verschwand. Die niedrige Luxuslimousine holperte, krachte und ächzte über den Feldweg, daß es eine (Schaden-) Freude war. Was hatte dieser Mensch hier draußen zu suchen? Dann erschien eine Katze, die ich aber wegen des doch noch erwarteten Bockes am Leben ließ. Was wollte sie hier? Der fette Fasanhahn, der dort in der Furche herumsuchte, schien sie nicht zu interessieren. Dann kamen zwei Kinder bis zum Hochstand heran, sie wurden vom ortskundigen Oberförster auf diplomatische Weise weiterkomplimentiert.

Immer mächtiger senkte sich der Abend auf die Landschaft, doch der Tag war noch unentschlossen, ob er bleiben oder gehen sollte. August ist aber August, und die siebente Abendstunde brachte das Dämmerlicht. Gegen das lichte Stoppelfeld sah man zwar noch gut, das rötliche Licht des Westens aber verdunkelte den Boden. Wir baumten ab. Wortlos gingen wir nebeneinander, ohne Hoffnung den langen Weg zum abgestellten Auto. Nun kamen wir zum niedrigen Maisfeld, wo wir den Zukunftsbock gesehen hatten. Ein leichter Abendwind zitterte über das ausgetrocknete, aber noch lange nicht reife Feld. Ein Bussard erhob sich beim Misthaufen, als er unsere Gestalten erblickte. Auch für ihn hieß es: schlafen gehen.

Es war schon sehr dunkel geworden, dreiviertel acht war vorbei. Da sah ich ein Reh vor uns auf dem Feldweg erscheinen. Der Oberförster sah es auch, und wir erstarrten. Es kam aus dem Mais und zog gegen den Dumgraben. „Geiß" zischte der Förster. Wir warteten. Zügig, ohne zu verhoffen und uns nicht eräugend, zog die Geiß über das Feld. Dann aber verhoffte sie, und zwar zurück in den Mais. Und da tauchte, stark im Wildpret, ein Bock auf und zog der Geiß nach. Beide hatten wir wortlos die Gläser erhoben. Ist er es, ist er es nicht? „Ein hohes Gehörn hat er, lichte Enden auch, aber ich kann ihn nicht mehr mit Sicherheit ansprechen. Riskieren Sie es? Ein alter Bock ist es sicher!" Schon habe ich die Büchse von der Schulter genommen. Visiere hinüber, dabei lehne ich mich an den Oberförster, der mir seine Schulter als Auflage anbietet. Im sechsfachen „Diavari" glaube ich den Mörderbock zu erkennen. Und der Zielstachel folgt dem ziehenden Bock. Er ist schon sehr nahe beim Wald, gleich wird er verschwinden. Da pfeift der Oberförster. Beide Rehe verhoffen, ich fahre von unten ruhig in den schattenhaft dunklen Wildkörper des Bockes — der wegen der Größe gut zu erkennen ist, und der Schuß bricht. Kugelschlag, Stauben, die flüchtende Geiß... Dort aber, auf dem ausgetrockneten Acker mit seinen Erdklumpen, liegt etwas Lichtes in der Mulde. „Weidmannsheil!" — Und gemeinsam eilen wir zum erlegten Bock. Als dann der gute Theissl das Haupt des alten Bockes aufhebt und wir die hohen, spitzen Mörderstangen im Lichte der Taschenlampe aufblitzen sehen, liegen wir uns wortlos in den Armen. Der alte, erfahrene Platzbock war aus dem Dumgraben über Tags in den Maisacker gezogen. Dort schien es ihm ruhiger und sicherer. Daß wir so spät und gerade zur selben Zeit seinen Rückwechsel kreuzten, war einer der Zufälle im Leben des Weidmannes, wie sie nur sehr selten vorkommen und wie sie nur dann und wann als Belohnung für Ausdauer, Zähigkeit und Geduld von St. Hubertus verliehen werden. Und was der Zufall noch mitbrachte: Dieser alte Spießer, mein dreihundertster Rehbock, war meinem ersten, den ich im Jahre 1941 im Bükkfakut geschossen hatte, auffallend ähnlich. Und dazwischen lagen immerhin drei Dutzend abwechslungsreiche Weidmannsjahre.

Enten, Enten, Enten...

Seinerzeit in Ungarn fieberten wir immer dem 15. Juli, dem Beginn der Entenjagd, entgegen. Dann wurde er auf den 1. August verschoben. Das Burgenland mit seinem immensen Wasserwildvorkommen hält an diesem Datum auch heute noch fest. Doch was dem einen Bundesland recht ist, kann für die anderen unmöglich billig sein. Niederösterreich startet die Entenjagd am 16. August, und die Steiermark hat den Eröffnungstermin sogar auf den 1. September verlegt. Sollte jemandem die Wartezeit zu lang werden, so hat er das ganze Jahr hindurch die Möglichkeit, im benachbarten Ostland, um teures Geld sogenannte „Kastl-Enten" zu schießen.

Ein großer Teil unserer steirischen Entenjagden befindet sich in Teichgebieten. Will man die Stockenten erfolgreich bejagen, so muß man unbedingt Pausen von zwei bis drei Wochen zwischen den einzelnen Jagden einlegen. Da aber schon manche Fischteichbesitzer ihre Teiche mit 15. Oktober auszulassen beginnen, kann somit der steirische Teich-Entenjäger drei-, maximal viermal im Jahr auf Enten weidwerken. Da es viele Entenreviere gibt, ist es verständlich, wenn in der ersten Septemberwoche eine Entenjagd auf die andere folgt.

So hatten auch meine Freunde ihre Termine untereinander abgestimmt. Auf meinem Kalender stand beispielsweise: 3. September, Hainfeld, 4. September, Waldschach, und 5. September, Kirchberg. Auch mein Freund László Szápáry konnte sich freimachen und wurde von meinen Jagdfreunden auf diese drei Jagdtage eingeladen. Das Wetter war, wie meistens Anfang September, schön, nicht allzu warm und trocken, und man sah manchen deutschen Jäger frohen Mutes durch die Oststeiermark zur Hirschbrunft nach Ungarn fahren. László war bei mir in Graz über Nacht geblieben, und lange frischten wir gemeinsam erlebte Jagd- und Wurftauben-Geschichten auf, während Petzi, sein kluger junger Sohn, uns mit großen Augen zuhörte und hie und da uns mit kindlichen Fragen unterbrach.

Ja, heuer war die Rehbrunft in Dobersberg wieder einmal optimal gewesen, und ich hatte das hohe Weidmannsheil, fünf alte Rehböcke aus undurchdringlichen Dickungen hervorzuzaubern und zu erlegen.

Ich war glücklich, daß unser lieber László nach schwerer Krankheit so weit hergestellt war, daß er sich ohne Wermutstropfen auf diese Entenjagd freuen konnte, und die bekanntlich schönste Freude (neben der Schadenfreude!) ist ja die Vorfreude.

Am nächsten Tag waren wir pünktlich um fünfzehn Uhr im schönen Hainfeld, wo uns die Dame des Hauses, Cleo Hammer-Purgstall, mit ihren Hunden im Schloßhof erwartete. Nach und nach trafen die Teilnehmer dieser kleinen Jagdgesellschaft ein, und über den Rand der Kaffeeschalen schielte schon ein jeder auf den großen Teich, wo die noch unbeschossenen, zahlreichen Stockenten ein unbekümmertes Dasein demonstrierten.

Da waren Vater und Sohn Ecker-Eckhofen, Hubertus und Hansi Rothermann sowie mein Vetter Hans Meran. Voller Begeisterung bewunderte die kleine Jagdgesellschaft die große Anzahl von neuen Bildern und unvergleichlichen Skulpturen, die die fleißige Künstlerin Cleo Hammer-Purgstall im Laufe des vergangenen und laufenden Jahres geschaffen hatte.

Bei jedem einfahrenden Wagen springen die hochsensiblen und intelligenten Jagdhunde Burry und Falko zum Fenster und schauen hinaus. Die Witterung von Jägern, Gewehren, Patronen und anderen Jagdhunden steigert ihre Vorfreude ins Unermeßliche. Endlich ist es soweit. Nach genauem Plan wird der Teich umstellt und trotz der geringen Zahl der Schützen die sichersten Plätze unbemerkt bezogen. László wird mit einem Boot zu einem mitten im Teich aufgestellten niedrigen Hochstand gebracht, und erst als er mit Petzi dort Posten bezogen hat und das Boot zurückgekehrt ist, fällt der vereinbarte Hebschuß. Ich stehe auf der äußersten Spitze der großen Insel, hinter Schilf verdeckt, als mindestens fünfhundert Enten auf einmal aufstehen. Feuerstöße empfangen sie, worauf sich der Riesenpulk in kleine Familien-Schofe teilt. Der größte Teil entschwindet nach einer Runde gegen die Raab, einzelne „Familien" versuchen wieder einzufallen und werden hauptsächlich von László und mir „in Empfang genommen". Ich stehe jetzt mit den hohen Gummistiefeln bis zum Knie im Wasser, und das Erlegen der hoch anstreichenden, kreisenden Enten ist nicht leicht. Trotzdem habe ich seit dem Hebschuß schon fünfzehn Enten heruntergeholt. Wowo holt die Geflügelten sofort, und sie ist so intelligent, sie nicht neben mich ins Wasser zu legen, sondern sie rennt mit ihnen ans trockene Ufer zurück und legt sie dort auf einen Haufen zusammen. Ich beobachte einige Meisterschüsse von László Szápáry und Arnold Ecker. Dann tritt eine kleine Pause ein, während der sich zwei Treiber rüsten, das Schilf zu durchjagen. Aus Erfahrung weiß ich, daß die größte Strecke aus den einzeln aufstehenden „Nachzüglern" erzielt wird. Und so kommt es auch: nacheinander stehen mit Gequake einzelne Enten auf, die zwar gut streichen und rasch steigen, trotzdem aber wenig Chancen haben durchzukommen. Dazwischen erscheinen immer wieder Rückkehrer und zuweilen auch hoch streichende Bekassinen, die nur von Könnern getroffen werden. Von vorne kommt ein Schof Krickenten und will einfallen. Ich warte lange, schieße mit dem rechten Lauf eine Ente im Einfallen, eine im Steigen und mit einer schnell nachgeladenen Patrone noch eine rasend und hoch abstreichende dritte herunter. Wowo hat gut aufgepaßt. Die dritte Ente ist geflügelt. Die Hündin weiß genau, daß diese Krickente an Land schwimmen wird, und wartet. Ich höre gut ihr beherrschtes Winseln. Und da ist sie auch schon: sie passiert meinen Stand auf zehn Meter, eräugt mich und taucht in Richtung Inselrand weg. Als sie dann an Land kriechen will, wo dichtes Schilfgras und Brennesseln gute Deckung versprechen, faßt sie die Hündin souverän, tötet sie und sitzt darauf wieder voller gespannter Aufmerksamkeit neben mir. Nun bequemen sich auch einige Bläßhühner aufzustehen. Unglaublich hoch steigen sie; doch mir mißglückt eine Dublette, weil ich mich im Wasser nicht gut bewegen kann. — Überall treiben nun die ins Wasser geschossenen Wildenten.

In der längeren Pause, die nun entsteht, wird nachgesucht und aufgeklaubt. Die beiden großen Hunde der Jagdherrin und die kleinen Rothermann'schen leisten gute Arbeit. Bis sechs Uhr haben wir achtundneunzig Enten aufgeklaubt. Dann gehen wir wieder zu unseren Ständen, denn der Abendstrich verspricht gut zu werden. Auf der unmittelbar südlich des Teiches vorbeiführenden Bundesstraße hört der Motorenlärm überhaupt nicht auf. Es ist wie eine Mahnung, dieses andauernde Brummen und Rattern. Fortschritt gegen Tradition, Zivilisation gegen Natur, und das im wirtschaftlich angeblich zurückgebliebenen „Steirisch-Ostafrika". Man hört das leise Pfeifen der anstreichenden Enten überhaupt nicht mehr, ein weiterer charakteristischer Reiz der Entenjagd, der verlorengeht.

Die Sonne ist untergegangen, und die Enten beginnen schofweise und einzeln zurückzukommen. Der Abendstrich beginnt. Während László auf seinem Stand verharrt, bezieht nun Arnold Ecker die zweite Insel. Zwischen uns ist eine größere Fläche von Knöterich, der zu dieser Zeit von den Enten heiß begehrt wird. Wenn kleinere Schofe kämen, wären wir froh. Leider streichen mehrmal vierzig bis fünfzig Enten auf einmal an, wir schießen eine oder zwei herunter, der Rest empfiehlt sich auf Nimmerwiedersehen. Die rotgoldene Dämmerung verwandelt die Gegend in stimmungsvolle Bilder, wie sie der größte Entenspezialist „Dudás" Nagy in seinen Gemälden so schön festhielt. Die einfallende Stockente ist schon ein herrliches Bild. Dort, wo ich meine größten Entenstrecken erzielt habe, in Ägypten und in der Valle bei Venedig, waren es vor allem Krickenten, die noch ein Stückchen schwerer zu treffen waren als die „Stocker".

Schuß um Schuß fällt, wobei wir „Routiniers" immer lange warten, damit auch der Nachbarschütze vom beschossenen Schof etwas hat. Manchmal sieht man gar nichts, hört nur dann das befreiende „Platsch". Wowo habe ich jetzt ein Plätzchen gesichert: Auf einer alten Bierkiste sitzt sie neben mir. Sie kann sich jetzt nicht mehr auf ihre Augen verlassen. Kaum merke ich im Schuß, daß die Ente geflügelt ist, rufe ich Wowo ein leises „Apport" zu, und die unvergleichliche Spanielhündin bringt schnell und unermüdlich fast jede aus dem stellenweise metertiefen Wasser. Nur wenn zwei auf einmal zu holen wären, ist sie etwas verwirrt und bringt mir dann einfach die näher liegende. Noch bevor es finster wird, hören wir mit dem Schießen auf und widmen uns ganz der Nachsuche und dem Abtransport der Enten. Ein Boot nimmt alle Schützen auf, die Enten werden zu den Autos getragen. Es ist noch gut eine Stunde Arbeit, bis wir im Schloßhof die Strecke legen können. Es sind einhundertvierundzwanzig Enten auf der Strecke, und morgen wird noch nachgesucht.

Die Hausfrau hat uns schon vor dem letzten Entenstrich verlassen, um das Abendessen zu bereiten. Wir aber, nach Sumpf und Moder riechend, versuchen uns „salonfähig" zu machen. Wir waschen und duschen uns, ziehen neue Wäsche an und dann erscheinen wir sauber duftend, geschniegelt und gebügelt im Salon, wo die Helden des Tages, die Hunde, kaum von ihren „Körbchen" aufschauen. Als Aperitif steht eisgekühlter oststeirischer Apfelschnaps bereit, der dann bald auch unsere Zungen löst. László ist bester Dinge, hat er doch eine hohe Strecke erzielt, wobei der flinke Petzi — zumindest beim Abendstrich — sicher etwas mitgeholfen hat. Dann schreiten wir in Hochstimmung in den alten Speisesaal. Mitten auf dem Tisch, von Salaten garniert, thront eine lebensgroße Wildente — aus Wildpastete. Eine kulinarische Plastik der Hausfrau. Sie wird von mir noch schnell fotografiert, bevor wir uns mit Heißhunger auf sie stürzen. Der dazu kredenzte französische Rotwein schafft erst den richtigen Appetit für den nachfolgenden Puter. Eine Eisbombe aus diversen Früchten des Hainfelder Obstgartens beschließt dieses exquisite Jagddessen.

Waldschach in der Weststeiermark ist ein verträumtes Schloß im südwest-steirischen Raum, unweit der jugoslawischen Grenze. Hier lebt der berühmte Fischzüchter Alexander Menzel, Herr über zahlreiche große Fischteiche. Wir sind zum schwarzen Kaffee gebeten und fahren in Lászlós Wagen über die Jugo-Autobahn die knappe halbe Stunde nach Waldschach. Wir, das sind László, Petzi und ich. Mein Freund Ala und seine Frau erwarten uns beim Tor. László ist schon längere Zeit nicht hier gewesen, aber er kann sich noch gut erinnern. Damals lebten noch Alas Vater Paul und seine erst kürzlich verstorbene Mutter. Bald nach dem guten „Türkischen" fahren wir zum Schweigteich. Zwei Buben sollen antreiben, während wir uns am Damm postieren. László steht rechts, ich in der Mitte und Petzi links. Der Hausherr etwas an der Flanke beim Wald. Es dauert eine Weile, bis die Buben sich drüben in Bewegung setzen, und schon sehen wir den ersten Schwarm aufstehen und — einen halben Kreis beschreibend — direkt auf uns zukommen. Dabei schwenken die Enten aber immer etwas nach rechts und steigen ungeheuer. Acht Schüsse fallen, doch nur vier Enten purzeln hinter uns in den kleinen Teich. Eine weitere geht geflügelt in den Brennesseln nieder und wird von Alas Rauhhaarhündin Bessy apportiert. Doch schon kommen weitere Enten in kleineren Gruppen, und jetzt wird wesentlich besser geschossen als auf den ersten Schof. Wir haben schon zehn Minuten ununterbrochen geschossen und immer wieder kommen Nachzügler. Einige fallen vor uns in den Teich, einige auf den Damm und seine verunkrautete und schilfige „Lehne", die meisten aber infolge des starken Schwunges nach hinten in einen kleineren, aber tiefen Teich. Dabei merken wir sofort, ob die Ente geflügelt ist oder nicht, und können ihr den Fangschuß geben. Dann ist der Trieb aus. Wir suchen in aller Ruhe nach und klauben achtundzwanzig Enten zusammen, einige müssen noch im dahinter gelegenen Wald nachgesucht werden, wo wir sie weich geschossen niedergehen sahen.

An die zwanzig Reiher fliegen ohne jede Furcht über die Teiche, aber trotz des immensen Schadens, den sie im Fischbestand verursachen, werden sie in der Steiermark — im Gegensatz zu

Bild rechts:
Da unten rührt sich was

Bild umseitig:
Auf dem Stand

anderen Ländern — geschont. Sie haben sich daher auch entsprechend vermehrt, und die Fischzüchter haben den Schaden.

An den Teichen sitzen und beobachten fast täglich Tierforscher, Naturschützer, Vogelzähler und Fotografen. Darunter befinden sich viele ausgezeichnete Fachleute, aber auch sogenannte „Amateure", die das Wild beunruhigen, Wasserwild vom Gelege treiben, den Jäger in seiner Tätigkeit stören. Sicher läßt sich an Teichen das Wild am besten beobachten, und auch die Zugvögel sind hier verhältnismäßig leicht zu registrieren.

Doch genug der abschweifenden Gedanken, wir begeben uns ja schon zum nächsten Trieb. Auch hier stehen wir auf einem Damm, und die Enten streichen uns im Stich zu. Drei Wellen kommen uns zu Schuß, wobei wir zwischendurch bequem Zeit zum Nachladen haben. Und siehe da, es liegen achtzehn Enten, die Bessy nacheinander apportiert. Von da geht es zum altbewährten Ochsenteich, unterhalb des Schlosses. Hier ist das Schießen schwieriger, denn der Teich ist von Eichen umsäumt und die Enten sind erst zu sehen, wenn sie plötzlich über oder hinter dem Schützen auftauchen. Dafür kommen sie aber einzeln, denn sie sitzen fest in der Ecke des Teiches, wo Schilf und Buschwerk ineinanderfließen und das Wasser tief ist. Hier schießen wir elf Enten. Dann wird eine Pause eingelegt, und wir tragen die sechzig erlegten Enten in den Keller. Schnell eine Tasse Tee, dann geht es zum Nepomuk-Teich, wo wir den Abendstrich erwarten. Der „große Nepomuk", Alas größter Fischteich, ist allerdings besser zu bejagen, wenn schon ein Teil des Wassers ausgelassen ist, also Anfang November. Zu dieser Zeit sind auch Zugenten anwesend. Aber Enten gibt es genug, und die heutige Unruhe an den drei anderen Teichen hat viele zum „Nepomuk" getrieben. Beim Aufstellen der Schützen schrauben sich rund zweihundert Enten in die Höhe, und nur László gelingt ein Meisterschuß auf eine Turmente. Der Strich ist gut, beginnt aber relativ spät. Zusammen erbeuten wir sechzehn Enten, drei werden nicht aufgeklaubt. Wir haben also auch heute sechsundsiebzig Enten auf der Strecke, und wir besprechen noch lange in Gesellschaft der freundlichen Hausleute unser Jagderlebnis.

Es ist spät, als wir in sternenklarer Nacht nach Graz zurückfahren. László ist erstaunt, daß es in der Steiermark so viele Enten gibt, bislang war er der Ansicht, daß nur im Seewinkel am Neusiedler See größere Strecken zu erzielen sind. Nach einer wohlverdienten, erholsamen Nacht unternehmen die Gäste einen Stadtbummel, wobei der Besuch einiger Waffenhandlungen und selbstverständlich des Jagdmuseums nicht fehlen dürfen. Dann essen wir noch gemütlich zu

Bild links:
Verfasser auf der Entenjagd
Bild umseitig:
Weihnachtsjagd am Hainfelder Kogel

Mittag und fahren dann zum schwarzen Kaffee nach Kirchberg zur Familie Rothermann, die heute ebenfalls das erste Mal auf Enten jagt. Wowo erkennt meinen Wagen schon bevor ich zum schönen Herrenhaus einbiege und erwartet uns wedelnd. Hubertus Rothermann kommt uns entgegen. Während ich mich verzweifelt bemühe, Wowo aus meinem Wagen zu entfernen, bittet uns Hubi in den Gesellschaftsraum, wo sich schon eine kleine, erlesene Jagdgesellschaft versammelt hat. Wir sind zehn Schützen, die Hausherren Hubi und Hansi inbegriffen. Ein alljährlicher lieber Gast fehlt heuer, es ist Heinrich Saurma, den wir vor einigen Tagen beerdigt haben. Ansonsten sind im großen und ganzen dieselben Schützen wie in Hainfeld, nur Erni Stubenberg und die Schwägerin sowie der Täufling des Jagdherrn sind noch hinzugekommen. Hier in diesem neu erbauten Haus bewundern wir die Trophäen von Hubertus Rothermann. Freilich von seinem Rekordhirsch aus dem Kelemen-Gebirge, der in Berlin 1937 nach dem Montenuovo- und dem Draskovich-Hirsch den dritten Platz belegte, sind nur noch die Medaillen übriggeblieben, die Trophäe verschwand bei der Befreiung wie auch seine Goldmedaillen-Rehböcke aus Ungarn. Die Hunde sind in Erwartung der Jagd nicht zu bändigen. Es ist nur gut, daß ich eine schäbige Hose anhabe, und so erlaube ich den Tieren, ihre Unruhe an meinen Hosenbeinen abzureagieren. Ununterbrochen springen sie an mir hoch, nur Wowo hütet ihren angestammten Platz in meinem Wagen, wie sie es immer tut, wenn sie mich erwartet. Um drei Uhr fahren wir mit vier Wagen zu den Teichen und werden vorsichtig angestellt. Immerhin hatten die Nachbarn schon vier Tage Zeit, die Enten zu beschießen, ganz zu schweigen von den südburgenländischen Weihern, wo die Schußzeit schon seit dem 1. August andauert.

Wir stellen also die Dämme zwischen Waldteich und Seerosen-Teich sowie zwischen letzterem und dem Mittelteich ab. Ich beziehe einen Stand beim Seerosen-Teich. Die Dämme sind von hohem Schilf eingesäumt, so daß der Ausschuß schlecht ist. Rechts von mir, am Waldteich, steht László Szápáry, links von mir, gegen den Badeteich zu, Hans Meran und Arnold Ecker. Das Aufstellen ist uns dieses Mal völlig unbemerkt gelungen. Nun erwarten wir fiebernd den Beginn des Triebes. Schon stehen die ersten Enten auf und nähern sich quakend der Schützenlinie. Meine erste Dublette klatscht in den Teich, ich lade nach, und schon sind wieder Enten über mir. Sie kommen immer wieder in kleineren Gruppen, so daß man, wenn man schnell ist, leicht noch rechtzeitig nachladen kann.

Da ich diesen Stand schon kenne und mir hier im Vorjahr das eine Gewehr heiß geworden ist, habe ich meine zweite Springer-Flinte mitgenommen. Rundum knallt es jetzt schon eine volle Viertelstunde lang. Und immer noch kommen Enten aus den Deckungen des Seerosenteiches. Hinter mir ist der Mittelteich schon voller erlegter Enten, als endlich dieser Trieb zu Ende geht. Nun werden die geschossenen Enten aufgeklaubt, und dank der Hunde liegen bald auf dem Damm fünfundsiebzig Enten; alle in diesem einen Trieb geschossen. Nun wird am Waldteich getrieben; man erwartet sich jetzt nach dieser Kanonade nicht mehr viel. Doch wir täuschen uns. Auch hier gibt es noch „Drückeberger" und „Nachzügler". Sie kommen vor allem László, der sie bravourös herunterschießt. Aber auch Helmut Ecker und der Meisterschütze Arnold haben reiches Weidmannsheil.

Dann machen wir eine längere Pause. Der Jagdherr meint, daß man den unweit liegenden großen Einzelteich, den Mühlteich, beunruhigen sollte, denn die Enten sind dort eingefallen, zudem sind dort sicher immer drei- bis vierhundert Enten anzutreffen. Wir warten also in guter Deckung auf unseren Ständen. Dann hören wir einige Schüsse, denen weitere folgen. Kaum sind sie verklungen, kommen die ersten Schofe in beträchtlicher Höhe, kreisen und fallen ein. Es entsteht ein großes Hin und Her. Die Enten streichen uns an, verschwinden dann gegen den Mühlteich, werden dort beschossen und kommen wieder, um es an einem anderen Platz zu versuchen. Dabei kommen sie den Schützen recht hoch, aber durchaus erreichbar. Nun zeigen die engschießenden Springer-Flinten, was sie können. Die meisten Enten kommen Szápáry, und wenn er seine Enten geschossen hat, sind wir, Arnold, Hansi und ich, an der Reihe. Die Enten befinden sich ständig im Drehen und mit einfachem Vorhalten kann nicht viel erreicht werden.

Es ist ein herrliches, weidgerechtes Schießen, und die Enten streichen und streichen fast ohne Pause. Noch bevor die Dämmerung einfällt, wird mit der Nachsuche begonnen. Der Abendstrich würde nach dieser Kanonade nicht gut sein, auch will man den armen Enten endlich Ruhe gönnen. Mit Gummianzügen bekleidet und mit Unterstützung unserer Hunde klauben wir die Enten auf. Wowo, der Spezialist für geflügeltes Wasserwild, zeichnet sich wieder einmal aus. Am Ende liegen einhundertzweiundachtzig Enten auf der Strecke. Der Jagdherr freut sich, die Gäste strahlen. Die gute Strecke ist umso beachtlicher, als sie für diese große Fläche mit nur zehn Schützen erzielt wurde, und es sind keine Juli-Enten, sondern wirklich gut streichende Vögel, echte Herbstenten.

Hausherrin Gizi Rothermann hat ein leckeres Buffet zusammengestellt, die Vorspeise besteht aus kaltem Hecht und Aal, die Hauptspeise aber aus burgenländischen Rebhühnern. Bei der riesigen Himbeerbombe fühlen wir uns alle ungemein wohl, wozu die erlesenen Weine der Rothermannschen Kellerei nicht unwesentlich beitragen. László erzählt von seinen Entenjagden mit Nagy Dudás in der Hortobágy und den Reisfeldern des Alföld. Ich erzähle von Ägypten und Erni Stubenberg von der Türkei. Wir alle sind passionierte Niederwildjäger und schießen die Wildenten besonders gerne. Eine große Entenjagd mit erstklassigen Schützen in relativ später Jahreszeit ist weidmännischer als wöchentlich drei kleine Jagden, die das Wild nur beunruhigen und letztlich vertreiben. Und bei Hubertus Rothermann gibt es jetzt, so lange die bald beginnende Hirschbrunft dauert, trotz des Umstandes, daß Anfang November abgefischt und die Teiche ausgelassen werden, also bis Anfang Oktober keinen Schuß mehr. Mögen die vielen unersättlichen und gierigen Jäger tagtäglich auf den Entenstrich gehen, hier wird höchstens zwei- bis dreimal im Jahre gejagt, dann aber richtig. Und zur richtigen Jagd gehört — besonders auf Enten — das gute, in der Entfernung visierte und letztlich maßvolle Schießen — ein großer Aderlaß und dann längere vollkommene Ruhe. So und nur so kann man gute Strecken erzielen, ohne das Wild zu vergrämen. Und unsere tiefe Weidmannsfreude ist für den selbstlosen Jagdherrn der allerschönste Dank.

Eine Brackierjagd

Erzählung in zwei Teilen

Die Jagd und der Beuteinstinkt sind älter als die Geschichte. Tief im Inneren des Menschen sitzt seit Jahrtausenden fest verankert der Jagdtrieb; mehr oder minder verdrängt durch die Umstände, die das Leben und die Entwicklung mit sich bringen. Es gibt auch viele Nichtjäger, die der Jagd mit Wohlwollen gegenüberstehen, ich möchte fast sagen: es ist die Mehrheit, und es gibt Jagdgegner, deren Triebfeder gesellschaftspolitisch motiviert ist. Aber auch unter den Jägern gibt es solche und solche. Da ist der naturverbundene Praktiker, der gelernte und gewachsene Weidmann, der Berufsjäger und Wildbetreuer. Daneben findet sich der Stadtjäger, der jede freie Stunde im Revier verbringt, nicht zu verwechseln mit jenen Menschen, die aus gesellschaftlichen Gründen glauben, jagen zu müssen. Dann gibt es die „Vereinsmeier" und „Alleswisser", die nicht unbedingt unter den Funktionären zu finden sein werden. Schließlich sind auch der reine Schießer, der „Wirtshausjäger" und viele, viele andere in der grünen Zunft vereint.

Eines Tages war ich auf eine Jagd eingeladen, die mir unbekannt war und zu der mich ein Mitpächter, den ich flüchtig kannte, mitnehmen wollte. Zusammenkunft war um acht Uhr in einem Dorfwirtshaus.

Erster Teil

Als ich pünktlich vor dem Wirtshaus eintraf, war noch kein Auto auf dem Parkplatz zu sehen. Da ich sehr früh und ohne ausgiebiges Frühstück im Magen von zu Hause weggefahren war, begab ich mich in die Schankstube und bestellte mir gemütlich einen großen Kaffee und ein Paar Würstel. Langsam kamen die Jäger herein. Durch den Wirt erfuhr ich rechtzeitig, wer der Jagdleiter war, und ich stellte mich vor. Er musterte mich nicht besonders freundlich, dann nahm er Platz und bestellte ein Viertel Wein. Es war halb neun Uhr, und nur zögernd tröpfelten die Teilnehmer in das Wirtshaus. Draußen begann ein herrlicher Dezembertag, doch die Jagdgesellschaft machte keinerlei Anstalten aufzubrechen.

Bisher war noch kein Treiber erschienen, und auch mein Bekannter ließ auf sich warten. Die Zahl der Schützen dagegen schwoll langsam, aber stetig an. Hunde undefinierbarer Rasse gemischt mit Rassehunden sowie die Katzen des Wirtes verursachten zeitweise einen Lärm, der die angeregt plaudernden, leicht alkoholisierten Jäger übertönte.

Da neun Uhr schon längst vorbei war und noch immer nichts geschah, ärgerte ich mich, so pünktlich gewesen zu sein. Weil ich aber gewohnt bin, aus jeder Lage das Beste zu machen, begann ich im Geiste die immer fröhlicher werdende Runde zu karikieren. Der Großteil der Anwesenden war gekleidet wie aus dem Modejournal eines Jagdgeschäftes. Der spitze, hochalpine Hut mit dem leergelassenen Fach für Federn und der dicken Kordel sowie die italienische Schießjacke dominierten. Die Zeit der früher obligaten Gummistiefel schien vorbei zu sein, denn fast alle, ich wiederhole, fast alle Teilnehmer hatten die gleichen, wasserdichten, unvergleichlichen Schnürschuhe an. Die Hosen waren aus moosgrünem Jägerstoff, Pullover, Strümpfe (und sicher auch die Unterwäsche) aus Angorawolle. Über meist beachtliche Bäuche waren in vielen Fällen brandneue, leuchtend lichte Patronengürtel geschwungen, in denen zum Großteil billige Ost-Munition steckte. Wie ich feststellte, waren die Jäger aus der Stadt früher angekommen. Auch mein Bekannter und „Gastgeber" erschien schließlich zwanzig Minuten nach neun Uhr, wobei seine Aufmachung halb städtisch, halb ländlich war. Die nunmehr auch eintrudelnden Lokalschützen hatten durchwegs kleine Hüte (aus Schnürlsamt) aufgesetzt, und ihre Patronengürtel waren verwittert. Gemütlich, ohne Hudelei setzten sie sich zu Tisch und obgleich ihnen ihre liebenden Frauen sicher ein gutes Frühstück serviert hatten, bestellten sie sich zum Wein Würstel mit Gulaschsaft. Die wenigen weiblichen Amazonen, fast alle klein und dicklich, deren prall sitzende Kordhosen auf die ländlichen Jäger anscheinend aufreizend wirkten, waren der Mittelpunkt anzüglicher Witze. Was die Damen durchwegs zu freuen schien, denn ihre roten Wangerln leuchteten und glänzten wie die Extrawurst, die der Apotheker eben zu sich nahm. Dieser Apotheker, weder wie die anderen gekleidet noch wie diese Alkohol trinkend, einen schönen Kurzhaar neben sich und eine herrliche Hahnenflinte hinter sich, schien mir gleichgesinnt zu sein, und bald betrachteten wir gemeinsam die sich noch immer vergrößernde Weidmannsrunde. Petermanns Jagdbuch fiel mir ein und Wilhelm Buschs Karikaturen in den „Fliegenden Blättern" der Jahrhundertwende. Doch in Buschs Zeichnungen spiegeln sich originelle Gesichter wider, während hier die Nivellierung des Zeitgeistes auch im Ausdruck deutlich zu sehen war. Lockige „Koteletten" umrahmten die aufgedunsenen Gesichter; bei den Jungjägern war unordentlich herabhängendes Langhaar unter dem spitzen Jägerhut beliebt.

Es war bald zehn Uhr als der Jagdleiter unsicheren Schrittes in die Mitte des nun völlig gefüllten großen Festsaales schritt und die Jäger bat, vor das Wirtshaus zu treten. In einem immensen Kreis stellten sich die über sechzig Jäger auf, und den Bläsern gelang sogar fehlerfrei der „Aufbruch zur Jagd".

Während der Jagdleiter seine Rede hielt, betrachtete ich eingehend die Bewaffnung meiner Jagdgenossen. Fünfundvierzig Jäger hatten Einheitsbockgewehre mit weithin glänzendem Leichtmetall, unserer fünf hatten side-by-side Hammerleßflinten, der Rest verteilte sich auf

Hahnenflinten, Bockbüchsflinten und Drillinge. Noch während der Rede und den Ermahnungen des Jagdleiters „kreisten" kleinere und größere Schnapsflaschen von Hand zu Hand. Ein gutgelaunter Gendarm gesellte sich zur fröhlichen Runde, der es sichtlich schwerfiel, aus dem Bannkreis des Wirtshauses wegzukommen. Die Flinten waren vorschriftsmäßig gebrochen, und als der Apotheker seine Flinte in ein langes Lederfutteral tat, um sie beim Traktorfahren zu schützen, wurde er streng aufgefordert, seine Flinte zu brechen.

Dreißig Schützen nahmen auf einem Traktoranhänger Platz, hinter dem ein VW-Bus fuhr, der als fahrendes Wirtshaus eingerichtet war, damit niemand während der Pausen dursten mußte. Durch den eiskalten Fahrtwind wurden die rötlichen Gesichter blaurot; doch gegen die Kälte gab es gleich eine Medizin: Wodka aus silbernen (im Angebot des Jagdgeschäftes angepriesenen) Jagdbechern. Kostbarer Alkohol schwappte der Jagddame auf die prallen Schenkel, denn auch der Traktorfahrer hatte seinen Morgentrunk zu sich genommen und nahm die Kurven schneidiger als Niki Lauda. Ihm dankten schrilles Gequietsche unserer Amazonen und rauhe Flüche der Jäger, wenn ihre robusten Einheitsflinten gegeneinanderstießen —, was ihr gebrochener Zustand nur erleichterte.

Insgesamt waren vier Treiber gekommen, darunter auch der Mesner des Dorfes. Ich sah es voraus, es würde eine Brackierjagd werden. Nach längerem, unangenehmen Gerumpel wurde an einer Waldecke haltgemacht. Das Anstellen der Schützen begann. Ein großer Waldkomplex, zu achtzig Prozent Dickung, sollte umstellt werden. So groß war der Trieb aber nicht, daß die Entfernung zwischen den einzelnen Schützen zwanzig Schritt überstiegen hätte. Von dort, wo ich abgestellt wurde, sollte der Trieb gegen die Dickung genommen werden. Zu diesem Zwecke hielten drei bewaffnete und vier unbewaffnete Männer insgesamt zwölf Hunde an Leinen bereit. Es war halb zwölf Uhr, als angeblasen wurde. Die Jagdpächter und Aufsichtsjäger hatten sich vor der Dickung in der kleinen Mulde aufgestellt, auf die nicht wenigen Fasanen lauernd, die schon beim Anstellen dorthin vorgelaufen waren. Doch Brackierjagd ist Brackierjagd. Die Hunde stürmten vor, durch die Dickung weiter in den nächsten Trieb hinein, und die Fasanen kamen zum Großteil zurück, hoch über die Eichenbäume — ein Teil auch zu uns. Als ich die Flinte hob und einen anstreichenden Gockel maustot herunterholte, fielen bald darauf noch dreizehn Schüsse, wobei nicht ein Schrot den fallenden Hahn mehr traf. Das hinderte meine Nachbarn aber nicht daran, einmal den einen, dann den anderen meiner drei auf diesem Stand geschossenen Turmhahnen, die durchwegs knapp vor die Schützenlinie fielen, aufzuheben und am Galgen zu befestigen. Ob sie meine Mitwirkung bemerkt oder einfach ignoriert hatten, weiß ich nicht — es war mir auch eher gleichgültig. Der Trieb wurde abgeblasen, und auf der Strecke lagen fünf Hahnen und drei Hasen. Etwa dreißig Fasanen waren ungetroffen entkommen, die Zahl der Schüsse überstieg sicher die zweihundert Grenze.

Noch schnell vor dem Essen, von dem in immer kleineren Pausen sehnsüchtig gesprochen wurde, also noch um dreizehn Uhr, wurde ein kleiner Trieb genommen. Dies war eine Dickung mit einem Wildacker darin, ein idealer Trieb für zehn Schützen, eigentlich wären auch zehn zu viel gewesen. Wir umstellten die Dickung relativ schnell, doch anstatt die sechzig Schützen in zwei Reihen aufzustellen, wurden wir nebeneinander gereiht. So betrug die Entfernung zwischen den einzelnen Ständen acht bis zehn Schritt. Da sich einige Hunde (Gott sei gedankt) salviert hatten und woanders jagten, andere jedoch vorher auch schon diesen Trieb heimgesucht hatten, ersuchte der Jagdleiter einige „Jungschützen" mitzutreiben, damit auch „alles aufstehe". Die oft als „dumm" bezeichneten Fasanhahnen sind aber weit gescheiter als ihr Ruf. Etwa vierzig Fasanen standen in einem Bouquet auf, und trotz einer Salve, die schon militärische Ausmaße hatte und einer Stalinorgel gerecht werden konnte, fielen nur sieben Hahnen, zum Teil völlig zerfetzt, herunter. Ich hatte mich absichtlich nicht an dieser Aktion beteiligt, jedoch versucht das Bouquet zu fotografieren. Nun war es fast vierzehn Uhr, und man begab sich gierig zum Jagdfrühstück. Hier aber hieß es schlangenstehen, denn jeder wollte drankommen. Wer geduldig wartete und nicht seine Ellbogen einsetzte, mußte sich eine halbe Stunde lang anstellen. Beim „Bar-Wagen" war es noch ärger. Meine schüchterne Frage, ob es Mineralwasser oder Kaffee gäbe, wurde mit verächtlichem Geknurre des ebenfalls mitjagenden Wirtes beantwortet. Ein großer Verpflegungswagen, der Traktor mit dem Mittagessen und kein einziges alkoholfreies Getränk! — Das Gulasch mit Debreziner Würsten, zu nicht geringen Preisen angeboten, war aber vortrefflich, nur ausgesprochen durstfördernd.

Der Zeiger meiner Uhr zeigte die fünfzehnte Stunde, als man zum Aufbruch rief. Drei bis vier Teilnehmer nahmen nun im Verpflegungswagen Platz. Sie waren voll, sie konnten nicht mehr. Nicht einmal stehen. Die weitaus gefährlicheren aber waren die schwankenden und lallenden Gestalten, die noch mitmachen wollten und durften! Die ganze Zeit hatte ich schon nach einem heimlichen Fluchtweg Ausschau gehalten, ebenso der Apotheker, dem aber die Ortskenntnis zu Hilfe kam. Er hatte es dadurch leichter und war nach der Mittagspause nicht mehr zu sehen.

Nebel fiel ein, als der letzte Trieb angeblasen wurde. Dies war ein Feldstreifen von der Schottergrube bis ins Dorf. Die Hunde wurden ausgelassen, und Schütze an Schütze ging eng nebeneinander, gerade so, daß wir uns nicht einhängen mußten. Bis zum fünften Schützen konnte man noch sehen, weiter nicht. Die Schützenlinie war anfangs halbwegs in Ordnung, aber mit vorrückender Wehr machten sich bei einigen Herren Konditionsmängel bemerkbar, bei anderen

Bilder rechts:
Stockenten im Winter (oben)
Enteneinfall zur Zeit des Zuges (unten)

Bilder umseitig:
Verfasser auf der Weihnachtsjagd (oben)
Rebhühner im Winter (unten)

wieder dominierte der Wirtshaustrieb. So war das ganze weit mehr als lebensgefährlich, vor allem, da auf flach aufstehende Fasanen genau in Richtung Dorf geschossen wurde. Gott sei gedankt, es geschah kein Unfall, und nicht einmal ein Hund hatte einen Kratzer abbekommen. Ich dachte an jene schweren Unfälle der letzten Zeit, die vorsichtige, tadellose Weidmänner infolge blinder Zufälle oder einer einzigen Sekunde der Unachtsamkeit verursacht hatten. Hier aber flogen zwischen den teilweise heil entschwindenden Fasanen zahlreiche Schutzengel mit. Trotz fortgeschrittener Dämmerung, trotz dichtem Nebel, vorgeschrittenem Rausch und Dorfesnähe blieben wir dank der Hilfe aller Heiligen unverletzt. Die gefährlichste Jagd meines Jägerlebens war glücklich beendet, nun wartete die zweite Probe, der Schüsseltrieb auf mich. Mein Bekannter und der Apotheker waren verschwunden. In der Hoffnung, sie wiederzusehen, harrte ich aus.

Zweiter Teil

Der letzte Trieb ist beendet, die Schützen hantieren bei ihren Wägen herum, aus dem Wirtshaus dringt verlockender Gulaschduft. Kotige Stiefel werden oberflächlich gewaschen, Halbschuhe angezogen, Kämme werden ausgeliehen, um die verschwitzten Haare zu ordnen, manch einer bindet sich sogar eine Krawatte um. Der Mief des Wirtshauses, warm und rauchstickig, läßt die luftverwöhnten Lungen aufstöhnen. An der Schank drängen sich schon einige „Unentwegte", die vor Durst und Vorfreude fast vergehen. „Weidmannsheil!" — ein Achterl Zwetschkenschnaps, schon halb ausgetrunken, wird mir — von frostgeröteter linker Hand — entgegengestreckt. „Danke, ich trinke nicht", erwidere ich freundlich, worauf das Gesicht des „Spenders" sich schlagartig verfinstert. Seine stieren Basedow-Augen blicken beleidigt, die Wangen röten sich im aufkommenden Unwillen. Ungeniert wird meine Zurückweisung kommentiert, als ich mich an der vollbesetzten Bar vorbeidränge, um noch einen Platz zu finden: „Für den sind wir scheinbar zu wenig fein", ist der Tenor der Kommentare.

Die Zurückweisung eines Schnapses scheint hier eine Beleidigung zu sein. Das kann ja noch heiter werden. Schon während der Jagd habe ich die immer wieder angebotenen und fleißig kreisenden Schnapsbecher freundlich zurückgewiesen. Dies brachte mir humorvolle

Bild links:
„Start-Spuren" im Schnee
Bilder umseitig:
Getriebene November-Hühner

Bemerkungen ein wie: „Deswegen werden Sie ja nicht danebenschießen" oder „einmal ist keinmal". Aber abgesehen davon, kann es doch nicht von Belang sein, ob jemand Alkohol zu sich nimmt oder nicht. Leider gilt einer, der die Unverschämtheit hat, nichts Alkoholisches zu trinken, vielerorts als Außenseiter, und man distanziert sich von ihm. Im besten Falle wird er ausgelacht oder unter peinlichem Schweigen vor allen Leuten gefragt, warum er nicht trinke und ob er auch wirklich abstinent sei. Dabei wird das Wort abstinent ausgesprochen, als würde es den neunmal geschwänzten, bockhörnigen Belzebub bezeichnen. Kein Wunder, daß man Gesellschaften, wo einem solches passiert, tunlichst meidet. Hat einer reiches „Weidmannsheil" und will nach der Jagd sich bald verabschieden, kann er sicher sein, nie mehr in seinem Leben eingeladen zu werden.

Ich erspähe endlich an einem langen Tisch, zwischen roten Gesichtern und undurchdringlichem Qualm, einen freien Sessel. Auf die Frage des Wirtes, was ich trinken möchte, erkläre ich bestimmt: „Einen halben Liter Apfelsaft" — „Ein Krügerl Apfelsaft der Herr", ertönt es verächtlich und im ganzen Raum hörbar zurück. Rechts neben mir sitzt ein Jungjäger mittleren Alters, mit bleichem verschwitztem Gesicht. Er leert den vor ihm stehenden Rotwein mit einem Zug. Links neben mir, in einer Wolke von Schweißduft, sitzt eine der Amazonen, die den ganzen Tag bei Sturm und Kälte tapfer mitgejagt haben. Ihre kleinen, dicklichen Finger umschließen abwechselnd ein Bierkrügerl und ein Doppelstamperl Treberschnaps. Der Bierschaum bleibt an ihren Mundwinkeln haften. Die Amazone ist gut gelaunt und erzählt gewagte Herrenwitze aus dem Jägerrepertoire. Dröhnendes Gelächter der Herren, finstere Frauenblicke quittieren ihr Tun. Nach jedem Witz macht sie einen tiefen Schluck und sieht ihren Nachbarn ungeniert in die Gesichter. Auch mich prüfen ihre großen, wasserblauen Augen, wie es mir scheint wohlgefällig, dann stellt sie mir unter Gekicher die Frage, die schon fällig war: „Und Sie trinken gar nichts?" — Das Kichern ist die Antwort auf die heftige Umarmung ihres linken Nachbarn, der sie in spontaner Anwandlung an sein Herz drückt.

Überall werden neue Weinflaschen auf die Tische gestellt und Schnapsgläser nachgefüllt. Ich verspüre starken Durst, und auch der Hunger meldet sich. Doch mein Apfelsaft kommt und kommt nicht. Endlich, als der Wirt wieder einmal an unserem Tisch erscheint, forsche ich zaghaft nach seinem Verbleib. Ich werde auf „sofort" vertröstet. Inzwischen hat mir mein rechter Nachbar, Sie erinnern sich, der bleiche mit dem Rotwein, unter charmantem Lächeln einen Römer vorgesetzt und schenkt mir wortlos mit Gönnermiene ein. „Danke sehr," presse ich nun schon etwas irritiert, aber freundlich heraus: „Ich trinke heute keinen Alkohol." — „Aber das ist ja kein Alkohol, das ist ja nur ein Glaserl Wein, gehn S' sein S' doch nicht fad, das wird Ihnen sicher nicht schaden, es ist ja Beaujolais!" — „Nein danke sehr, ich trinke wirklich nicht!" Mein Nachbar wechselt plötzlich seine bis dahin noch freundliche Miene, nimmt wütend das vollgefüllte Glas, stellt es mit Schwung von mir weg, so daß der halbe Inhalt auf das Tischtuch schwappt. Ohne ein Wort zu sagen, wendet er seine etwas starr blickenden Augen von mir ab. Beim Abwenden erblickt er das Profil meiner linken Nachbarin, die ihm einen aufmunternden Blick zuwirft. Es entwickelt sich ein Flirt über mich hinweg, als wäre ich aus Glas. Inzwischen hat auch mein Gegenüber, ein älterer, magerer Mann, unsere scheinbare Kontroverse bemerkt. „Sind Sie vielleicht krank, haben Sie es auf der Leber?" fragt er mitfühlend. Sein schallendes Organ läßt unschwer den Dorflehrer erkennen, der in der Kirche beim Singen eine laute Stimme benötigt. Noch bevor ich antworte, ist es mäuschenstill geworden. Sogar der Wirt — natürlich ohne meinen Apfelsaft am Tablett — hält neugierig inne. Ich blicke in offene Münder, hochgehobene, zigarettenhaltende Hände, in einen Dunst voll Rauch und Alkohol, von dem man wirklich krank werden könnte. „Nein", presse ich noch immer freundlich heraus. — „Ich bin nicht krank, ich trinke nur keinen Alkohol". — „Aber warum denn? Ein bißchen Wein schadet doch nicht. Ein Jäger, der nicht trinkt — das gibt es doch nicht." — „Ich sehe, Sie rauchen auch nicht, wie ist es mit den Mädchen, sind Sie da auch so abstinent?" Dies hat nun wieder meine linke Nachbarin von sich gegeben, die nun schon ganz an der Brust ihres Nachbarn lehnt, dessen Finger unermüdlich ihre Ohren und ihren Hals kraulen. „Bei den Mädchen kommt es ganz darauf an", antworte ich gottergeben.

Doch nun erhebt sich der Jagdherr und mit ihm sein Glas, das er in seiner linken Hand hält. „Verehrte Weidgenossen!" Er wankt schon ein bißchen, verhaltenes Kichern wird laut. „Vor genau einem Jahr ist unser lieber XY, der allseits verehrte Gemeinderat, von uns gegangen." — Ach so, das war ja die Geschichte, die in der Zeitung stand, er fuhr volltrunken an einen Baum. „Zu seinem Angedenken leeren wir jetzt unsere Gläser, ex!" Rumpelnd und polternd erheben sich die Teilnehmer. Ein Schlürfen und Glucksen ist zu hören, dem ein tiefer Seufzer folgt. Dicke und schlanke, grobe und feine, beringte und haarige Hände fahren sich über den Mund. Auch ich bin aufgestanden, doch habe ich kein Glas — der Wirt hat mir meinen Apfelsaft noch immer nicht gebracht. Wieder bin ich das Ziel zahlreicher mißbilligender Blicke, eindeutiger Bemerkungen.

Für diese Leute bin ich nun wirklich ein arroganter Außenseiter; ich habe diese fröhliche Runde, als sie eines erhabenen Toten gedachte, beleidigt. Langsam wird es mir ungemütlich, und ich schaue verstohlen nach einer Fluchtmöglichkeit. Die Stimmung ist auf ihrem Höhepunkt, der Alkohol tut seine Wirkung. Die ausgefrorenen und ausgehungerten Körper vertragen diese Menge Alkohol auf nüchternen Magen nur schwer. Schon eine Stunde lang sitzen wir hier und von Essen noch keine Spur. Ich winke dem Wirt, der mein Rufen aber übersieht. Der Lärm wird unerträglich. Der Dorfschullehrer ruft mir etwas zu, aber ich zucke die Schultern, verstehe kein Wort. Plötzlich erhebt sich wankend und mit bösem Blick jener Mann, der mir an der Schank den Schnaps angeboten hat. Er will zu mir kommen. Diesmal hat er kein Glas in der Hand, diese ist vielmehr zu einer Faust geballt. Die Basedow-Augen schielen bedrohlich, Schaum steht vor seinem Mund, mit der linken Hand rudert er, als suche er Halt. Ich versuche wegzuschauen, er kommt immer näher, aber durch unfreiwillige Halbkreise, die er „beschreibt", zögert sich das Unheil hinaus. Irgendwo wird ein Lied angestimmt: „Der Pfarrer von Bergstätten..." Ich schaue zum Ausgang. Neben mir quietscht meine Nachbarin. Die Hand des Kavaliers ist nicht mehr zu sehen. Der schwankende Mann kommt auf mich zu. „Prost" — wieder wird mir ein Glas vor die Nase gesteckt, diesmal ein Vierterl Weißwein. Ich möchte etwas sagen, meine Nerven vibrieren schon, da kracht es vor meinem Tisch, daß der Fußboden wackelt. Der Betrunkene hat den Wirt mitsamt dem vollen Tablett umgeworfen. Auf den würdigen Dorflehrer ergießt sich mein langersehnter Apfelsaft. Hunde bellen, Männer fluchen, Frauen kreischen. Im entstandenen Wirrwarr gelingt es mir, fast unbemerkt den Ausgang zu erreichen. Das letzte, was ich noch sehe, ist meine naßgewordene Nachbarin, die ihr Kavalier fürsorglich abtrocknet. Ein weiterer Blick durch das Fenster ist nicht mehr möglich, denn dieses ist beschlagen. Ich lasse den Wagen an. Trotz laufenden Motors höre ich noch ein infernalisches Getöse aus dem Wirtshaus dringen. Langsam fahre ich aus dem Dorf hinaus. Vielleicht zu langsam. Aber mein Wagen ist kalt. Plötzlich springt hinter einer Scheune ein Gendarm hervor. Aufgeregt schwingt er eine rote Laterne. „Sie kommen von der Jagd? Bitte blasen Sie hinein." — „Aber ich habe keinen einzigen Tropfen getrunken, Herr Inspektor, ich trinke nie Alkohol." — „Na wird's schon, nur fest hineinblasen." Das Testsackerl bleibt unverfärbt. Dafür erbleicht der biedere Dorfgendarm. Er winkt mir weiterzufahren, sieht mir noch lange nach. Sein Blick spricht Bände, als wollte er sagen: „Ja gibt's denn dös aa". — „Jawohl, Herr Inspektor, aber selten."

Die versäumte Silvesterjagd

Bekanntlich ist es leichter, Grießkörner an die Wand zu nageln, als auf eine gute Niederwildjagd als neuer Gast eingeladen zu werden.

Unlängst, so Anfang September, traf ich auf einem Begräbnis, besser gesagt bei der anschließenden „Trauerfeier", einen Herren, der meine ersten zwei Bücher gelesen hatte. Er war sichtlich erfreut, mich zu sehen, und versprach mir — unaufgefordert —, eine Einladung zur Fasanenjagd zu senden. Von diesem Tage an wartete ich voller Freude auf das Eintreffen der versprochenen Einladung. Es kamen Hochzeitsanzeigen, deren Beantwortung eine Menge Geld kostete, es kamen Einladungen zu stinklangweiligen Abendessen — ausgerechnet an Wochenenden in der Jagdsaison —, es kamen Einladungen meiner treuen Jagdfreunde, aber was nicht kam, war die angekündigte Einladung meines neuen Bekannten. Mit hochgeschraubten Erwartungen öffnete ich täglich mein Postfach, mit unverhohlener Gier griff ich nach meiner Dienstpost. Es kamen Todesanzeigen und Bettelbriefe, unbequeme Rechnungen und Erlagscheine.

Der Dezember kam, und ich begann meine Weihnachtspost vorsorglich zu erledigen. Ich versandte eine Unmenge von Feiertagswünschen. Doch kaum eine Antwort traf ein, dafür schrieben mir aber zahlreiche Leute, die ich völlig vergessen hatte. Es verging der zwanzigste Dezember, und ich hatte die versprochene Einladung im Geiste zu jenen „gereiht", die unter der Rubrik: „Unerfüllte Versprechen" laufen. Vergessen hatte ich sie trotzdem nicht. Zwischen Weihnachten und Neujahr war ich wieder im Büro. Einer unserer Portiere teilte mir mit, daß ein Herr angerufen hätte. „Wann war das?" fragte ich begierig. „Ich kann es nicht sagen, mein Kollege hatte an diesem Tage Dienst." — „Aber welcher Tag war es denn?" — „Ein Tag, an dem ich nicht Dienst machte." — „War es eine junge, oder eine alte Stimme?" — „Wie soll ich das wissen, ich habe sie ja nicht gehört." — Der Portier war leicht indigniert.

Am nächsten Tag überreichte der andere Portier mir einen Zettel, datiert vom 22. Dezember: Herr Müller-Miethaus läßt Herrn Meran zur Jagd bitten. Nichts weiter. So lautete doch der Name meines neuen „Jagdfreundes", dessen Visitenkarte ich aber auf einer der Kreisjagden aus meiner Tasche verloren hatte. — „Wann sollte die Jagd stattfinden und wo?" — „Das weiß ich nicht." — „Wann hat er angerufen?" — „Am Dienstag."

Es war nichts zu machen, den Anruf hatte der Aushilfsportier übernommen, und dieser verbrachte seinen Weihnachtsurlaub in Tunesien. Mit Bravour manövrierte ich meinen Kleinwagen aus der Phalanx der Luxuslimousinen unserer Mitarbeiter und fuhr nach Hause. Vielleicht wußte man dort mehr. Die Hausbesorgerin war weggefahren und hatte meine Post unter Verschluß, denn sie besaß den Schlüssel zu meinem Postfach und sandte mir die Post immer nach, wenn ich weggefahren war. Ich nahm das Telefonbuch von Wien und Niederösterreich zur Hand (dazu war ich zur Hauptpost gepilgert) — aber in keinem der beiden Bücher gab es einen Herrn Müller-Miethaus. Längere Wartezeiten bei der Fernauskunft — die Damen waren anscheinend auf Urlaub — brachte nichts ein. Der Herr hatte anscheinend eine Geheimnummer. Inzwischen rückte das Jahresende und mit ihm das Ende der Jagdsaison mit Riesenschritten näher. Wenn ich schon die Jagd verpaßt hatte, so wollte ich mich doch wenigstens für die anscheinend verloren gegangene Einladung bedanken, denn ich halte auf solche Formalitäten. Da kam mir eine rettende Idee. Ich rief bei der Witwe des Verstorbenen an, bei dessen Begräbnis ich besagten Herren kennengelernt hatte. Die Witwe war zu ihrer Tante gefahren, und die Töchter wußten leider nur die Namen der jüngeren Teilnehmer. Endlich kam die Hausmeisterin. Ich durchwühlte meine Post, aber anstelle von Jagdeinladungen lagen Einladungen zu Faschingspartys neben obligaten Rechnungen. Einige Leute schrieben, von denen ich schon Jahre nichts mehr gehört hatte. Darunter ein Mädchen meiner Jugendjahre, das auf acht Seiten das Scheitern ihrer Ehe schilderte. Dem Schreiben war ein Familienfoto beigelegt. Die Matrone mit den vielen weißen Strähnen war offensichtlich meine ehemalige Freundin, die schmucken reifen Frauen mit den lustigen Gesichtern anscheinend ihre Töchter und die Enkel, ja die Enkel waren auch schon in den Lausbubenjahren. Nur die Schrift meiner Freundin, die lila Tinte, das (nach Veilchen) duftende zarte Jungmädchen-Briefpapier hatten sich nicht geändert. Hier war die Zeit stillgestanden. Der gebeugte Greis mit dem schneeweißen Haarkranz aber, der dem Hohepriester Kaiphas ähnlich sah, war mein ehemaliger „Nebenbuhler", der mir die Freundin damals „weggeschnappt hatte".

Da war auch noch ein Brief aus Übersee. Ein Schulkamerad, der spät, mit achtundvierzig Jahren, geheiratet hatte, beklagt sich, daß er so viel Hausarbeit verrichten müsse, da seine sehr reiche Frau politisch tätig sei. Ein Foto von einer Safari liegt bei, auf der die Frau als Erlegerin eines Leoparden zu sehen ist. Schon finde ich, daß der Ehemann im Hintergrund zum Erbarmen elendig aussieht, der tote Leopard blickt ja lebendiger drein.

Das Telefon läutet. Es ist eine Freundin, die mich zur Silvesterparty zu Freunden nach Niederösterreich einlädt. — „Weißt du, mein Gatte ist im Ausland und ich darf an seiner Stelle einen Mann mitbringen." — „Wer sind die Leute", frage ich Antje. „O so neureiche Millionäre halt, komm im grünen Smoking. Tschüs!" Es läutet nun an der Tür. Ein grantiger Postbote bringt ein großes schweres Paket. — „Dreißig Schilling, bitte." — Ein Stamperl Enzian macht ihn wieder lachend. Ich öffne das Paket, doch es ist abermals eine Enttäuschung. Der französische Champagner gilt nicht mir, sondern einem anderen Meran, der Geburtstag hat.

Ich nütze die Zeit und beantworte die vielen Weihnachtswünsche, mit denen ich nicht gerechnet habe. Dabei sollte ich lieber all denen schreiben, die auf meine Wünsche nicht reagiert haben: „Hast Du meine Karte nicht bekommen?"

Sie werden aber alle zu den Feiertagen weggefahren sein. Man hält sich ja an die Ferien der Kinder, denn die Kinder müssen es vor allem schön haben. Wenn ich daran denke, wie wenig man seinerzeit auf unsere Ferientermine Rücksicht nahm! Und heute fährt man Ski und hat keine Zeit, Weihnachtswünsche zu beantworten. Ich könnte dabei nicht ruhig schlafen, doch die Menschen sind Gott sei Dank verschieden.

Vor meinem Fenster gibt es plötzlich einen lauten Krach. Mein Herzschlag stockt für einen Augenblick, doch es ist nicht mein Wagen, es ist der neue Jaguar des Mannes von der Müllabfuhr, dem ich täglich begegne. Die Bremsen haben versagt, oder war es das Glatteis, jedenfalls ist er von hinten in den Kleinwagen des Bankdirektors gefahren. Letzterer wird nun doch einen neuen Privatwagen kaufen müssen, einen, der mit dreißigprozentiger Luxussteuer belegt ist. Die Lautstärke der Auseinandersetzung ist gedämpft. Zuschauer gibt es auch keine, denn im Fernsehen wird die Skiabfahrt der Damen gebracht. Ich helfe beim Wegschieben des Kleinautos mit, denn es verstellt mir die Hofeinfahrt. Dabei schneide ich mir mit dem Karosserieblech in den Schießfinger.

Später rufe ich noch einmal in meinem Büro an, aber ich bekomme keine Verbindung. Das Amt ist schon geschlossen.

Nun beginne ich mit dem Packen. Dabei merke ich, daß mein grüner Smoking — wahrscheinlich beim letzten Jägerball — an der Kragennaht aufgegangen ist. Ich erinnere mich jetzt wieder: In seiner Wiedersehensfreude zog mich ein alter Freund so heftig am Kragen, daß sich dieser auf einer Seite löste. Was mach ich? Ein Blick auf die Uhr zeigt mir, daß die Geschäfte noch eine halbe Stunde offen haben. Ich eile schnell zu Meister Gombasch, meinem unvergleichlichen Schneider, in die Maurergasse. Zu meinem Glück ist er da. Er nimmt meinen Smoking, und während er arbeitet, unterhalten wir uns über Politik. Er war vor wenigen Wochen in der DDR. Dort gibt es keine Terroristen, sagt er, aber schöne Militärparaden. Dafür haben wir hier nur vierzehn Flugzeuge älteren Typs und reibungslos funktionierende Entführungen. In der DDR gibt es keine Huren, sagt er, dafür auch weniger Konsumgüter. Dort gibt es freie Parkplätze, wir besitzen dafür Bordelle. Eine komische Welt, sagt er, und da und dort herrschen die Roten, schließt er philosophisch, aber unlogisch.

Dann kommt der Silvestertag. Noch den ganzen Vorabend und während der Nacht hoffe ich auf Nachricht von meinem unbekannten Gönner. Schließlich muß er doch längst wissen, daß ich zu Weihnachten nicht anwesend war. In der Früh rufe ich dann noch einmal im Büro an, es meldet sich der Portier, der glücklich aus Tunesien zurück ist. Er ist so voller Eindrücke und Erlebnisse, daß ich ihn nicht wegen des damaligen Anrufes belästigen darf. Heute, versichert er mir, hat niemand angerufen. Gestern badete er noch im blauen Meer. — Mittags fängt es zu schneien an. Nicht stark, aber doch so, daß ich um die Fahrt über den Wechsel bange. Daher entschließe ich mich schon jetzt loszufahren. Ich komme noch mit Leichtigkeit über den Paß, fahre ein Stück Autobahn und zweige dann ab.

Nach einigem Hin und Her finde ich die Ortschaft und fahre zum alten Schloß. Eben ist es halb fünf Uhr geworden, ob meine Freundin schon da ist? Vom kleinen Telefonhäusl vor dem Schloß rufe ich sie schnell an. Sie ist gerade dabei, Kriegsbemalung anzulegen. Eine Tätigkeit, bei der man keine Frau stören darf. In langsamem, fast zaghaftem Tempo fahre ich in den Hof zu dem mir unbekannten Freund meiner Bekannten. Dort aber flackern große Feuer, Jagdhörner erschallen, offensichtlich wird eine Strecke verblasen. Bescheiden trete ich hinzu. „Geschossen wurden vierhundertachtundsiebzig Hahnen, dreihundertfünfundvierzig Hasen, hundert Rebhühner, insgesamt neunhundertdreiundzwanzig Stück, Weidmannsheil!"

Ergriffen dankt der Jagdherr seinem Jagdleiter. Wünscht allen Teilnehmern ein glückliches Neues Jahr... Ich gehe näher. Diesen Mann kenne ich doch! Grundgütiger Himmel! Ist das nicht mein Bekannter vom Begräbnis? Dieser Müller-Miethaus und der Gastgeber für die Silvesterparty ist ein und derselbe Mann! Wie klar wäre alles gewesen, wenn ich seine Adresse behalten hätte. Trotzdem: wie klein ist doch die Welt! Ich mische mich unbemerkt unter die frohgelaunte Jägerrunde. Sie scheinen nicht nur ausgezeichnete Sportsleute zu sein, sondern auch von Kleidung etwas zu verstehen. Karierte Jagdanzüge aus Harris-Tweed, englische Sportkappen, Doppelflinten. Darunter erblicken meine geschulten Augen Purdey's, Boss und Holland-Holland-Marken. Gerade werden den Ladern, niederösterreichischen Bauern, die Trinkgelder überreicht.

Ich fühle mich außerordentlich unbehaglich. Da gibt es nichts, als mich dem Hausherrn zu zeigen. Bei der Begrüßung merke ich, trotz charmantem Lächeln, daß er nicht im Bilde ist. Ich stelle mich also vor und erkläre ihm, daß ich eigentlich als Antjes Begleiter etwas zu früh eingetroffen bin. Aber er läßt mich nicht ausreden. „Das ist aber schön, daß Sie doch noch gekommen sind. Wir haben bis neun Uhr auf Sie gewartet. Sie haben doch meine Einladung bekommen, oder nicht? Wir hätten mit Ihrer Hilfe sicherlich tausend Stück geschossen... Hat man Ihnen nichts von meinen wiederholten Anrufen ausgerichtet?"

Mein Blick fällt auf die Strecke, dann auf die Lader und schließlich auf die kleine Jägergruppe. Mir wird es abwechselnd heiß und kalt, dann fasse ich mich wieder und kläre die Sache auf.

Im schönen, geschmackvoll eingerichteten Schloß wird meine Laune wieder besser. Interessante Menschen und die Gegenwart meiner lustigen Freundin tragen schließlich dazu bei, daß der Jahreswechsel in diesem gastlichen Haus ein voller Erfolg wird. Und taktvollerweise wird nicht über Fasanen gesprochen...

Bild rechts:
Geduldiges Warten lohnt sich immer

Sauriegeln vor der Wahl

Die Jagdsaison ist vorbei, und statt Jagdeinladungen häufen sich nun auf meiner Kommode die diversen Faschingsprogramme. Da gab es ein privates Maskenfest eines Trafikanten, das unter der Devise: „Eine Nacht der Phantome, oben ohne..." angepriesen wurde, da gab es Einladungen zu Reiter-, Beamten-, Techniker-, Philharmoniker- und Jägerbällen, da waren die für mich langweiligen „Jugend"- und die lustigen „Allround"-Partys, Fetzen-, Lumpen-, Klamotten- und Kostümbälle, kurzum: der Fasching hatte die Jagdsaison in seiner geballten Kürze ersetzt.

Ich kann Leute nur schwer verstehen, die sich auf die Dauer einsam fühlen oder sich langweilen. Es gibt doch so viel Interessantes auf dieser Welt! Ob man bei klirrendem Frost in einer zugigen Hütte auf Krähen lauert, ob man bei Mondschein im Neuschnee auf Füchse paßt, ob man als Zauberer eine gewagte Party besucht oder in der Dämmerung gegen das Abendlicht die Silhouette eines Mausoleums fotografiert, ob man Türen streicht, Gewehre putzt oder im Tagebuch schreibt, ob man mit einer schönen Frau in einem erstklassigen Restaurant zu Abend speist, Bücher liest oder solche schreibt, die Zeit wird einem immer zu kurz.

Da kam ein Anruf von einem Freund, ihn am nächsten Tag auf eine Saujagd ins südliche Burgenland zu begleiten. Hier bei uns war herrlicher Rauhreif und Sonnenschein, dort aber war Neuschnee gefallen und die Sauen wären mit Leichtigkeit abzufährten. Im allgemeinen hasse ich es, so kurzfristig planen zu müssen, aber jetzt, Anfang Februar, hatte ich doch genügend Freiraum. Zusammenkunft war wegen des morgendlichen Abfährtens auf zehn angesetzt, so daß ich von Graz bei Sonnenaufgang starten konnte. Der Anblick, der sich meinen Augen bot, war überwältigend. Fingerdicker Rauhreif auf Büschen, Bäumen und Sträuchern. Dazwischen schimmerten im Gegenlicht die goldroten Strahlen der gerade aufgehenden Sonne auf Millionen von glitzernden Kristallen, Sternen, Fächern, Zacken und Brillanten! Keine technische Errungenschaft auf dieser Welt ist fähig, etwas so Schönes zu erfinden und zu schaffen außer der Natur. Zwischen zuckerhaft vereisten Dornen hingen rot wie Blutstropfen die überreifen Hagebutten, und auf den glitzernden Ästen plusterten sich vergnügt die Drosseln und die Spatzen. Schwarzen Perlen gleich saßen blauschimmernd und zu Kugeln aufgebläht gegen den rotvioletten Himmel zahlreiche Saatkrähen, und auf der Leitung in den Strahlen der

Bild links:
Wer zuletzt lacht...

Morgensonne stolzierten einige Fasangockeln, denen die Freude, glücklich überlebt zu haben, anzusehen war.

Langsam, aber zügig bezwinge ich die kurvigen Hügel, und das Autoradio berieselt mich mit stumpfsinniger Parteipropaganda. Ja natürlich, Wahlen stehen vor der Tür, und unsere geliebten Politiker setzen sich wieder einmal in Szene. Die Methoden der Propaganda haben sich in den letzten Jahren ziemlich verändert; sie sind „amerikanisiert" worden. Man scheint, ähnlich wie in der Werbung, den Staatsbürger pauschal als Volltrottel anzusehen. Ich bin sogar sicher, daß diese Art Reklame den betroffenen Politikern meistens nicht recht ist, aber da wirken ja Spezialisten und Computer, und diese haben niemals unrecht. Der Personenkult treibt übelste Blüten, audiovisuell wird man vom Charme eines Mannes überzeugt, von Parteiprogrammen und erbrachten Leistungen spricht man wenig. Die Fehlleistungen existieren nur beim Gegner. Schamlos wird die im grauen Alltag der Vermassung wachsende Sehnsucht der Menschen nach Persönlichkeiten ausgenützt, und Supermänner werden vorgegaukelt, die es gar nicht gibt und im pluralistischen System in dieser Art gar nicht geben darf. Sei's drum, ein jeder sorgt sich um seine Zukunft, auch der schwergeplagte Politiker. Doch anscheinend heischt man um die Stimme der Analphabeten, nicht anders ist die fast beleidigende Primitivität politischer Werbung zu verstehen, die von der Bleistiftspitze bis zum riesengroßen Kreuzl sowie vom jugendlichen Gesicht bis zum sorgend-treuherzigen Blick reicht. — In jeder Kurve grinsen mich die Supermänner an. Wie gut, daß ich abgedreht habe. Ausgerechnet der Budapester Sender, den man hier schon recht gut hören kann, bringt eine Sendung über Ernesto Lecuana und seine wunderbaren Kompositionen: „Simonée" und „Malaguenia". Wie herrlich, wie herzerfrischend ist doch diese Musik, verglichen mit dem englischen Protestgekreische, das aus dem UKW-Sender blökt. Die Mode muß wohl immer äffisch übernommen werden, auch dann, wenn im Volke die Sehnsucht nach ewigen Werten vorherrscht. Unsere Jugend fühlt sich, meinen Beobachtungen zufolge, bei romantischer, melodiöser Musik viel wohler.

Vor weit über hundert Jahren war „La Paloma" das Lieblingslied Kaiser Maximilians von Mexiko, es ist in seiner Urfassung bis heute lebendig geblieben! Wer wird aber in ein paar Jahren das Gekreische der bärtigen Jungmusiker von heute noch hören wollen, die nicht merken, daß auch ihre Musik schon lange einen Bart hat?

Doch was nützt alles „Dagegenreden", Änderungen sind im satten Wohlfahrtsstaat schwerer zu erreichen, als man glauben sollte. Denn man hat vor lauter Konsumieren, Genießen und „Freizeitgestaltung" keine Zeit, an Alternativen zu denken.

In unmittelbarer Nähe eines ungarischen Wachtturmes, dessen Existenz schon grausam die staatliche Grenze aufzeigt, hier in diesem Grenzgebiet kommen wir heute zusammen. Meine Gedanken verfliegen, die Jagd beginnt.

Wir sind fünf Schützen und haben drei VW-Busse zur Verfügung, so daß auch die Treiber ebenso wie wir die nötige Mobilität haben. Der erste Trieb ist eine größere Dickung, unmittelbar am ungarischen Stacheldraht. Mein Stand befindet sich nahe einer Allee, die vom Gipfel des Berges bis in das erste Tal führt. Die Dickung ist stark und so verschneit, daß man, außer über eine zwei Meter breite und ausgesprochen kurze Rinne, nicht in den Trieb sehen kann und gezwungen ist, auf die fünf Meter breite Allee zu schießen. Mein linker Nachbar steht oben am Gipfel, an der Grenze ums Eck, ihn kann ich nicht gefährden, der rechte, etwa hundert Meter unter mir, mitten auf der Schneise. Wir stellen uns direkt zur Dickung, damit wir gegebenenfalls nach hinten schießen können. Auf der anderen Seite der Allee ist ein schütterer Junglaubwald, der jedoch stark mit verschneiten Fichtenbäumen durchsetzt ist, so daß auch hier das Schießen nicht sehr leicht fällt. Der Wind geht hinunter, ist also schlecht. Lange stehe ich und warte. Ich habe, da die Entfernung doch zu groß ist, mein Fluchtfernrohr genommen, das ein Punktabsehen hat und nur zweifach vergrößert. Wenn das Wild nicht weiter kommt als vierzig Meter, nehme ich das Fernrohr herunter und schieße über Kimme und Korn. Ich habe eine extra für das Fluchtschießen ausstaffierte 7 x 64 Mauserbüchse, mit vorgesetzter Kimme und Fluchtabsehen, silbernem Dreieck und rot lackiertem Korn.

Heute wird das Fernrohr notwendig werden. Nach einer guten halben Stunde — ich kann die Treiber schon hören — schlägt plötzlich ein Hund an, worauf gleich die anderen mit wildem Hetzlaut einfallen. Die Hatz scheint vor mir hinauf zu gehen. Angespannte Sekunden, dann fallen oben an der Grenze kurz nacheinander zwei Schüsse. Nachlassen der Aufmerksamkeit und Spannung. Doch da ist doch etwas! Schnee ist heruntergefallen, ich glaube auch schwere Tritte zu hören. Mein Herz schlägt schnell, da ist etwas! Und dann schiebt sich vorsichtig auf zwanzig Schritt von mir eine starke Sau auf die kleine Rinne, durchquert diese jedoch bereits, als ich sie endlich im Fernrohr habe. Ich reiße das Fernrohr herunter und verfolge nun mit angebackter Büchse den Weg der Sau, die langsam und unaufhaltsam gegen die Allee zieht. Genau am Rand bleibt sie völlig gedeckt stehen. Ich weiß, wo sie steht und verbringe unbeschreiblich aufregende Minuten. Dann fällt ein Schuß, die Sau kommt in Bewegung und überfliegt in mittelschnellem Tempo die Allee. Ich kann ihr gut folgen, und bevor sie drüben verschwindet, bricht mein Schuß. Kein Zeichnen und kein Stürzen, aber ich bin meiner Sache doch sicher, denn die Sau war ja nicht verdeckt und nicht weit. Auf meinen Schuß ist auch bald einer der Köter da, der nun auf etwa dreißig Meter vom Alleerand Standlaut gibt. Aus dem wütenden Knurren und offensichtlichen Zerren des Hundes merke ich, daß die Sau verendet sein muß. Große Weidmannsfreude erfüllt mich. Ein älterer Treiber kommt auf die Allee zu. Er ist eine typische burgenländische Figur. Er hat eine große Lederkappe auf dem Kopf und eine blaue Schürze umgebunden. Wozu er diese braucht, kann ich nicht verstehen, denn sie muß ihn ja behindern. Das Gesicht ist breitflächig, offensichtlich ein Kroate. Ich winke ihm zu, er soll warten und pirsche dann mit schußbereiter Waffe in den Bestand. Auf dem Einschuß liegt im rot besprühten Neuschnee ein zweijähriger Keiler. Der Schuß ist gut. Der Einschuß befindet sich in der Mitte des Leibes, der Ausschuß sitzt tiefblatt.

Der Trieb ist aus. Es liegen noch zwei Überläufer. Ein Fuchs wurde gefehlt. Das Versorgen und Aufladen der Sauen dauert nicht lange. Schon sind wir unterwegs zum zweiten Trieb, der etwas weiter entfernt stattfindet. Mein Stand ist jetzt im Buchenaltholz, etwa vierzig Schritt von einer Fichtendickung entfernt. Ich stehe am Rückwechsel, was mich mehr freut als enttäuscht. Nach einer Viertelstunde gehen die Treiber los. Vorne fallen Schüsse, von mir entfernt sich der Treiberlärm immer mehr. Auch die Hunde müssen weit vorne agieren, ich kann sie nicht hören, da sie überriegelt sind. Ein Rehbock mit fünf Finger hohen Kolben kommt mir vertraut auf zehn Schritt, macht dann einen Riesensatz und flüchtet, einen Bogen machend, in den Trieb zurück. Unweit meines Standes führt eine Marderspur vorbei. Das fast schwarze Eichhörnchen über mir scheint davon nicht beeindruckt zu sein. Plötzlich erscheinen halbrechts zwei, drei, vier Überläufer und flüchten in rasendem Tempo an mir vorbei bergab. Zwei Schüsse bringe ich an, aber ich habe ein ungutes Gefühl, auch stehen die Bäume gerade dort, wo ich schieße, recht dicht beisammen. Ich warte noch eine Viertelstunde und gehe dann zum ersten Anschuß. Hier ist überhaupt nichts zu finden, weder Schweiß noch Haar. Langsam verfolge ich die Fährte, und auf vierzig Schritt vom ersten Schuß finde ich reichlich dunklen Schweiß. Also doch getroffen. Ich verfolge die Fährte noch hundert Meter weit, aber dann verbreche ich sie und gehe meinem Freund entgegen, der mich abholen kommt. Ich zeige ihm alles, und er verspricht, sofort nach der Jagd nachzusuchen. Ich bitte ihn, das nach der Mittagspause machen zu dürfen, aber er erklärt mir mit Recht, daß dies noch zu früh wäre, die Sau brauche Zeit zum Verenden.

Vorne hatten zwei Schützen einen anscheinend starken Keiler vorbeigeschossen. Der Jagdherr ist nicht besonders gut gelaunt, als wir beim kleinen Jagdhaus zusammenkommen. Als ich eintreffe, ist schon die kroatische Hegersfrau mit dem Ausschenken einer herrlichen Gulaschsuppe beschäftigt. Das ausgeschenkte Bockbier schmeckt uns nicht sonderlich, denn es ist uns allen einfach zu kalt. Beim gemütlichen Feuer können wir uns ein wenig aufwärmen, während man uns noch fein schmeckende Pogatscherln serviert.

Es ist vierzehn Uhr, als der Jagdherr zum Aufbruch mahnt. Nichts tun wir lieber als das, denn die Mittagspause stiehlt den Jägern die schönste Zeit zum Jagen, und um halb fünf Uhr ist es ohnehin schon immer dunkel.

Diesmal fahren wir zur ausgedehntesten Dickung des ganzen Waldes. Sie bedeckt einen steilen Berghang und wird von zwei schmalen Kahlschlägen unterbrochen, an deren unterem Ende je ein Hochstand steht. Ich werde auf einem der beiden Hochstände angestellt und steige mit einigen Hoffnungen hinauf. Der Trieb soll um fünfzehn Uhr losgehen und etwa bis sechzehn Uhr fünfzehn dauern.

Ein leichter Wind weht schon den ganzen Tag, der hier auf luftiger Höhe unangenehm zu verspüren ist. Zuerst drehe ich das angeschnittene Sitzbrett um, setze das vierfache Normalfernrohr auf die Büchse, da ich weiten Ausschuß habe und verstecke meine Hände im Muff, der bei mir im Winter nie fehlen darf. Die Ohrklappen der Pelzkappe ziehe ich herunter, aber ich höre so wenig, daß ich sie wieder hochstülpe. Zehn Minuten nach drei Uhr erscheint oben auf dem Schlag ein Fuchs und schnürt der nächsten Dickung zu. Soll ich? Es dürften etwa hundert Meter sein. Kurz entschlossen pfeife ich ihn an, und er erstarrt für einen Augenblick. Das Fadenkreuz sitzt ihm ruhig im Blatt, und der Schuß peitscht heraus. Nur ein Hochwerfen der Lunte ist zu sehen. Der Fuchs aber ist verschwunden, offenbar im tiefen Pulverschnee der Spur versunken. Ich freue mich sehr über diesen Kugelfuchs und harre nun angespannt der Dinge, die noch folgen sollen. Verdächtig lang sind die Hunde still, bis endlich ganz oben im letzten Drittel der Dickung eine wilde Jagd beginnt. Die Jagd nähert sich zwar meinem Stand, aber dazwischen ist noch ein Schlag, der oben und unten mit Schützen abgestellt ist. Und schon knallt es am anderen Hochstand: einmal, zweimal. Bald erscheinen in voller Flucht am oberen Ende des Schlages eine Bache und sechs Frischlinge. Ich versuche einen Frischling ins Fernrohr zu bekommen, ziehe mit, und bevor er verschwindet, drücke ich ab. Doch mein Gefühl sagt mir, daß ich gefehlt habe. Unglaublich, wie schnell sie — von den Hunden verfolgt — durch sind. Ein wenig behindert hat mich der viel zu hohe Rand des Hochstandes. Doch schon knallt es hinten beim Rückschützen. Ich glaube, da fallen drei Schüsse. Dann wird es düster, und bald darauf wird auch schon abgeblasen. Als erstes gehe ich zu meinem Fuchs. Da liegt er mit zerschmettertem Halswirbel, fast völlig im Schnee versunken. Dann hinüber zum Anschuß, wo der Frischling verschwunden ist. Die Fährte der Rotte ist leicht auszumachen, doch ich finde weder Borsten noch Schweiß. Ich durchquere die Dickung, bis ich völlig vom herunterrieselnden Schnee durchnäßt beim Rückschützen herauskomme. Dieser steht bei einem erlegten Frischling. Die anderen zwei Schüsse gingen daneben. Der Jagdherr kommt, ich steige in sein Auto, und in schnellem Tempo fahren wir zum Anschuß meiner angeschweißten Sau vom zweiten Trieb. Wir brauchen nicht lang zu suchen. Auf achtzig Schritt von dem Ort, wo ich die Nachsuche aufgab, liegt der Überläufer verendet; er hat einen tiefen Leberschuß.

Schon glitzern die Sterne vom blaukalten Himmel, als wir beim Jagdhaus eintreffen. Auf der Strecke liegen sechs Sauen und ein Fuchs. Dann fahren wir in das Heim meines Freundes, wo bald das Jagdessen serviert wird. Wir sitzen und plaudern noch lange von vergangenen Zeiten und vergleichen sie mit heute. Die Kinder des Gastgebers hängen vorm Fernseher, in dem ein Film über Kommunen gezeigt wird. Mein Freund winkt ab: Verbieten nützt überhaupt nichts, das letzte Mal hat man Kinderaufklärung gebracht und gerade diese „Reaktion" verurteilt. Mein Freund schaut sich viel lieber das Budapester Fernsehen an, da sind wenigstens die Kindersendungen einwandfrei. Dann erscheint wieder das Gesicht des Parteiführers, der Wohlstand und Liberalität verspricht. Kein Wort von Veränderungen, Reformen oder Klassenkampf. Alles soll so bleiben, wie es ist. Wählt nicht eine Partei, wählt nur den gütigen, lieben, väterlichen, gescheiten und erfahrenen XY. Und er präsentiert sich so gekonnt, daß man alles wieder vergessen, daß man nur mehr den guten, fürsorglichen Vater wählen will.

Mit Technik und Demogogie vermag man vieles. Im Krieg hat man sich gegen die Bomber eingenebelt, heute wird man vor den Wahlen eingenebelt. Man soll zwar seine Stimme geben, die nächsten vier Jahre aber nichts mehr zu sagen haben. Der Hausherr dreht ab. Die Kinder setzen sich zu uns, von Schlafengehen ist keine Rede. Und mein Freund und ich verlieren uns in der Vergangenheit, die wir vor vielen Jahren gemeinsam genießen durften.

Frühlingserwachen

Für den Naturfreund sind alle Jahreszeiten schön. Der glutheiße Sommer, wenn lustiges Treiben des Nachwuchses die Reviere belebt, der nach Birnen duftende Herbst mit den lauten Jagden, der unbeweglich stille Winter, wenn die Bäche zufrieren und Schnee die Felder bedeckt. All diese Abschnitte des Jahres erfüllen und befriedigen ihn immer wieder aufs neue.

Doch zum Frühling hat er eine besondere Beziehung. Die Natur, deren Teil er ja ist, erwacht aus dem Winterschlaf. Aus der unbeweglichen Starre mehrerer Monate, mitten aus der alles verdeckenden, aber schon dünn gewordenen Schneekruste sprießen die ersten Blümchen, kriechen die ersten Insekten und unbemerkt erscheint in der warmen Märzsonne das erste Grün. Während im Jänner und Feber noch das alte Jagdjahr, die vergangene Saison zu Grabe getragen wird, beginnt mit dem Frühling ein neuer Abschnitt. Vorbei sind die späten Hasenjagden, das winterliche Fuchspassen und die Sauriegler. Die Krähen und Elstern, im Jänner und Feber noch emsig bejagt, paaren sich bereits, da und dort sieht man schon kleinere Kiebitzflüge, und die Stare sind nur mehr einzeln oder paarweise zu sehen. Das alte Jagdjahr ist beendet und ein neues beginnt. Im Winter schien die Zeit unbeweglich, jetzt spornt sie alle Lebewesen an. Grollend zieht sich der Frost auf die windigen Höhen und in die schattigen Gräben zurück, um jedoch immer wieder unerwartet zu erscheinen, wenn die Sonne im roten Abendlicht des Westens untertaucht.

Es ist ein langer, zäher, doch für den Winter hoffnungsloser Titanenkampf. Der Weidmann lauscht den Stimmen, die den so lange schweigsamen Wald mit neuem Leben erfüllen. Hochzeit feiern die Sänger, im Prachtkleid erscheinen die Wasservögel, vom fernen Afrika kehren die ersten Wanderer zurück, und die Märzsonne verbrennt den Schnee in tausend Tröpfchen, die, feinen Glocken gleich, die schönste Zeit des Jahres einläuten.

Auf der sonnseitigen Lehne verdampft die Feuchtigkeit und steigt als weißes Wölkchen über Wälder und Gipfel hoch in den Himmel. An den Rändern der Teiche hockt noch der uralte Winter, doch mit dem Eis sind auch seine Hoffnungen verschwunden.

Tief atme ich die würzige Abendluft in meine Lungen ein, während ich die Augen wohlig vor den liebkosenden Strahlen der untergehenden Sonne schließe. Es ist noch einige Zeit bis zum Schnepfenstrich, und ich nütze sie zu Meditationen und zu Träumen.

Alle Jahre, so um den 15. März herum, erfaßt mich in Graz eine tiefe, lockende Sehnsucht. Ich werde unruhig und zerstreut, und meine Spaziergänge ziehen sich bis spät in die Abenddämmerung. Wenn ich im Zwielicht durch den Stadtpark heimwärts schlendere, richte ich meine Augen automatisch zwischen die Äste der alten Bäume, als ob ich etwas suchen müßte. Seit ich im

Jahre 1948 Ungarn verlassen habe, es ist ja schon über dreißig Jahre her, ergeht es mir alljährlich gleich. Doch nie, auch nur ein einziges Mal habe ich hier zur Frühlingszeit einen streichenden Schnepfen gesehen. So gut diese Gegend im Herbst für den Schnepfenzug ist, so unverständlich leer ist sie im Frühling. Verständnisvolle Freunde, die meine Passion schon lange kennen, haben mich daher in weiter östliche Gefilde eingeladen. Irgendwo in der Oststeiermark zieht sich eine unsichtbare Grenze, östlich von der man mit Sicherheit auf durchziehende Frühjahrsschnepfen rechnen kann. Und sie erscheinen im südlichen Zipfel des Burgenlandes zu einer Zeit, da kein Weidmann an den Schnepfenstrich denkt, oft schon in den ersten Tagen im März.

Von da kommen die ersten Nachrichten über das Erscheinen der Quartiermacher. Die Meldung geht von Mund zu Mund, und schon in den nächsten Tagen hört man es zwischen Luising und Neustadt vereinzelt knallen. Das neue Jagdjahr hat begonnen. Mit dem Schnepfenzug fängt für sehr viele Jäger der schönste Abschnitt des ganzen Jagdjahres an. Es gibt in Österreich jedoch eine Anzahl Weidmänner, die seit Jahren eine Jagdkarte lösen, oft seit Jahrzehnten Weidmänner sind, zu Hause einen vollen Waffenschrank ihr eigen nennen, doch außer gelegentlichen Einladungen zum Schnepfenstrich, keine Chance haben, die Jagd auch auszuüben. Es ist eben ein Unterschied, ob man eine eigene Jagd besitzt, in einer Pachtjagd Mitbesitzer ist oder keine dieser Möglichkeiten hat.

Der Schnepfenstrich lehrt den Jäger aufmerksam zu sein, die Natur zu beobachten und zu lieben, er lernt die Genügsamkeit und vor allem das Wichtigste, daß nicht der Schuß wesentlich ist. Er nimmt gerne Entbehrungen auf sich, wenn er den Frühstrich besucht, er lernt zu horchen, zu schauen und zu entdecken. Und er ist aufs höchste zufrieden, wenn er nach mehrmaligen Versuchen ein oder zwei Langschnäbel an seinem „Galgen" befestigen kann. In ganz Österreich werden von hunderttausend Jägern weniger als dreitausend Schnepfen im Jahr geschossen, im Gegensatz zu anderen Ländern, wo es Hunderttausende sind. Gönnen wir unseren bescheidenen Schnepfenjägern ihre Freude, und gehen wir nicht gleich „in die Knie", wenn irgendwelche Jagdgegner ihnen auch diese Freude nehmen wollen. Der frustrierte Jagdkartenbesitzer ist auf die Dauer nämlich eine Gefahr für das Weidwerk, wie wir es alle verstehen und kennen.

Motorengebrumm reißt mich aus meinen Gedanken. Meine Freunde finden sich ein, und wir besprechen die heutige Platzwahl. Da sich insgesamt nur fünf Schützen auf das ganze große Revier verteilen werden, steht mir ein eigener Revierteil zur Verfügung. Frühzeitig fahre ich los, um mir einen schönen Platz auszusuchen. Im großen Wald verstreut finde ich kleinere und größere Dornendickungen mit Blößen und Lichtungen, die mir besonders geeignet erscheinen. Ich gehe einen kleinen Bach entlang und postiere mich auf einer Kreuzung inmitten einer Buchendickung, die vielleicht zwei Meter hoch ist und von Brombeerranken „durchzogen" ist. Hier blüht schon verschämt die Adonis, unter fauligem Herbstgras verdeckt die Schlüsselblume und neben dem letzten Schneebatzen, schon etwas welk, üppige Schneeglöckchenstauden. Die dornigen Schlehdornbüsche stehen in Blüte, überall auf Ästen und Zweigen sind Knospen und Triebe zu sehen. Der Platz erinnert mich stark an jenen, an dem ich vor über vierzig Jahren im Nyáriállás meinen ersten Schnepf mit der Achtundzwanziger Flinte geschossen hatte. Was ist doch in all diesen Jahren alles geschehen! Kriege, Revolutionen, Diktaturen, Massenfluchten, Gesellschaftsveränderungen brausten über unsere Welt, aber dieser kleine Zugvogel kehrt alljährlich wieder, überfliegt Grenzen und eiserne Vorhänge, Meere und Kontinente, läßt sich durch nichts beirren und hält sich an unabänderliche Gesetze der Natur, die eher sterben würde, als diese zu „verraten".

Plötzlich ist ein Schnepf vor mir. Puitzend und gaukelnd streicht er von links nach rechts in mäßiger Höhe und eher weit entfernt. Da ich noch nicht aufgepaßt habe — es schien mir noch viel zu früh zu sein —, schieße ich überhastet, fehle ihn auf den ersten Schuß und erst der linke Lauf meiner Springer wirft ihn in die Dornen. Uuhhh! Das ist gerade noch gut gegangen! Ich merke mir genau die Stelle und warte, diesmal aufmerksamer und konzentriert. Über den Wald mit all seinen Frühlingsdüften schleicht der laue Abendwind wie ein endloser Seufzer. Weit unten fällt ein einzelner Schuß, von der Straße her dröhnt ununterbrochen Motorenlärm. Plötzlich erstarre ich. Durch die Geräuschkulisse all dieser Töne erreicht mich ein Laut. Durchdringend und doch leise, fröhlich, fremdartig und doch so vertraut. Dann sehe ich den zweiten Schnepf, wie er am Rande der Dickung einen großen Bogen um die ganze Kultur macht. Dabei kann ich gut beobachten, wie er seinen Stecher hin- und herbewegt. Noch bleibe ich hoffnungsvoll einige Minuten stehen, aber nichts rührt sich mehr.

Als ich dann mit Hilfe der Taschenlampe meinen Schnepf finde und langsam mit meiner Beute zum Sammelplatz zurückkehre, fängt es ganz leise und vorsichtig zu regnen an. Csákberény fällt mir ein, und die vergangenen vierzig Jahre begleiten mich wieder wie treue, wohlvertraute Freunde. Irgendwo vorne, im Finstern, wo keine Zeit und keine Grenzen sind, wartet unser altes Haus auf meine Heimkehr. Pajtás wird bellen, und meine fröhlichen Kinderschritte werden über die Fliesen des Ganges hallen. Mein Vater — weitaus jünger als ich heute — wird sich mit mir freuen, und der Geruch der alten Möbel wird mir beruhigend sagen, du bist zu Hause und es wird immer so bleiben . . .

Aber die Zeit ist unaufhaltsam weitergegangen, und das alte Csákberény ist Vergangenheit geworden. Irgendwo, vielleicht hinter den Bergen und Meeren oder dort bei den glitzernden Sternen, irgendwo gibt es ein Land, wo Vergangenheit und Zukunft zusammenfließen und wo Erinnerungen wieder auferstehen werden. Heute, an diesem Frühlingstage, habe ich diese Hoffnung!

Der Tod des alten Jägers

Das Leben ging seinen Weg, als ob irgend jemand es rufen würde. Je länger es dauerte, desto schneller ging es dahin, am Ende aber raste es, und die alten gichtigen Beine des Jägers konnten nicht Schritt halten. Das Auge war trüb, die Ohren waren taub geworden. Die Gedanken und Reflexe wurden langsam. Nur das Leben eilte immer schneller und niemand konnte es aufhalten. Abends, wenn die alte Uhr die Sekunden der Stille zählte, wenn beim Scheine der trüben Lampe die Vergangenheit in das Zimmer schlich, entstanden vor den Augen des Jägers viele bunte Bilder aus längst entschwundener Jugendzeit, und um sie zu schauen, brauchte er keine Augengläser. Das alte Herz öffnete sich bereitwillig den vergangenen Tagen der Jugend, als es noch stärker geschlagen hatte, und der alte Mann begrüßte sie, wie man sein allerliebstes begrüßt. Denn der Kontakt mit seiner Jugend war niemals abgebrochen. Im Gegenteil, je langsamer das Herz schlug, je schneller das Leben raste und je mehr er im täglichen Einerlei vergaß, desto klarer, desto deutlicher wurden seine Jugendtage. Wie schnell, wie unfaßbar war doch alles vorbeigeronnen.

Als siebzehnjähriger Freiwilliger war er im Sechzehnerjahr an die Front gekommen. Dann kamen der Zusammenbruch, die Gefangenschaft, die Flucht, der Hunger. Mit vierundzwanzig Jahren heiratete er seine Jugendliebe, die ihm zwei Kinder schenkte. Dann wurde er Hilfsjäger und mit achtundzwanzig Jahren Revierjäger beim Grafen. Hier war es ihm gut gegangen. Er bekam eine Dienstwohnung mitten im Revier. Von Anfang an sparte er für ein eigenes Häuschen, aber die Wirtschaftskrise und die nach dem Zweiten Weltkrieg entstandene Inflation hatten alles vernichtet. Der alte Graf — krank und vom Tode gezeichnet, aus dem KZ zurückgekommen — schenkte ihm aber nicht nur den Grund, sondern auch Geld und Baumaterial, und Anfang der sechziger Jahre war das Häuschen fertig. Zu dieser Zeit war sein Brotgeber längst in der Familiengruft, und dessen Sohn hatte der Gleichenfeier beigewohnt. Dann kam die Pensionierung. Von da an ging er freiwillig ins Revier, um mal da, mal dort anzupacken, beim Abschuß der Geißen oder des Raubwildes mitzuhelfen, solange er es vermochte. Sein Sohn war ähnlich wie er, mit siebzehn Jahren in den Krieg gezogen und seither vermißt. Seine Tochter hatte einen Ungarn geheiratet, der nach Australien gezogen war. Seine liebe Trude aber war im siebziger Jahr gestorben. Seither lebte der alte Mann allein am Rande des Dorfes, wo der Herrschaftswald anfing, in seinem eigenen Haus.

Nur gut, daß es nicht zu groß geraten war. Um das Haus herum war ein größerer Garten. Zwei Ziegen, einige Hühner und sein alter Dackel leisteten ihm Gesellschaft. Heute saß er wieder allein im Zimmer und blätterte in dem Bilderbogen seiner Vergangenheit. Er sah die vorstürmenden Soldaten bei der großen Offensive in Südtirol er fühlte den freundlichen Händedruck des jungen

Kaisers, der ihm das große Silberne anheftete. Er besuchte als junger Heimkehrer seine Trude im Nachbardorf und schlug sich wieder mit dem fetten Spekulanten und Kriegsgewinnler, der wegen seines Geldes glaubte, alles, auch seine Braut, kaufen zu können. Er hatte dann die Trude geheiratet und der Kriegsgewinnler war dann Fabrikant im Nachbardorf geworden. Als dann die Wirtschaftskrise auch seinen Brotgeber an den Rand des Ruins brachte, entließ der Fabrikant fristlos viele seiner Arbeiter. Und als der zweite Krieg kam — er selbst war in Polen noch dabei, später wurde er wegen einer Verwundung nach Hause geschickt —, blieb der Fabrikant aus „rüstungspolitischen Gründen" ebenfalls zu Hause und schikanierte seinen Dienstgeber, den Grafen, denn er war ein hohes Tier geworden. Nach dem Krieg wurde seine Vorahnung zur Gewißheit, daß sein Sohn nie mehr zurückkehren würde.

Der Fabrikant hatte nach kurzer Gefangenschaft in Glasenbach wieder sehr viel zu sagen, denn Geld regierte nach wie vor die Welt. Der alte Graf, der wegen offener Kritik am System ins KZ gekommen war, konnte sich aber körperlich und seelisch nie mehr erholen. Bei seinem Begräbnis war die ganze Bevölkerung anwesend; auch der Fabrikant hielt eine Trauerrede, denn er war inzwischen Gemeinderat geworden.

Das Wild hatte sich nach der fast völligen Ausrottung in der Nachkriegszeit dank seiner aufopfernden Arbeit wieder erholt. Der Fabrikant kam öfters als zahlender Gast jagen, und der alte Jäger mußte ihn auch einmal führen. Die grell geschminkte junge Frau an seiner Seite war schon die dritte, und er erzählte Trude schaudernd von ihr, hatte doch ihr Parfüm den starken Hirsch vergrämt! Die weißhaarige Gattin mußte ihn lange beruhigen und seine Joppe an die Luft hängen, denn sie hatte den Geruch des fremdländischen Duftwassers angenommen.

Und eines Tages hatte seine Frau einen kleinen Rauhhaardackel mitgebracht, den sie Tommy tauften. Er überlebte sein Frauerl um viele Jahre und war jetzt ebenso wie er ein alter, gebrechlicher Herr, der gerne neben dem Ofen saß.

Heute aber gelüsterte es dem alten Jäger nach einem Viertel Wein. Im alten Kamin heulten die armen Seelen, denn draußen tobte der laue Frühlingswind. Der Winter war krank geworden und weinerlich. Überall sprudelte und gurgelte es, und nur der Reif des Morgens ließ die vielen Wässerchen verstummen und den Schnee wieder glashart und krachend werden.

Das Wirtshaus war nicht weit, man mußte nur den Steg über den Bach nehmen, bei der Kirche vorbei gehen, und dort, bei der Haltestelle des Autobusses, stand es ja. Tommy und er saßen bald neben der Schank am kleinen Tisch. Der gute Südtiroler rann ihm wie Feuer durch die Kehle. Ein junger Mann, Sohn des Dorfschmiedes und angehender Lehrer, setzte sich zu ihm. Dem Alten war es recht, denn immer nur schweigen, murmeln und mit Tommy sprechen, war auch nicht sehr anregend. Mit der Jugend vertrug er sich gut, und der junge Mann lauschte ehrerbietig seinen Erzählungen aus einer anderen — aus seiner — Jugendzeit. Denn was ist schon der alte Mensch viel anders als der junge. Doch nur in den Augen seiner Mitmenschen ist er „alt". In Wirklichkeit fühlt man sich bis zuletzt als ein — unversehen — gealterter „Junger". Das Ichgefühl ist irgendwo nach den Zwanzigerjahren stehengeblieben, und seitdem glaubt man im innersten Herzen zumindest, daß man — im Gegensatz zu den anderen — jung geblieben ist, auch wenn die Gestalt gebeugt ist, sie Zähne ausgefallen sind, das Haar ergraut ist. In jedem Menschen steckt ein sehr, sehr großer Teil Jugend.

Wie lang hat doch in der Jugend ein Jahr gedauert. Wie schrecklich wieit entfernt schienen einem drei, vier Jahre! Man glaubt in der Jugend, daß es auch später so langsam weitergehen würde wie in dieser glücklichen Zeit, und das ist auch vielleicht das Geheimnis der echten, fröhlichen Unbeschwertheit der Jugend. Und etwas ältere Leute scheinen den Jungen uralt zu sein, aus einer anderen Welt.

Der alte Jäger wußte dies schon lange, aber es machte ihm nichts aus. Er war ja seit einigen Jahren wirklich alt und gebrechlich geworden. Aber noch vor zehn Jahren, vor dieser schweren Lungenentzündung, die er sich beim Fuchspassen geholt hatte, konnte er fast alles aushalten. Diese eine Krankheit aber machte ihn um viele Jahre älter, einfach so, mit einem Schlag — wie man eben nicht allmählich, sondern „ruckweise" altert. Der junge angehende Lehrer hatte schon das zweite Glas bestellt, und der Alte schwankte, ob er entgegen seiner Gewohnheit, sich heute nicht auch ein zweites Viertel spendieren sollte. Seine Entscheidung wurde durch den Wirt erleichtert, der ohne zu fragen, einen Römer Südtiroler vor ihn hinstellte. Noch der alte Graf hatte immer gesagt, daß der Wein, um zu munden, Wellen schlagen müsse, daher bestellte er immer sein Viertel im „Römer".

Ja, ja, der alte Graf. Das war noch ein gelernter Jäger der alten Schule. Des Grafen Vater hat ihn so streng erzogen, daß er einmal sogar die Reitpeitsche zu spüren bekam, als er einem angeschossenen Bock nicht lange genug nachgesucht hatte. Der Vater des alten Grafen war noch beim Kaiser Franz Joseph auf den Hofjagden in Mürzsteg zu Gast gewesen. Dort waren Disziplin, Beherrschung und Weidgerechtigkeit das oberste Gebot. Der alte Jäger nahm einen kräftigen Schluck. Nicht so wie bei manchen neureichen Herren, die darum auf die Jagd gehen, weil es nobel wirkt. Nobel ist man aber nicht mit einem großen Trinkgeld und nasalem Sprechen. Nobel sollte man von innen heraus sein, so wie der alte Graf dies immer, auch im KZ, gewesen ist, was ein Mitgefangener erzählte, den er nach dem Krieg als hohen Politiker herumführen mußte. Und dabei war der von der anderen Partei gewesen. Der rote Wein schmeckte heute dem Alten. Seine Augen leuchteten, als er dem jungen Lehrer von den alten Zeiten erzählte. Er sah plötzlich alles viel schärfer, und seine Stimme war nicht so leise und heiser wie sonst. Ja im Laufe der vielen Jahre hatte er solche und solche Leute auf die Jagd führen müssen. Da gab es die stillen, freundlichen und naturliebenden Jäger, die keine Zeit zum Sprechen, aber sehr viel Zeit zum Schauen hatten. Dann waren da die jungen, wißbegierigen und lustigen, die einen beim Pirschen immer überholen wollten. Dann aber die Angeber und die Schießer, die Modejäger und jene englisch gekleideten, nach Schnaps stinkenden „Herren", die man in manchen Zeitungen wiedererkannte, über deren Ehebrüche und Alkoholexzesse seitenlang mit vollem Titel geschrieben wurde, die auf dem

Hochstand einschliefen und deren Hände in der Früh zitterten wie Schilfgras im Nordwind. Ja auch solche hatte er geführt, sie hatten von der Jagd auch einiges verstanden, mehr oft als die geschniegelten Vertreter und feisten Konzernherren. Aber eingeladen wurden sie nur einmal, dann nie wieder. Sie waren zwar Verwandte, aber keine Freunde des alten Herrn, dessen scharfe Augen den nackten, wirklichen Menschen schnell erkennen konnten. Und im Laufe der Jahre hatte auch der alte Jäger viel Menschenkenntnis erworben. Es gab gute und schlechte Menschen, überall. Nie durfte man jemand wegen seiner Herkunft, seiner Gesinnung, seiner Partei oder seinem Äußeren verurteilen. Da war zum Beispiel der Sohn des Kreisleiters, der dabei war, als man den alten Grafen holte, und der heute Priester in Tirol ist. Da war der alte Russe, der die Gräfin vor seinen Kameraden versteckte und sie damit rettete. Da war der frühere Ortsgruppenleiter, der später jahrelang der verläßlichste Holzarbeiter des Betriebes wurde. Auch jetzt saß er dort drüben und spielte Karten mit dem Oberlehrer. Er ist selbst schon lange in Pension und erfreut sich allgemeinen Ansehens.

Tommy unter dem Tisch winselte leise. Dies war sein Zeichen, daß man nach Hause gehen sollte. Aber diesmal wollte der alte Jäger noch ein wenig bleiben. Seine Wangen waren unnatürlich gerötet und an seiner Schläfe schwollen die Adern. Sei's drum, er bestellte noch ein drittes Glas. Und die Zeit verrann wie Wasser aus einem lecken Behälter. Als dann vor Mitternacht der alte Jäger die Wirtsstube aufrechten Schrittes verließ, hatte der Dackel den Schweif eingezogen. Das war ganz gegen seine Gewohnheit, denn beim Aufbruch aus dem Wirtshaus war er immer fröhlich.

Draußen krachte der gefrorene Schnee, und die Kälte schnitt wie ein Messer. Der alte Mann fühlte sich wohl und zufrieden. Er zögerte ein wenig, ob er den Umweg über die Hauptstraße oder die Abkürzung über die schmale Brücke nehmen sollte. Aber Tommy war schon zum Steg vorausgerannt, und so stapfte er ihm nach. Der aufkommende Nebel verklärte die Nacht und machte sie unwirklich und geisterhaft. Nur das flimmernde Licht des Nebels zeigte den Weg des Mondes, der zwar aufgestiegen war, um die Nacht zu erhellen, doch konnte man kaum die Hand vor der Nase sehen. Ebenso dunkel wie damals bei Vittorio Veneto, als man ihn und seine Kameraden überfiel und die waffenlos Schlafenden gefangennahm. War dort nicht auch ein kleiner Fluß, den Herbstregen zum reißenden Strom gemacht hatten? Und einige wollten über den Fluß entkommen, wurden aber zusammengeschossen. Er hörte das Gurgeln des Wassers, fühlte die Kälte ...

Der alte Mann sah sinnend auf die wegfliegenden Minuten. Wohin war das Wort, die Schrift und die Liebe gegangen? Er sah das alte Haus, das in die dunklen Schatten verschwand, die langsam auseinanderfielen. Unter seinen halbgeschlossenen Lidern glühte der letzte Hauch eines seltsamen, nie gespürten, beglückenden Lichtes. Er brauchte keine Brillen mehr, und er hörte gut in der Stille, die erwartungsvoll war wie das Vergehen. Plötzlich kam eine große Freude über ihn, und das Licht der Sonne erhellte die Ortschaft. Dort beim Brückenpfeiler, auf der anderen Seite des Steges aber stand seine Trude, blond und jung und hielt ihm die Hände entgegen. Dann umfing ihn der Friede wie das Seidentuch der Glückseligkeit ...

Als dann der Morgen wie ein leuchtender Besen die Nacht in die Täler zurücktrieb, und der Nebel die Berge erklomm, um sie vor der Sonnenröte zu schützen, da fanden Schulkinder den winselnden Tommy, einen alten zerschlissenen Hut im Fange. Einige hundert Meter weiter unten aber fanden sie, dem Dackel folgend, die angeschwemmte Leiche des alten Jägers, der in der Nacht in den Bach gefallen war.

Oben im Jägerhaus aber zählte die alte Uhr noch immer die Sekunden der Stille, bis auch sie einmal stehenblieb. Irgend jemand würde sie wieder aufziehen, und sie würde weiterschlagen, immer weiter, bis an das ihr vorbestimmte Ende. Vor der Tür aber lag tot der treue Tommy, dessen Herz vor Gram zu schlagen aufgehört hatte.

Durch einen Spalt im Fenster drang ein Sonnenstrahl in das einsam gewordene Zimmer. Staubkörner tanzten im schmalen Sonnenlicht, kamen von irgendwo und verschwanden im dunklen Nichts.

Draußen aber ging das Leben weiter. Die Tiere wunderten sich, daß der alte Jäger nie mehr kam, dann vergaßen sie ihn im rastlosen Fest des immer hoffenden Frühlings.

Ausklang

Man sagt, es sei uns noch nie so gut gegangen wie jetzt. Was den Wohlstand und materielle Dinge anbelangt, könnte dies zutreffen. Trotzdem scheinen aber immer mehr Menschen unzufrieden zu sein. Ein Widerspruch? -- ich glaube kaum. Der Mensch lebt nicht vom Brot allein, und er wird mutlos, wenn seine Seele verkümmert. Er hat alles, nichts freut ihn mehr — er glaubt alles zu wissen und fragt nicht mehr. Mancher kann sich nicht mehr beschäftigen, tut Unnützes, anstatt Hilfreiches. Daher braucht er die Konsumgesellschaft, die ihn von seiner inneren Leere ablenkt.

Der heutige Mensch läßt sich nur allzu leicht von Modeparolen leiten. Und das gängigste Mode- und Werbewort ist „neu". Er glaubt dieser Parole, auch wenn nur die Farbe neu, der Inhalt aber rostig und abgenützt ist.

Dabei hat jeder von uns eine Zuflucht, die ihn aus seiner Lethargie reißen und ihm — wenn nötig — Trost spenden könnte; nämlich die eigene Vergangenheit. Er brauchte bloß das kleine Tor zu diesem Paradies zu öffnen.

Die Erinnerung ist wie eine Insel, auf die man sich flüchtet, wenn einen der moderne Alltag fordert oder die unbestimmte Zukunft an die Türe pocht. Sie ist eine Burg, aus der uns weder die Stürmer des „Fortschrittes" noch die Pfeile der Unwissenheit vertreiben können. Man kann den Menschen beeinflussen, erniedrigen und enteignen, man kann ihm mit modernsten Mitteln sogar seine Überzeugung nehmen und seine Weltanschauung ändern. Was man aber nicht kann und niemals können wird, ist, ihm seine Erfahrung, seine Erinnerungen wegzunehmen. Je älter er wird, desto klarer und deutlicher treten sie hervor. Und weil ein jeder älter wird, ist auch für jeden einzelnen die eigene Vergangenheit ein unerschöpflicher Brunnen der Lehren und des Trostes. Das Kommende aber ist in ferne dunkle Nebel gehüllt, eine der ganz großen Gnaden im menschlichen Leben. Die Natur und der Glaube an Gott helfen uns, aus der Vergangenheit zu lernen.

Die Zeit ändert vieles, die Jugend strebt nach vorne, die Forschung ändert die Hülle, der Mensch aber bleibt gleich, mit all seinen guten und schlechten Eigenschaften.

Wenn die Zukunft endlich von alt und jung gemeinsam gestaltet wird, wenn zur Erfahrung der Lebenswille kommt, zum Glauben die Hoffnung und zum Wissen der Schwung, dann ist mir nicht bange um das Kommende, die unbekannte Welt, in die wir alle gehen.

Inhalt

Es begann in der Heimat
- Der rote Regenschirm 9
- Die Bubenjagd 13
- Der Kniewackler 19
- Der „Stumme" vom Csókaberg 23
- Der Hirsch, den die anderen schossen 29
- Das blaue Kanapee 33
- Mariska 37
- Der Gernegraf 43
- Die Russen am Brandhof 61
- Mein kleiner Radiergummi 75
- Die Jause von Eberau........... 79
- Militärisches Intermezzo 85
- Bewaffnet für einen Tag 91
- Der kleine Wilderer 97
- Das Abschiedsfest 103

Geschichten und Gedanken
- Kellergespräche 111
- Der Tod des Vaters 117
- Eines Marders letzter Tag 123
- Ein Wiedersehen mit der Valle 129
- Ein Faschingsfuchs 137
- Wenn der Winter stirbt 141
- Die Sauen von Porto Ercole 145
- Ein Besuch in der Heimat 149
- Der Bock des West-Ministers 155
- Der Bock des Ost-Ministers 161
- Der Mörder von Zaingrub........ 167
- Enten, Enten, Enten... 173
- Eine Brackierjagd............... 181
- Die versäumte Silvesterjagd...... 189
- Sauriegeln vor der Wahl......... 193
- Frühlingserwachen.............. 199
- Der Tod des alten Jägers 202

Ausklang...................... 207

Bildquellennachweis

Farbbilder: Reinhard Tierfoto (19); Rastl (1); Ctverak (4); Trenkwalder (4); Philipp Meran (6); Marianne Meran (1); Alexander Pallavicino (1); Karl Hugo Seilern (1); Dr. Ramiro Monti (1); A. G. Fluehs (1); Eva Braunstein (1); Hans Hoyos (2); Gisela Rothermann (2); Ferdinand Trauttmansdorff (1); Cleo Hammer-Purgstall (1); Friedrich Schwab (2); Fischer (11).

Schwarzweißbilder: Matula (33); Reinhard Tierfoto (4); Rastl (8); Ctverak (10); Trenkwalder (2); Peter Böhler (1); Gyula von Nagy (1); Meran (8).

Diesen Capital-Hirsch von ungeraden 22 Enden, hat H^r Rudolf Grf. v Lamberg auf seiner Herrschaft Csákberény, Revier Csákberény, auf dem Cseresnyés-Völgyer Kopf selbst erlegt, am 25ten Sept. 1838.   Gegend ebendaselbst mit der Aussicht auf den Cseresnyés-Schlag und Horog-Völgy.